Beaucamp/Treder

Methoden und Technik der Rechtsanwendung

Guy Beaucamp/Lutz Treder

Methoden und Technik der Rechtsanwendung

2., neu bearbeitete Auflage

C.F. Müller

CFM

Prof. Dr. Guy Beaucamp, Jahrgang 1964, Studium an den Universitäten Hamburg und Genf, Promotion 1996, Habilitation 2001, 2002 Justitiar, 2003 Verwaltungsrichter, seit 2004 Professor am Department Public Management der HAW Hamburg.

Prof. Lutz Treder, Studium der Rechtswissenschaft in Hamburg; 1970 Eintritt in die hamburgische Verwaltung als Regierungsrat; 1975–1978 stellvertretender Direktor der Verwaltungsschule der Freien und Hansestadt Hamburg; seit 1978 Dozent und von 1980 bis 2004 Professor an der Fachhochschule für öffentliche Verwaltung Hamburg.

Bibliografische Information der Deutschen Nationalbibliothek

Die Deutsche Nationalbibliothek verzeichnet diese Publikation in der Deutschen Nationalbibliografie; detaillierte bibliografische Daten sind im Internet über <http://dnb.d-nb.de> abrufbar.

Bei der Herstellung des Werkes haben wir uns zukunftsbewusst für umweltverträgliche und wiederverwertbare Materialien entschieden. Der Inhalt ist auf elementar chlorfreies Papier gedruckt.

ISBN 978-3-8114-9686-6

E-Mail: kundenbetreuung@hjr-verlag.de

Telefon: +49 89/2183-7928
Telefax: +49 89/2183-7620

www.cfmueller-campus.de
www.hjr-verlag.de

Satz: Gottemeyer, Rot
Druck: Beltz Druckpartner, Hemsbach

Vorwort

Der neue Erstautor hat sich vorgenommen, ein gutes Buch weiter zu verbessern. Um eine stärkere Konzentration auf die Rechtsmethodik zu erreichen, wurden einige Abschnitte der Erstauflage aus dem Jahr 1998 gekürzt, andere erweitert und dritte neu geschrieben. Zu letzteren zählt z.B. das Kapitel zur Rechtsfortbildung oder der Abschnitt zu den Themenarbeiten.

Beibehalten wurde das Ziel des Textes: Rechtsanwenderinnen und Rechtsanwender sollen eine kompakte und gut verständliche Einführung in das methodische Handwerkszeug erhalten. Wir denken, dass sowohl Studierende an Universitäten als auch Studierende an Fachhochschulen von diesem Buch profitieren können. Die stark erweiterten Nachweise in den Fußnoten und das ausführlichere Literaturverzeichnis sollen denjenigen Leserinnen und Lesern helfen, die sich vertieft mit einer rechtsmethodischen Frage auseinandersetzen wollen.

Unser Dank geht an die Testleser *Jakob Beaucamp*, *Jan-Arndt Buchholz* und *Jens Seifert*, die viele Fehler ausgemerzt und manchen Verbesserungsvorschlag unterbreitet haben.

Für Fehlerkorrekturen oder andere sachdienliche Hinweise bitten wir um eine elektronische Nachricht an guy.beaucamp@haw-hamburg.de.

Hamburg, im April 2011

Guy Beaucamp
Lutz Treder

Inhaltsverzeichnis

Literaturverzeichnis

Achterberg, Norbert (Hrsg.), Allgemeines Verwaltungsrecht, 2. Aufl. 1986
Adomeit, Klaus/Hähnchen, Susanne, Rechtstheorie für Studenten, 5. Aufl. 2008
Alexy, Robert, Theorie der Grundrechte, 6. Aufl. 2011
Arndt, Hans-Wolfgang/Fetzer, Thomas/Fischer, Kristian, Europarecht, 10. Aufl. 2010
von Arnim, Hans Herbert /Brink, Stefan, Methodik der Rechtsbildung unter dem Grundgesetz, 2001
Augenhofer, Susanne, Rechtsvergleichung, in: Krüper, Julian (Hrsg.), Grundlagen des Rechts, 2011, S. 187 ff.

Bänsch, Axel/Alewell, Dorothea, Wissenschaftliches Arbeiten, 10. Aufl. 2009
Beaucamp, Guy, Zum Analogieverbot im öffentlichen Recht, AöR 134 (2009), 83 ff.
ders., Grundfälle zum Allgemeinen Polizeirecht, JA 2009, 279 ff.
Beaucamp, Guy/Seifert, Jens, Wann lohnt sich die Anfechtung einer Prüfungsentscheidung?, NVwZ 2008, 261 ff.
Bitter, Georg/Rauhut, Tilman, Grundzüge zivilrechtlicher Methodik – Schlüssel zu einer gelungenen Fallbearbeitung, JuS 2009, 289 ff.
Bull, Hans Peter/Mehde, Veith, Allgemeines Verwaltungsrecht mit Verwaltungslehre, 8. Aufl. 2009

Christensen, Ralph/Pötters, Stephan, Methodische Fehler in juristischen Prüfungen, JA 2010, 566 ff.

Dedek, Helge, Recht an der Universität: „Wissenschaftlichkeit" der Juristenausbildung in Nordamerika, JZ 2009, 540 ff.
Degenhart, Christoph, Staatsrecht I – Staatsorganisationsrecht, 26. Aufl. 2010
Diederichsen, Uwe/Wagner, Gerhard, Die BGB-Klausur, 9. Aufl. 1998

Eco, Umberto, Wie man eine wissenschaftliche Abschlussarbeit schreibt, 13. Aufl. 2010
Erbguth, Wilfried, Allgemeines Verwaltungsrecht, 4. Aufl. 2011
Erichsen, Hans-Uwe/Ehlers, Dirk (Hrsg.), Allgemeines Verwaltungsrecht, 14. Aufl. 2010, zit.: *Bearbeiter,* in: Erichsen/Ehlers, §, Rn.

Franck, Norbert/Stary, Joachim (Hrsg.), Die Technik wissenschaftlichen Arbeitens, 15. Aufl. 2009, zit.: *Bearbeiter*, in: Franck/Stary, S.
Frenzel, Eike Michael, Zugänge zum Verfassungsrecht, 2009
Funke, Andreas, Rechtstheorie, in: Krüper, Julian (Hrsg.), Grundlagen des Rechts, 2011, S. 45 ff.

Gern, Alfons, Die Rangfolge der Auslegungsmethoden von Rechtsnormen, VerwArch 80 (1989), 415 ff.
ders., Aktuelle Probleme des Kommunalabgabenrechts, NVwZ 1995, 1145 ff.
Gierhake, Katrin, Rechtsphilosophie, in: Krüper, Julian (Hrsg.), Grundlagen des Rechts, 2011, S. 21 ff.
Götz, Andreas, Die verfassungskonforme Auslegung – zugleich ein Beitrag zu ihrer Stellung im System der juristischen Methodenlehre, StudZR 2010, 21 ff.
Gusy, Christoph, Richterrecht und Grundgesetz, DÖV 1992, 461 ff.

Hain, Karl-Eberhard/Schlette, Volker/Schmitz, Thomas, Ermessen und Ermessensreduktion – ein Problem im Schnittpunkt von Verwaltungs- und Verfassungsrecht, AöR 122 (1997), 32 ff.

Hassemer, Winfried, Gesetzesbindung und Methodenlehre, ZRP 2007, 213 ff.
Hauser, Paul/Wendenburg, Felix, Das (obere) Ende der Notenskala, ZRP 2011, 18 ff.
Herdegen, Matthias, Europarecht, 12. Aufl. 2010, zit.: *Herdegen*, Europarecht
ders., Völkerrecht, 9. Aufl. 2010, zit.: *Herdegen*, Völkerrecht
Hesse, Konrad, Grundzüge des Verfassungsrechts der Bundesrepublik Deutschland, 20. Aufl. 1995
Hillgruber, Christian, Richterliche Rechtsfortbildung als Verfassungsproblem, JZ 1996, 118 ff.
ders., „Neue Methodik" – Ein Beitrag zur Geschichte der richterlichen Rechtsfortbildung in Deutschland, JZ 2008, 745 ff.
Hirsch, Günter, Auf dem Weg zum Richterstaat?, JZ 2007, 853 ff.
Hömig, Dieter, Grundgesetz, Kommentar, 9. Aufl. 2010, zit.: *Bearbeiter,* in: Hömig, GG, Art., Rn.
Hufen, Friedhelm, Fehler im Verwaltungsverfahren, 4. Aufl. 2002

Jarass, Hans D./Pieroth, Bodo, Grundgesetz, Kommentar, 11. Aufl. 2010, zit.: *Jarass/Pieroth*, GG, Art., Rn.
Jauernig, Othmar (Hrsg.), BGB, Kommentar, 13. Aufl. 2009, zit.: *Bearbeiter,* in: Jauernig, §, Rn.

Karpen, Ulrich, Gesetzescheck (2005–2007): Empfehlungen zur Qualitätsverbesserung von Gesetzen, ZRP 2008, 97 ff.
Kaufmann, Arthur, Rechtsphilosophie, 2. Aufl. 1997
Kaufmann, Arthur/Hassemer, Winfried/Neumann, Ulfrid (Hrsg.), Einführung in Rechtsphilosophie und Rechtstheorie der Gegenwart, 8. Aufl. 2011
Kiesow, Rainer Maria, Rechtswissenschaft – was ist das?, JZ 2010, 585 ff.
von Kirchmann, Julius, Die Werthlosigkeit der Jurisprudenz als Wissenschaft (1847), herausgegeben und eingeleitet von Gottfried Neeke, 1938
Kluth, Winfried, Rechtsfragen der verwaltungsrechtlichen Willenserklärung, NVwZ 1990, 608 ff.
Knack, Hans-Joachim/Henneke, Hans Günther (Hrsg.), VwVfG, Kommentar, 9. Aufl. 2010, zit.: *Bearbeiter*, in: Knack/Henneke, §, Rn.
Knauer, Florian, Juristische Methodenlehre 2.0?, Rechtstheorie 2009, 379 ff.
Koch, Hans-Joachim/Rüssmann, Helmut, Juristische Begründungslehre, 1982
Kopp, Ferdinand/Ramsauer, Ulrich, VwVfG, Kommentar, 11. Aufl. 2010
Kopp, Ferdinand/Schenke, Wolf-Rüdiger, VwGO, Kommentar, 16. Aufl. 2009
Kramer, Ernst, Juristische Methodenlehre, 3. Aufl. 2010
Kranenpohl, Uwe, Die Bedeutung der Interpretationsmethoden und Dogmatik in den Entscheidungen des Bundesverfassungsgerichts, Der Staat 2009, 387 ff.
Krüper, Julian (Hrsg.), Grundlagen des Rechts, 2011
Kudlich, Hans/Christensen, Ralph, Die Kanones der Auslegung als Hilfsmittel für die Entscheidung von Bedeutungskonflikten, JA 2004, 74 ff.
dies., Die Lücken-Lüge, JZ 2009, 943 ff.

Lackner, Karl/Kühl, Christian, StGB, Kommentar, 27. Aufl. 2011

Mastronardi, Philippe, Juristisches Denken, 2. Aufl. 2003
ders., Angewandte Rechtstheorie, 2009; zit.: *Mastronardi*, Rechtstheorie
Maurer, Hartmut, Allgemeines Verwaltungsrecht, 17. Aufl. 2009
Medicus, Dieter/Petersen, Jens, Bürgerliches Recht, 22. Aufl. 2009
Michael, Lothar/Morlok, Martin, Grundrechte, 2. Aufl. 2010
Mitsch, Wolfgang, Recht der Ordnungswidrigkeiten, 2. Aufl. 2005
Möllers, Christoph, Nachvollzug ohne Maßstabsbildung: richterliche Rechtsfortbildung in der Rechtsprechung des Bundesverfassungsgerichts, JZ 2009, 668 ff.
Musielak, Hans-Joachim, Grundkurs BGB, 11. Aufl. 2009
ders., Die sog. tatsächliche Vermutung, JA 2010, 561 ff.

Orwell, George, Animal Farm, 1974

Palandt, Otto, Bürgerliches Gesetzbuch, Kommentar, 69. Aufl. 2010, zit.: *Bearbeiter,* in: Palandt, §, Rn.
Petersen, Niels, Braucht die Rechtswissenschaft eine empirische Wende?, Der Staat 2010, 435 ff.
Pieroth, Bodo (Hrsg.), Hausarbeit im Staatsrecht, 2008
Pilniok, Arne, „h.M." ist kein Argument – Überlegungen zum rechtswissenschaftlichen Argumentieren für Studierende in den Anfangssemestern, JuS 2009, 394 ff.
Putzke, Holm, Juristische Arbeiten erfolgreich schreiben, 3. Aufl. 2010

Redeker, Konrad, Wege zu besserer Gesetzgebung, ZRP 2004, 160 ff.
Roellecke, Gerd, Alle Texte sind von gestern, NJW 2000, 1001 ff.
Röhl, Klaus/Röhl, Hans Christian, Allgemeine Rechtslehre, 3. Aufl. 2008
Rüthers, Bernd, Gesetzesbindung oder freie Methodenwahl – Hypothesen zu einer Diskussion, ZRP 2008, 48 ff.
ders., Das Ungerechte an der Gerechtigkeit, 3. Aufl. 2009
Rüthers, Bernd/Fischer, Christian, Rechtstheorie, 5. Aufl. 2010
Rüthers, Bernd/Stadler, Astrid, Allgemeiner Teil des BGB, 16. Aufl. 2009

Säcker, Franz Jürgen/Rixecker, Roland, Münchener Kommentar zum BGB, Band 1, 5. Aufl. 2006, zit.: *Bearbeiter,* in: Münchener Kommentar, §, Rn.
Sauer, Heiko, Juristische Methodenlehre, in: Krüper, Julian (Hrsg.), Grundlagen des Rechts, 2011, S. 168 ff.
Schlehofer, Horst, Juristische Methodologie und Methodik der Fallbearbeitung, JuS 1992, 572 ff.
Schmalz, Dieter, Methodenlehre für das juristische Studium, 4. Aufl. 1998
Schmidt, Karsten, Gesetzgebung und Rechtsfortbildung im Recht der GmbH und der Personengesellschaften, JZ 2009, 10 ff.
Schmidt, Thorsten Ingo, Die Analogie im Verwaltungsrecht, VerwArch 97 (2006), 139 ff.
Schneider, Hans Joachim, Vernunft wird Unsinn, Wohltat, Plage, NJW 1998, 2505 ff.
Schwacke, Peter, Juristische Methodik, 4. Aufl. 2003
Schwerdtfeger, Gunther, Öffentliches Recht in der Fallbearbeitung, 13. Aufl. 2007
Schweitzer, Michael, Staatsrecht III, Staatsrecht, Völkerrecht, Europarecht, 10. Aufl. 2010
Schwintowski, Hans-Peter, Juristische Methodenlehre, 2005
Seelmann, Kurt, Rechtsphilosophie, 5. Aufl. 2010
Sodan, Helge (Hrsg.), Grundgesetz, Kommentar, 2009, zit.: *Bearbeiter,* in: Sodan, GG, Art., Rn.
ders., Unbeachtlichkeit und Heilung von Verfahrensfehlern, DVBl 1999, 729 ff.
Stegmaier, Peter, Recht und Normativität aus soziologischer Perspektive, in: Krüper, Julian (Hrsg.), Grundlagen des Rechts, 2011, S. 65 ff.
Stein, Ekkehart/Frank, Götz, Staatsrecht, 21. Aufl. 2010

Tettinger, Peter/Mann, Thomas, Einführung in die juristische Arbeitstechnik, 4. Aufl. 2009

Walz, Christian, Das Ziel der Auslegung und die Rangfolge der Auslegungskriterien, ZJS 2010, 482 ff. nur online unter www.zjs-online.com
Weimar, Robert, Rechtsfortbildung durch die Verwaltung, DÖV 2009, 932 ff.
Wessels, Johannes/Beulke, Werner, Strafrecht Allgemeiner Teil, 40. Aufl. 2010
Würdinger, Markus, Ausnahmevorschriften sind analogiefähig!, JuS 2008, 949 ff.
Würdinger, Markus/Bergmeister, Felix, Analogie und Umkehrschluss, Jura 2007, 15 ff.

Zimmermann, Peter, Reform der Staatstätigkeit durch generelle Befristung von Gesetzen, DÖV 2003, 940 ff.
Zippelius, Reinhold, Juristische Methodenlehre, 10. Aufl. 2006

Abkürzungsverzeichnis

A.A.	anderer Auffassung
Abl.	Amtsblatt
Abs.	Absatz
AbwAG	Abwasserabgabengesetz
AEUV	Vertrag über die Arbeitsweise der Europäischen Union
a.F.	alter Fassung
Alt.	Alternative
AöR	Archiv für öffentliches Recht (Zeitschrift)
Art.	Artikel
Aufl.	Auflage
BauGB	Baugesetzbuch
BayVBl	Bayerische Verwaltungsblätter (Zeitschrift)
BBG	Bundes-Beamtengesetz
Beschl.	Beschluss
BFH	Bundesfinanzhof
BFHE	Amtliche Sammlung der Entscheidungen des Bundesfinanzhofs
BGB	Bürgerliches Gesetzbuch
BGBl	Bundesgesetzblatt
BGH	Bundesgerichtshof
BGHSt	Amtliche Sammlung der Entscheidungen des Bundesgerichtshofs in Strafsachen
BGHZ	Amtliche Sammlung der Entscheidungen des Bundesgerichtshofs in Zivilsachen
BImSchG	Bundes-Immissionsschutzgesetz
BSG	Bundessozialgericht
BT-Drucks.	Bundestags-Drucksache
BVerfG	Bundesverfassungsgericht
BVerfGE	Amtliche Sammlung der Entscheidungen des Bundesverfassungsgerichts
BVerfGG	Bundesverfassungsgerichtsgesetz
BVerwG	Bundesverwaltungsgericht
BVerwGE	Amtliche Sammlung der Entscheidungen des Bundesverwaltungsgerichts
DÖV	Die öffentliche Verwaltung (Zeitschrift)
DRiG	Deutsches Richtergesetz
DVBl	Deutsches Verwaltungsblatt (Zeitschrift)
EGBGB	Einführungsgesetz zum Bürgerlichen Gesetzbuch
EU	Europäische Union
EuGH	Europäischer Gerichtshof
EUV	Vertrag über die Europäische Union
EuZW	Europäische Zeitschrift für Wirtschaftsrecht
Fn.	Fußnote
G	Gesetz
GastG	Gaststättengesetz

GG	Grundgesetz
GewO	Gewerbeordnung
GVBl	Gesetz- und Verordnungsblatt
HambWegeG	Hamburgisches Wegegesetz
HambSOG	Hamburgisches Gesetz zum Schutz der öffentlichen Sicherheit und Ordnung
HambVerf	Hamburger Verfassung
HGB	Handelsgesetzbuch
h.M.	herrschende Meinung
Hrsg.	Herausgeber
i.S.d.	im Sinne des
i.V.m.	in Verbindung mit
JA	Juristische Arbeitsblätter (Zeitschrift)
Jura	Juristische Ausbildung (Zeitschrift)
JuS	Juristische Schulung (Zeitschrift)
JZ	Juristenzeitung
LG	Landgericht
LKV	Landes- und Kommunalverwaltung (Zeitschrift)
LVwG SH	Landesverwaltungsgesetz Schleswig-Holstein
MV	Mecklenburg-Vorpommern
m.w.N.	mit weiteren Nachweisen
NJW	Neue Juristische Wochenschrift (Zeitschrift)
NJW- RR	Neue Juristische Wochenschrift Rechtsprechungsreport
NuR	Natur und Recht (Zeitschrift)
NStZ	Neue Zeitschrift für Strafrecht
NVwZ	Neue Zeitschrift für Verwaltungsrecht
NVwZ-RR	Neue Zeitschrift für Verwaltungsrecht-Rechtsprechungsreport
OLG	Oberlandesgericht
OVG	Oberverwaltungsgericht
OVGE	Amtliche Sammlung der Entscheidungen der Oberverwaltungsgerichte Münster und Lüneburg
OWiG	Gesetz über Ordnungswidrigkeiten
Rn.	Randnummer
RStGB	Reichsstrafgesetzbuch
Rspr.	Rechtsprechung
SGB	Sozialgesetzbuch
Slg.	Amtliche Sammlung der Entscheidungen des Europäischen Gerichtshofs
SOG	Sicherheits- und Ordnungsgesetz
st. Rspr.	ständige Rechtsprechung
StGB	Strafgesetzbuch
StPO	Strafprozessordnung
StudZR	Studentische Zeitschrift für Rechtswissenschaft Heidelberg
StVO	Straßenverkehrsordnung
ThüVBl	Thüringer Verwaltungsblätter
TVG	Tarifvertragsgesetz

Urt.	Urteil
VerwArch.	Verwaltungsarchiv (Zeitschrift)
VG	Verwaltungsgericht
VGH	Verwaltungsgerichtshof
VwGO	Verwaltungsgerichtsordnung
Vwv.	Verwaltungsvorschrift
VwVfG	Verwaltungsverfahrensgesetz
VwZG	Verwaltungszustellungsgesetz
zit.	zitiert
ZJS	Zeitschrift für das juristische Studium
ZPO	Zivilprozessordnung
ZRP	Zeitschrift für Rechtspolitik

A. Einleitung

I. Was ist Gegenstand und Ziel der Rechtsmethodik?

Rechtsmethodik beschäftigt sich mit dem Problem, wie Rechtsanwenderinnen und Rechtsanwender arbeiten, auf welche Weise sie zu den von ihnen erwarteten Entscheidungen kommen[1]. Die juristische Methodenlehre lässt sich deshalb auch als planmäßiges Verfahren zur Gewinnung rechtlicher Erkenntnisse[2] oder als Entscheidungstheorie bezeichnen[3]. Im Einzelnen geht es u.a. um folgende Fragen: 1

- Wie verläuft der Weg von der abstrakt-generellen Rechtnorm zu einem Ergebnis für einen konkreten Fall?
- Welche Rechtsquellen sind heranzuziehen?
- Wie geht der Rechtsanwender mit unklaren Vorschriften oder mit unklaren Äußerungen der beteiligten Personen um?
- Welche Argumente sind im Rechtsdiskurs zulässig, welche nicht[4]?
- Was ist zu tun, wenn sich herausstellt, dass keine vorhandene Vorschrift die zu lösende Rechtsfrage beantwortet?

Das Ziel der Rechtsmethodik in einer rechtsstaatlichen Demokratie besteht darin, ein möglichst hohes Maß an Rationalität und Kontrollierbarkeit juristischer Entscheidungen zu erreichen[5]. 2

II. Warum lohnt sich die Beschäftigung mit Rechtsmethodik?

Wer sich mit rechtsmethodischen Fragen auseinandersetzt, erwirbt strukturelles Wissen, welches sich für alle Rechtsgebiete nutzen lässt[6]. Dem Gesetzgeber steht z.B. nur ein begrenztes Arsenal von Normtypen zur Verfügung, er hat nur eine begrenzte Anzahl von Steinformen in seinem Gesetzesbaukasten. Hat man den Aufbau und die Funktionsweise eines Normtyps verstanden, lässt sich dieses Wissen folglich breit einsetzen, z.B. im Bürgerlichen Gesetzbuch (BGB) ebenso wie im Strafgesetzbuch (StGB). Interpretationsbedürftige Vorschriften sowie Rechtslücken kommen ebenfalls in fast allen Rechtsgebieten vor. Schließlich kann z.B. die zutreffende Einordnung europarechtlicher Regeln in die Rangordnung der Rechtsquellen für viele juristische Arbeitsgebiete relevant werden. Wegen ihrer übergreifenden Bedeutung werden die Regeln der 3

1 *Mastronardi*, S. 169; *Adomeit/Hähnchen*, S. 41; *Schlehofer*, JuS 1992, 572; *Sauer*, in: Krüper, S. 168; *Kramer*, S. 33 f. u. 38.
2 *Bitter/Rauhut*, JuS 2009, 289.
3 *Schwintowski*, S. 12 u. 16.
4 *Sauer*, in: Krüper, S. 172.
5 *Hesse*, § 2, Rn. 76; *Sauer*, in: Krüper, S. 172; *Rüthers/Fischer*, Rn. 650 ff.; *Mastronardi*, S. 295 f.
6 *Schmalz*, S. 7.

Rechtsmethodik auch Metaregeln genannt[7]. Sie steuern die Anwendung der einzelnen Gesetzesnorm und des Rechts insgesamt.

4 Die Kenntnis und die plausible Anwendung dieser Metaregeln sind sowohl für Falllösungen als auch für wissenschaftliche Arbeiten wichtig. Rechtsmethodische Kenntnisse erleichtern die von Studierenden immer wieder erwartete Einarbeitung in neue Gesetze, neue Rechtsgebiete und einzelne Rechtsfragen und liefern in problematischen Rechtsanwendungssituationen Lösungsideen und Argumentationswege. Sie helfen auch dabei, die dem juristischen Anfänger oft unermesslich erscheinende Stofffülle zu bewältigen[8].

5 Im späteren Berufsleben wird man sich ebenfalls häufig mit neuen oder reformierten Rechtsgrundlagen auseinandersetzen müssen. Dies lässt sich schon damit belegen, dass allein der Bundestag nach einer aktuellen Zählung in einem Jahr ca. 350 neue Gesetze und Verordnungen beschließt[9]. Auf die Ursachen und die Folgen dieser auch als „Normenflut" bezeichneten Entwicklung soll hier nicht weiter eingegangen werden[10]. Manche Leserinnen und Leser finden sich später vielleicht auf der Seite der Verursacher wieder, sei es, dass man in der Legislative oder einem Ministerium tätig ist, sei es, dass man für eine Gemeinde oder eine Hochschule Satzungen erstellt oder sei es, dass man Allgemeine Geschäftsbedingungen zu entwerfen hat. Auch für diese Aufgaben sind rechtsmethodische Kenntnisse hilfreich[11].

6 Eine Argumentation nach den überwiegend anerkannten Regeln der Rechtsmethodik dient der Selbstkontrolle des Entscheidenden[12]. So verringert sich die Gefahr, dass rein persönliche Wertungen eine Entscheidung bestimmen. Zudem werden methodisch korrekt begründete Ergebnisse von anderen Juristinnen und Juristen verstanden. Rechtsmethodisch fundiert begründete Bewertungen und Entscheidungen sind somit leichter nachvollziehbar[13], werden eher akzeptiert und tragen zur Rechtssicherheit bei[14]. Ein methodisches Vorgehen sichert überdies am ehesten die Gleichbehandlung aller von einer Norm Betroffenen[15].

7 Sehr weitgehend vertritt *Hans-Peter Schwintowski* den Standpunkt, eine intern richtig und widerspruchsfrei begründete Entscheidung führe zugleich zu einem gerechten Urteil, welches einen angemessenen Interessenausgleich bewirke[16]. Diese These setzt

---

7 *Schwintowski*, S. 16; *Kramer*, S. 38; *Sauer*, in: Krüper, S. 169.
8 *Koch/Rüßmann*, S. 3; *Röhl/Röhl*, S. 1 u. 14; *Würdinger*, JuS 2008, 949.
9 *Karpen*, ZRP 2008, 97 berichtet von rund 700 Gesetzen und Verordnungen in den Jahren 2005 bis 2007.
10 S. hierzu m.w.N. und interessanten Vorschlägen etwa *Schneider*, NJW 1998, 2505 f.; *Roellecke*, NJW 2000, 1001; *Zimmermann*, DÖV 2003, 940 ff.; *Redeker*, ZRP 2004, 160, 161 ff.; *Hirsch*, JZ 2007, 853; *Schmalz*, Rn. 139 ff.; *Rüthers/Fischer*, Rn. 291.
11 *Kramer*, S. 50 f.
12 *Rüthers/Fischer*, Rn. 27 u. 651; *Sauer*, in: Krüper, S. 172; *Bitter/Rauhut*, JuS 2009, 289, 290.
13 *Mastronardi*, S. 178; *Bitter/Rauhut*, JuS 2009, 289, 290; in diese Richtung auch *Koch/Rüßmann*, S. 115.
14 *Rüthers/Fischer*, Rn. 651; *Schmalz*, Rn. 310; *Sauer*, in: Krüper, S. 172; *Hesse*, § 2, Rn. 51 u. 76; *Bitter/Rauhut*, JuS 2009, 289, 290; *Koch/Rüßmann*, S. 6 u. 114.
15 *Koch/Rüßmann*, S. 113; *Bitter/Rauhut*, JuS 2009, 289, 290; *Rüthers/Fischer*, Rn. 650.
16 *Schwintowski*, S. 12 u. S. 16.

allerdings voraus, dass die Norm, die in rechtsmethodisch sorgfältiger Weise angewandt wird, ihrerseits einen fairen Ausgleich zum Ziel hat. Denkt man an *George Orwells* Farm der Tiere mit der Regel[17], *„Einige Tiere sind gleicher als andere"*, wird dagegen deutlich, dass auch unfaire Normen existieren und das gilt nicht nur für Orwells Roman.

Das gerade der Rechtsmethodik gesungene Lob darf allerdings über eines nicht hinwegtäuschen: Methodenkenntnisse ergänzen das Wissen um das materielle Recht sinnvoll, ersetzen es aber nicht. Die Definitionen wichtiger Tatbestandsmerkmale etwa des Strafrechts oder des Bürgerlichen Rechts zu erlernen, bleibt auch den rechtsmethodisch versierten Studierenden nicht erspart. **8**

III. Das verfassungsrechtliche Fundament der Rechtsmethodik in Deutschland

In einer rechtsstaatlichen Demokratie sind die Begründungen für juristische Entscheidungen nicht frei wählbar, sondern müssen wichtige verfassungsrechtliche Vorgaben respektieren[18]. *Bernd Rüthers* formuliert insoweit plastisch[19]: *„Methodenfragen sind Verfassungsfragen. Sie betreffen die Gewaltentrennung zwischen Legislative und Judikative."* Ähnlich heißt es bei *Eike Michael Frenzel*, dass verfassungsrechtliche Kenntnisse und Argumentationsmuster jegliches rechtliche Entscheiden prägten[20]. Schließlich hat das Bundesverfassungsgericht selbst betont, dass nicht nur das Urteilsergebnis den Wertvorstellung der Verfassung entsprechen müsse, sondern auch der methodische Weg dorthin[21]. **9**

Dass alle deutschen Staatsgewalten das Grundgesetz zum Maßstab nehmen, wird durch die Art. 1 Abs. 3 und 20 Abs. 3 GG gesichert. Das Bundesverfassungsgericht spricht in ständiger Rechtsprechung von den Grundrechten als einer objektiven Wertordnung, die für alle Bereiche des Rechts Geltung beanspruche[22]. Denkt man z.B. an Art. 3 Abs. 1 GG, der allen staatlichen Instanzen willkürliche, d.h. nicht auf vertretbare sachliche Gründe gestützte Entscheidungen verbietet[23], wird die Relevanz von Grundrechtsnormen für die Rechtsmethodik deutlich. Generell wird die Verfassungsbindung der Methodik an der Verpflichtung zur verfassungskonformen Auslegung erkennbar, die später näher erläutert wird[24]. **10**

17 *Orwell*, S. 137.
18 *Mastronardi*, S. 179; *Rüthers/Fischer*, Rn. 704 ff.; *Schlehofer*, JuS 1992, 572, 573; *Sauer*, in: Krüper, S. 176; *von Arnim/Brink*, S. 258 f.; *Kramer*, S. 41 f.
19 *Rüthers/Fischer*, Rn. 713, 805 u. 821; *Rüthers*, ZRP 2008, 48, 49.
20 *Frenzel*, S. 10; ähnlich *Gern*, VerwArch 80 (1989), 415.
21 BVerfGE 34, 269, 280; 49, 304, 314.
22 BVerfGE 7, 198, 205 u. 215, 30, 173, 193; 73, 261, 269; 89, 214, 229 f.; BVerfG, NJW 2000, 2495; BVerfG, NJW 2004, 2008. 2009; zustimmend und m.w.N. *Tettinger/Mann*, S. 149 u. 168 f.; *Rüthers/Fischer*, Rn. 752 ff.; *Kramer*, S. 88; *Zippelius*, S. 55; *Jarass/Pieroth*, GG, Einleitung, Rn. 8.
23 BVerfGE 83, 1, 23; 91, 118, 123; 108, 137, 142 f.; *Bergmann*, in: Hömig, GG, Art. 3, Rn. 4 f.; *Jarass/Pieroth*, GG, Art. 3, Rn. 25 f.
24 S.u. C. II. 2.

11 Um das Gewicht des Grundgesetzes für die deutsche Rechtsmethodik zu verdeutlichen, schließt sich im folgenden eine Zusammenstellung der wichtigsten weiteren Verfassungsnormen und -grundsätze an, die bei der Lösung rechtsmethodischer Fragen heranzuziehen sind. Diesbezügliche Einzelheiten sind in späteren Abschnitten des Buches wieder aufzugreifen.

12 Von zentraler Bedeutung für die Rechtsmethodik in Deutschland sind die folgenden Ausprägungen des Rechtsstaatsprinzips (Art. 28 Abs. 1 S. 1, 20 Abs. 2, Abs. 3 GG):

- Neben dem bereits erwähnten Vorrang des Gesetzes (Art. 20 Abs. 3 GG) hat das Bundesverfassungsgericht aus dem Rechtsstaats- und dem Demokratieprinzip den Vorbehalt des Gesetzes abgeleitet. Dieser verpflichtet das Parlament, alle wesentlichen Entscheidungen selbst zu treffen, wenn in Grundrechte eingegriffen werden soll oder wenn es um Entscheidungen in anderen grundlegenden normativen Bereichen geht (Wesentlichkeitstheorie)[25].
- An den Gesetzgeber richtet sich die auf das Rechtsstaatsprinzip – und für das Strafrecht noch einmal speziell auf Art. 103 Abs. 2 GG – gestützte Forderung, Gesetze hinreichend bestimmt zu fassen[26]. Zu unbestimmt formulierte Vorschriften können als verfassungswidrig verworfen werden[27].
- Ebenfalls aus dem Rechtsstaatsprinzip und dem bereits erwähnten Willkürverbot wird die in vielen Einzelvorschriften[28] niedergelegte Verpflichtung abgeleitet, belastende staatliche Entscheidungen zu begründen[29].
- Der Verhältnismäßigkeitsgrundsatz verbietet es dem Gesetzgeber sowie Richtern und Verwaltung negative Folgen ihrer Entscheidungen auszublenden. Er verhindert ebenfalls, dass mildere Alternativlösungen für einen rechtlichen Konflikt unbesehen verworfen werden.

13 Starken Einfluss auf die rechtsmethodische Arbeit haben auch die folgenden Normen des Grundgesetzes:

- Wichtig für den Begriff und die Reichweite des Gesetzes ist das Verbot des grundrechtsbeschränkenden Einzelfallgesetzes (Art. 19 Abs. 1 S. 1 GG).
- Der Grundsatz der Gewaltenteilung (Art. 20 Abs. 2 S. 2 GG) bildet ein zentrales Element in der Diskussion um die Grenzen der Auslegung und die Möglichkeit und die Reichweite des Richterrechts[30].
- Art. 31 und 72 Abs. 3 GG beantworten die Frage, wie eine Konkurrenz zwischen bundesrechtlichen und landesrechtlichen Bestimmungen aufzulösen ist.

---

25 BVerfGE 49, 89, 126 f.; 84, 212, 226; 95, 267, 307 f.; 98, 218, 251 f.; 108, 282, 311 ff.; 111, 191, 216 ff.

26 BVerfGE 17, 306, 314; 21, 73, 79; 31, 255, 264; 45, 400, 420; 52, 1, 41; 102, 254, 337; 108, 52, 75; 108, 186, 235; 110, 33, 53; 113, 348, 375 f.; 120, 274, 316.

27 BVerfGE 52, 1, 41; 84, 133, 149.

28 Z.B. § 39 Abs. 1 VwVfG; § 117 Abs. 2 Nr. 5 VwGO; §§ 313, 540 ZPO; § 267 StPO.

29 *Achterberg*, S. 328 leitet das Begründungserfordernis ergänzend aus dem Demokratieprinzip ab, weil nur die Begründung die Legitimation der staatlichen Entscheidung sicherstelle.

30 *Rüthers/Fischer*, Rn. 711; *Mastronardi*, S. 179.

- Art. 100 Abs. 1 GG beschäftigt sich mit dem Problem, wie Gerichte zu reagieren haben, wenn sie eine entscheidungserhebliche Vorschrift für verfassungswidrig halten.
- Art. 103 Abs. 2 GG verbietet im Straf- und Ordnungswidrigkeitenrecht die (belastende) Analogiebildung, die (belastende) Rückwirkung und den Rückgriff auf Gewohnheitsrecht.
- Schließlich hat das Bundesverfassungsgericht über die Rechtsfigur der mittelbaren Grundrechtswirkung sichergestellt, dass auch bei der Auslegung der Generalklauseln des Privatrechts die in den Grundrechten verkörperte objektive Wertordnung zu beachten ist[31].

IV. Abgrenzung der Rechtsmethodik von verwandten Gebieten

Rechtstheorie, Allgemeine Rechtslehre, Rechtsphilosophie und Rechtssoziologie sind Fächer, die auf den ersten Blick Bezüge zur Rechtsmethodik aufweisen. Wie nah stehen sich diese Gebiete wirklich? Relativ gut lassen sich Rechtsphilosophie und Rechtssoziologie von der Rechtsmethodik abgrenzen. **14**

Die Rechtsphilosophie beschäftigt sich mit tiefschürfenden und grundlegenden Aspekten des Rechts wie z.B. den Fragen[32]: Warum gilt Recht? Was ist Gerechtigkeit? Wie müsste ein Verfahren zur Gewinnung fairen Rechts aussehen? Diese Untersuchungen sind eher universal orientiert und suchen – abgekoppelt von einer konkreten Rechtsordnung[33] – nach übergeordneten Qualitätskriterien von Recht[34]. **15**

Die Rechtssoziologie macht die Wechselbeziehungen zwischen Gesellschaft und Recht zu ihrem Untersuchungsgegenstand[35]. Sie analysiert z.B. Gründe für die Entstehung und Veränderung gesetzlicher Vorschriften oder das Scheitern bestimmter Reformen. Rechtssoziologie beschäftigt sich auch mit den praktischen Auswirkungen einer rechtlichen Regelung sowie den Beziehungen zwischen Recht und anderen sozialen Normen[36]. **16**

Während folglich die Anliegen von Rechtsphilosophie und Rechtssoziologie andere sind als die der Rechtsmethodik[37], ergeben sich Überschneidungen in Hinsicht auf die Rechtstheorie sowie die Allgemeine Rechtslehre. **17**

31 BVerfGE 7, 198, 204 ff.; s.a. *Frenzel*, S. 23 f.; *Michael/Morlok*, S. 241 f.; *Rüthers/Fischer*, Rn. 223; *Röhl/Röhl*, S. 414 ff.; *Jarass/Pieroth*, GG, vor Art. 1, Rn. 13; kritisch zu dieser Konstruktion *Koch/Rüßmann*, S. 265 f.
32 *Seelmann*, S. 1; *Kaufmann*, S. 7, 9 u. 12; *Rüthers/Fischer*, Rn. 22; *Gierhake*, in: Krüper, S. 21; *Röhl/Röhl*, S. 2; *Stegmaier*, in: Krüper, S. 75; *Sauer*, in: Krüper, S. 169.
33 *Kaufmann*, S. 12 spricht insoweit von Systemtranszendenz.
34 *Gierhake*, in: Krüper, S. 22; *Kaufmann*, S. 7; *Rüthers/Fischer*, Rn. 22.
35 *Augenhofer*, in: Krüper, S. 189; *Röhl/Röhl*, S. 177.
36 *Stegmaier*, in: Krüper, S. 65 u. 75; *Gierhake*, in: Krüper, S. 21.
37 Dies sehen *Rüthers/Fischer*, Rn. 20 anders, die Rechtsphilosophie und Rechtstheorie für austauschbare Begriffe halten.

18 Die Rechtstheorie widmet sich der Aufgabe, Recht und Rechtswissenschaft zu erklären und zu beschreiben und daraus generelle Aussagen über Recht zu entwickeln[38]. Rechtstheorie bemüht sich m.a.W. darum, die Struktur des Rechts herauszuarbeiten[39]. Im Unterschied zur Rechtsphilosophie steht die juristische Entscheidung im Mittelpunkt des Forschungsinteresses. Dennoch sehen manche zahlreiche Parallelen zwischen Rechtstheorie und Rechtsphilosophie[40].

19 Rechtstheorie und Rechtsmethodik haben ebenfalls ähnliche Untersuchungsgegenstände[41]. Ein Unterschied wird darin gesehen, dass Rechtstheorie wie die Rechtsphilosophie universal arbeitet, d.h. sich nicht wie die Rechtsmethodik auf eine Rechtsordnung beschränkt[42]. Überdies kann Rechtstheorie auch eine Theorie der Rechtswissenschaft meinen[43] und damit mehr leisten als die Rechtsmethodik. Rechtsmethodik kann deshalb als Unterelement der umfassenderen Rechtstheorie betrachtet werden[44].

20 Allgemeine Rechtslehre sehen manche als ältere Bezeichnung für Rechtstheorie[45], die beiden Ausdrücke werden als austauschbar bewertet[46]. Unter Allgemeiner Rechtslehre versteht ein neueres Werk dagegen keine eigenständige Wissenschaftsdisziplin mehr, sondern ein pädagogisches Unternehmen, welches aus den Sektoren der Rechtsphilosophie, Rechtstheorie, Rechtsgeschichte, Rechtsvergleichung und Rechtssoziologie alles zusammenträgt, was für den Umgang mit dem geltenden Recht hilfreich ist[47]. Auch hier bildet die Rechtsmethodik wiederum nur einen Teil einer größer angelegten Darstellung.

21 Abschließend noch ein Wort zum Verhältnis von Rechtsmethodik zur Rechtsdogmatik: Letztere soll hier verstanden werden als die Reflektion und Zusammenfassung einer konkreten Rechtspraxis, also der Rechtssetzung und Rechtsprechung zu einem bestimmten Bereich etwa des Strafrechts oder des Bürgerlichen Rechts[48]. Rechtsdogmatik bezieht sich auf Ausschnitte aus dem geltenden Recht und systematisiert diese. Die Methodik setzt nun eine Abstraktionsebene höher an und untersucht, ob die Rechtspraxis und die daraus entwickelte Dogmatik methodisch plausibel sind oder zumindest begründet werden können.

---

38 *Adomeit/Hähnchen*, S. 9; *Funke*, in: Krüper, S. 46; *Rüthers/Fischer*, Rn. 21; *Mastronardi*, Rechtstheorie S. 1.
39 *Funke*, in: Krüper, S. 61; *Röhl/Röhl*, S. 3; *Rüthers/Fischer*, Rn. 21.
40 *Kaufmann*, S. 13.
41 *Sauer*, in: Krüper, S. 169; *Stegmaier*, in: Krüper, S. 75.
42 *Sauer*, in: Krüper, S. 169; *Kaufmann*, S. 12 f.; *Rüthers/Fischer*, Rn. 20.
43 *Funke*, in: Krüper, S. 46; *Röhl/Röhl*, S. 3.
44 *Röhl/Röhl*, S. 3.
45 *Adomeit/Hähnchen*, S. 9; *Kaufmann*, S. 12.
46 *Rüthers/Fischer*, Rn. 20.
47 *Röhl/Röhl*, S. 9.
48 *Mastronardi*, Rechtstheorie, S. 27; ähnlich *Adomeit/Hähnchen*, S. 9.

B. Rechtsnorm und Subsumtion

I. Einführung

Um Rechtsvorschriften zu verstehen, ist es hilfreich, sich in die Position des Gesetzgebers zu begeben, der aus verschiedenen Elementen Rechtsvorschriften und aus verschiedenen Normtypen ein Gesetz konstruiert. Zentrale Bausteine von Normen bilden Tatbestand und Rechtsfolge, die unter II. 1.-3. näher vorgestellt werden. Die wichtigste Vorschriftenart ist diejenige, die konkrete Handlungsanweisungen an die Gesetzesunterworfenen enthält. Wenn der Gesetzgeber etwas verbieten, gebieten oder erlauben will, setzt er sogenannte vollständige Normen ein[1] (genauer hierzu unter II. 4.). Hierin erschöpfen sich die Möglichkeiten des Gesetzgebers aber nicht. Mit Legaldefinitionen, Vermutungen, Fiktionen, Verweisungen und Zweckbestimmungen stehen ihm weitere Normtypen zur Verfügung, die unter II. 5. vorgestellt werden. Wie man feststellt, ob ein bestimmter Sachverhalt aus dem Alltag den Tatbestand einer Vorschrift erfüllt, die sogenannte Subsumtion, wird unter III. näher betrachtet. 22

23

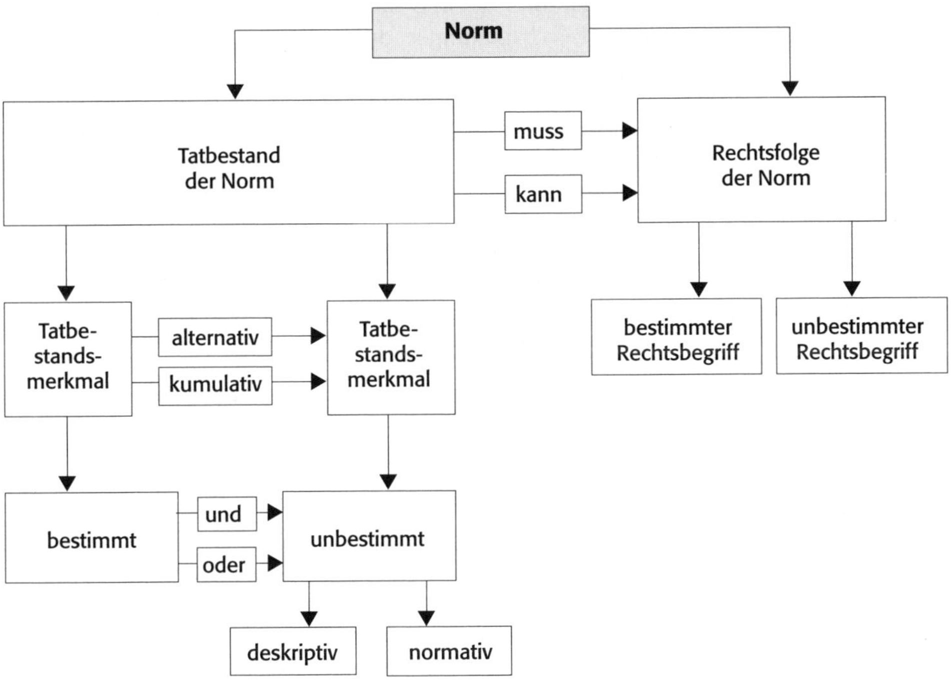

1 *Schwacke*, S. 23; *Rüthers/Fischer*, Rn. 129.

II. Der Gesetzesbaukasten

1. Der Tatbestand

24 Tatbestände beschreiben Situationen, auf die eine Rechtsnorm angewandt werden soll[2]. Sie können aus vielen verschiedenen Elementen zusammengesetzt sein. Man spricht diesbezüglich von Tatbestandsmerkmalen oder Tatbestandsvoraussetzungen. Erst wenn alle Tatbestandsmerkmale vorliegen, tritt die Rechtsfolge ein[3]. So muss bei § 138 BGB ein Rechtsgeschäft gegeben sein, welches außerdem als sittenwidrig zu beurteilen ist, bevor die Rechtsfolge der Nichtigkeit angenommen werden kann. Der Tatbestand des § 212 StGB setzt voraus, dass ein Mensch durch die Hand eines anderen gestorben ist und dass bei dieser Tat keine Mordmerkmale des § 211 StGB verwirklicht wurden.

25 Die einzelnen Tatbestandvoraussetzungen sind unterschiedlich genau formuliert. Generell lassen sich bestimmte und unbestimmte Tatbestandsmerkmale unterscheiden. Als bestimmt gelten solche Merkmale, die durch eine Zahl, ein Maß oder ein Gewicht präzisiert sind[4]. Sie sind nur sehr selten auslegungsbedürftig. So legt § 104 Nr. 1 BGB fest, dass geschäftsunfähig ist, wer nicht das siebente Lebensjahr vollendet hat. Das Tatbestandsmerkmal „siebente" ist ein bestimmtes Tatbestandsmerkmal. Gleiches gilt für die in Hinblick auf Durchsuchungen durch § 104 Abs. 3 StPO definierte Nachtzeit: *Die Nachtzeit umfasst in dem Zeitraum vom ersten April bis dreißigsten September die Stunden von neun Uhr abends bis vier Uhr morgens und in dem Zeitraum vom ersten Oktober bis einunddreißigsten März die Stunden von neun Uhr abends bis sechs Uhr morgens.* Als letztes Beispiel sei auf § 41 Abs. 1 StVO i.V.m Anlage 2 und den Verkehrszeichen 263-266 hingewiesen. Diese verbieten die Zufahrt von Fahrzeugen ab einem bestimmten Gewicht bzw. ab einer bestimmten Länge.

26 Bestimmte Tatbestandselemente sind selten. Es überwiegen die unbestimmten Tatbestandsvoraussetzungen. Diese bedürfen einer Definition. Unbestimmte Tatbestandsmerkmale lassen sich wiederum in deskriptive und normative unterteilen.

27 Deskriptive Tatbestandsmerkmale beziehen sich auf wahrnehmbare Objekte oder ihre Eigenschaften[5]. Hierzu zählen Ausdrücke wie Mensch, Haus, Wohnung, Kraftfahrzeug, Abwasser, Nachbarschaft oder Abfallentsorgungsanlage.

28 Normative Tatbestandsmerkmal erfordern eine rechtliche Bewertung[6]. Diese Bewertung wird etwa für die Charakterisierung eines Rechtsgeschäfts als sittenwidrig oder die Einordnung einer Umwelteinwirkung als erhebliche Belästigung erforderlich. Auch die Mordmerkmale des § 211 StGB, wie etwa „heimtückisch" oder „grausam" gehören zu den normativen Tatbestandsmerkmalen. Es ist allerdings nicht immer eindeutig zu bestimmen, ob ein unbestimmtes Tatbestandsmerkmal noch deskriptiv oder schon normativ ist.

---

2 *Rüthers/Fischer*, Rn. 122.
3 *Zippelius*, S. 31.
4 *Schmalz*, Rn. 156.
5 *Schwacke*, S. 21; *Kramer*, S. 58; *Schmalz*, Rn. 155
6 *Schwacke*, S. 21; *Kramer*, S. 64 ff.; *Tettinger/Mann*, S. 149.

Die Tatbestandsmerkmale, seien sie bestimmt oder unbestimmt, können auf verschiedene Weise miteinander verknüpft sein. Der Tatbestand einer Norm kann kumulative und/oder alternative Tatbestandsmerkmale enthalten. 29

Von kumulativen Tatbestandsmerkmalen spricht man, wenn alle Tatbestandsmerkmale additiv vorliegen müssen, damit die Rechtsfolge der Norm eintritt (Und-Verknüpfung)[7]. 30

Beispiel

§ 105 Abs. 1 BGB: Die Willenserklärung eines Geschäftsunfähigen ist nichtig. 31

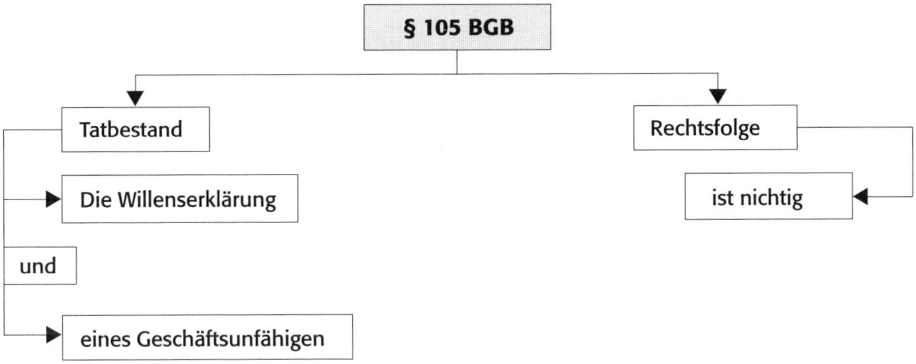

Die Rechtsfolge wird nur ausgelöst, wenn erstens ein Geschäftsunfähiger gehandelt hat und zweitens dieser Geschäftsunfähige eine Willenserklärung abgegeben hat. 32

Um alternative Tatbestandsmerkmale handelt es sich dann, wenn von mindestens zwei Tatbestandsmerkmalen nur eines vorliegen muss (Oder-Verknüpfung) [8]. 33

Beispiel

§ 104 BGB: Geschäftsunfähig ist: 34
1. wer nicht das siebente Lebensjahr vollendet hat;
2. wer sich in einem die freie Willensbestimmung ausschließenden Zustande krankhafter Störung der Geistestätigkeit befindet, sofern nicht der Zustand seiner Natur nach ein vorübergehender ist.

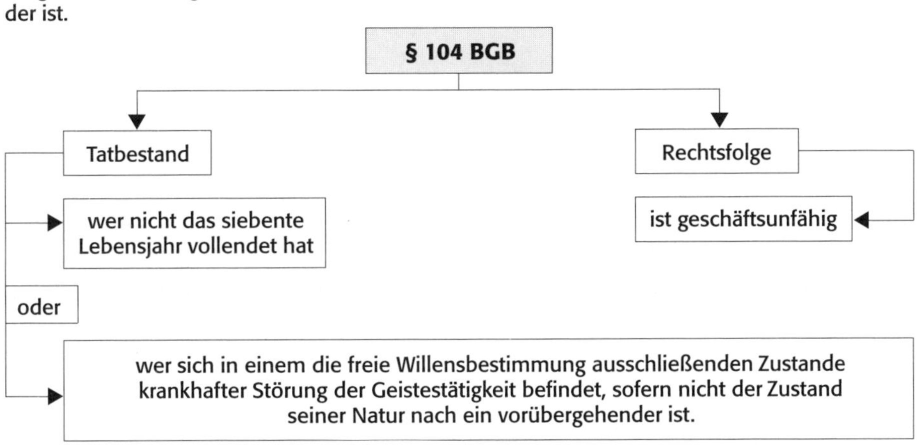

7 *Tettinger/Mann*, S. 144; *Schwacke*, S. 50; *Schmalz*, Rn. 35.
8 *Tettinger/Mann*, S. 144; *Schmalz*, Rn. 35; *Schwacke*, S. 50.

Von den beiden Tatbestandsalternativen muss also nur eine gegeben sein, um die Rechtsfolge auszulösen.

35 Häufig enthalten Tatbestände Kombinationen von Und-Verknüpfungen mit Oder-Verknüpfungen. Als Beispiel sei § 823 Abs. 1 BGB vorgestellt:

Beispiel Wer vorsätzlich oder fahrlässig das Leben, den Körper, die Gesundheit, die Freiheit, das Eigentum oder ein sonstiges Recht eines anderen widerrechtlich verletzt, ist dem anderen zum Ersatz des daraus entstehenden Schadens verpflichtet.

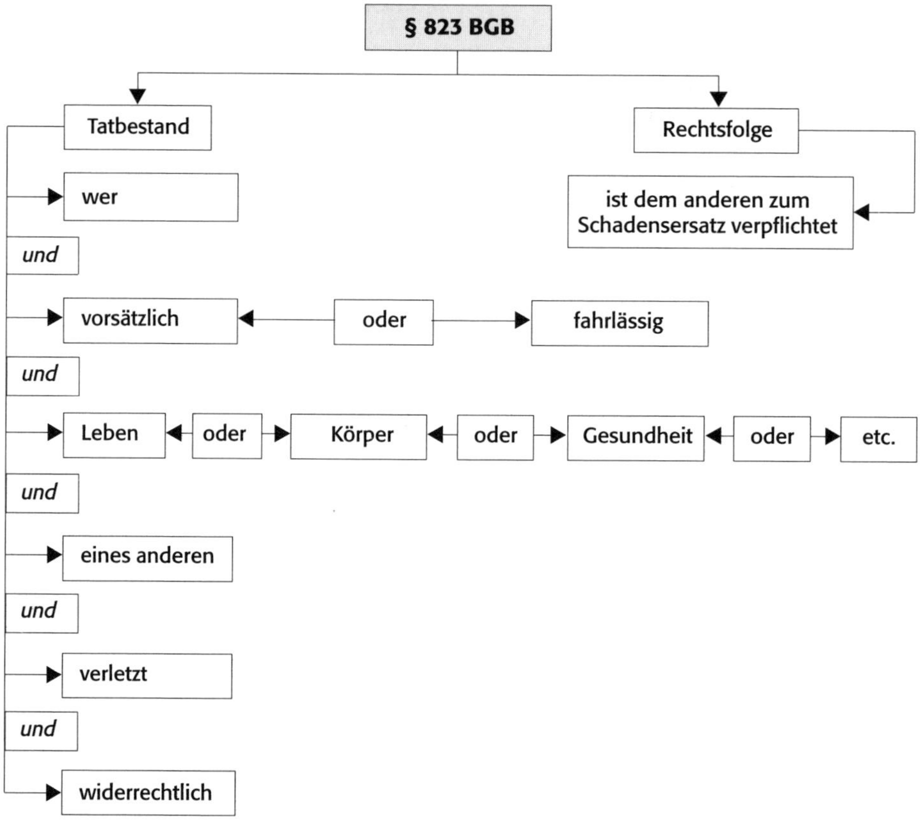

36 Alternativ kann der Täter vorsätzlich oder fahrlässig gehandelt haben. Als Alternativen sind auch die aufgezählten Rechtsgüter gestaltet. Es genügt, wenn der Täter ein Rechtsgut aus der Aufzählung verletzt hat. Die übrigen Tatbestandsvoraussetzungen sind kumulativ.

2. Die Rechtsfolge

Die Rechtsfolge einer Norm benennt in abstrakter Form die rechtliche Konsequenz, die eine Tatbestandsverwirklichung nach sich zieht[9]. Im *Strafrecht* ist die häufigste Rechtsfolge, dass eine Geld- oder Freiheitsstrafe angeordnet wird. Im *Ordnungswidrigkeitenrecht* wird in der Regel ein Bußgeld verhängt. Zivilrechtliche Rechtsfolgen sind z.B. die Herausgabe einer Sache, der Schadensersatz oder die Verpflichtung zur Erfüllung eines Vertrages. Im *Verwaltungsrecht* kommen als Rechtsfolgen u.a. in Betracht, dass Wohngeld zu zahlen ist, Steuern zu entrichten sind oder ein Bauwerk abzureißen ist. **37**

Einige Beispiele sollen diese Grundstruktur verdeutlichen. Versuchen Sie selbst Tatbestand und Rechtsfolge zu bestimmen! **38**

§ 138 Abs. 1 BGB	Ein Rechtsgeschäft, das gegen die guten Sitten verstößt, ist nichtig.
§ 1601 BGB	Verwandte in gerader Linie sind verpflichtet, einander Unterhalt zu gewähren.
§ 212 StGB	Wer einen Menschen tötet ohne Mörder zu sein, wird als Totschläger mit Freiheitsstrafe nicht unter fünf Jahren bestraft.
§ 30 Abs. 2 StVO	Veranstaltungen mit Kraftfahrzeugen bedürfen der Erlaubnis, wenn sie die Nachtruhe stören können.
§ 1 AbwAbgG	Für das Einleiten von Abwasser in ein Gewässer im Sinne des § 1 Abs. 1 WHG ist eine Abgabe zu entrichten.
§ 4 Abs. 1 S. 1 BImSchG	Die Errichtung und der Betrieb von Anlagen, die auf Grund ihrer Beschaffenheit oder ihres Betriebes in besonderem Maße geeignet sind, schädliche Umwelteinwirkungen hervorzurufen oder in anderer Weise die Allgemeinheit oder die Nachbarschaft zu gefährden, erheblich zu benachteiligen oder erheblich zu belästigen, sowie von ortsfesten Abfallentsorgungsanlagen zur Lagerung oder Behandlung von Abfällen bedürfen einer Genehmigung.

Die Rechtsfolge, etwa die Nichtigkeit, die Unterhaltspflicht, die Freiheitsstrafe bzw. die Abgabe- oder Genehmigungspflicht findet sich häufig am Ende der Vorschrift. Das muss allerdings nicht so sein, wie § 30 Abs. 2 StVO zeigt, der die Rechtsfolge der Erlaubnispflicht vor einer weiteren Tatbestandsvoraussetzung bringt, nämlich der möglichen Störung der Nachtruhe. **39**

Um die Rechtsfolge für einen bestimmten Fall zu ermitteln, sind die abstrakt formulierten Rechtsfolgemerkmale auf den Fall hin zu konkretisieren[10]. Nur so kann etwa die genaue Höhe des Schadensersatzes oder die angemessene Höhe einer Geldstrafe bestimmt werden. **40**

Manche Vorschriften machen es dem Anwender oder der Anwenderin schwer, Tatbestand und Rechtsfolge auseinander zu halten. Häufig hilft die Umformulierung in einen **41**

9 *Rüthers/Fischer*, Rn. 125.
10 *Schmalz*, Rn. 37; *Adomeit/Hähnchen*, S. 30; ähnlich *Schwacke*, S. 22.

Wenn-Dann-Satz. Testen Sie Ihre Fähigkeit, Tatbestand und Rechtsfolge zu erkennen, an den folgenden Bestimmungen.

§ 985 BGB	Der Eigentümer kann von dem Besitzer die Herausgabe der Sache verlangen.
Art. 31 GG	Bundesrecht bricht Landesrecht.

42 § 985 BGB ließe sich folgendermaßen umformulieren: Wenn jemand Eigentümer einer Sache ist und ein anderer Besitzer dieser Sache ist (Tatbestand), dann (Rechtsfolge) kann der Eigentümer vom Besitzer die Herausgabe der Sache verlangen.

43 Art. 31 GG macht noch größere Schwierigkeiten, weil die Norm nur aus einer Rechtsfolge besteht. Als sinnvoller Tatbestand wäre zu ergänzen, dass Bundesrecht und Landesrecht kollidieren müssen, d.h. denselben Sachverhalt regeln.

3. Die Verknüpfung von Tatbestand und Rechtsfolge

44

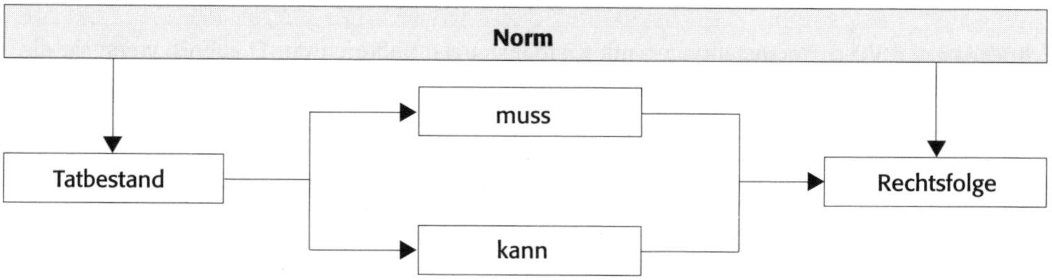

45 Tatbestand und Rechtsfolge einer Norm können auf verschiedene Weise miteinander verbunden sein. Wenn bei gegebenem Tatbestand die Rechtsfolge eintreten muss, handelt es sich um eine gebundene Norm[11].

46 § 48 Abs. 3 S. 1 VwVfG lautet z.B.: *Wird ein rechtswidriger Verwaltungsakt, der nicht unter Absatz 2 fällt, zurückgenommen, so* ***hat*** *die Behörde dem Betroffenen auf Antrag den Vermögensnachteil auszugleichen, den dieser dadurch erleidet, dass er auf den Bestand des Verwaltungsaktes vertraut hat, soweit sein Vertrauen unter Abwägung mit dem öffentlichen Interesse schutzwürdig ist.*

47 In § 134 BGB heißt es: *Ein Rechtsgeschäft, das gegen ein gesetzliches Verbot verstößt, ist nichtig, wenn sich nicht aus dem Gesetz ein anderes ergibt.*

48 In beiden Fällen hat die Rechtsanwendung keinen Spielraum. Ist der Tatbestand erfüllt tritt die Rechtsfolge ein. Diese Variante ist die Muss-Verbindung im obigen Bild.

---

11 *Tettinger/Mann*, S. 156.

Die zweite Verknüpfungsmöglichkeit von Tatbestand und Rechtsfolge wird als Ermessen bezeichnet und eröffnet einen Entscheidungsspielraum hinsichtlich der Rechtsfolge. Im Unterschied zur gebundenen Norm löst die Erfüllung aller Tatbestandsmerkmale nicht automatisch eine vorgegebene Rechtsfolge aus. Ermessensnormen verlagern vielmehr einen Teil der Entscheidung vom Gesetz auf die Rechtsanwenderinnen und Rechtsanwender[12]. Diese Variante ist die Kann-Verbindung im obigen Bild. **49**

Ermessen kann der Gesetzgeber in zwei Formen gewähren. Zum einen kann er verschiedene Rechtsfolgen zur Verfügung stellen – beispielsweise Freiheits- oder Geldstrafe – und die Auswahl zwischen diesen Rechtsfolgen den Richterinnen und Richtern überlassen. Diese Variante heißt Auswahlermessen[13]. Zum anderen kann der Gesetzgeber auch die Entscheidung, ob überhaupt eine Rechtsfolge gesetzt werden soll, auf die Rechtsanwenderinnen und Rechtsanwendern übertragen. Ein Beispiel hierfür bietet § 47 Abs. 1 OWiG: *Die Verfolgung von Ordnungswidrigkeiten liegt im pflichtgemäßen Ermessen der Verfolgungsbehörde. Solange das Verfahren bei ihr anhängig ist, kann sie es einstellen.* Diese Spielart nennt man Entschließungsermessen[14]. **50**

Im öffentlichen Recht sind Ermessensnormen von zentraler Bedeutung. Sie erkennen dies daran, dass sowohl § 40 VwVfG als auch § 114 VwGO die Art der Ermessenausübung generell normieren und etwa § 74 Abs. 1 des allgemeinen Verwaltungsgesetzes des Bundeslandes Schleswig-Holstein Ermessen definiert: *Die Behörde entscheidet, soweit Rechtsvorschriften nicht bestimmen, dass oder in welcher Weise sie tätig zu werden hat, im Rahmen der ihr erteilten Ermächtigung nach sachlichen Gesichtspunkten unter Abwägung der öffentlichen Belange und der Interessen der einzelnen Person über die von der Behörde zu treffenden Maßnahmen (pflichtgemäßes Ermessen).* **51**

Dass der Verwaltung Entscheidungsspielräume eröffnet werden sollen, lässt sich an Formulierungen wie „kann"[15], „darf"[16], „ist berechtigt[17]" oder „hat die Wahl"[18] erkennen[19]. **52**

Ermessensnormen finden sich allerdings auch im Zivilrecht. Hingewiesen sei auf die §§ 315, 317 Abs. 1, 319 Abs. 1, 660 Abs. 1, 745 Abs. 2 und 971 Abs. 1 S. 3 BGB. Obwohl nicht auf den ersten Blick erkennbar, stellt auch § 437 BGB eine Ermessensvorschrift dar. Denn die Norm räumt dem Käufer bei Mängeln der Kaufsache ein Wahlrecht zwischen verschiedenen Vorgehensweisen ein (Auswahlermessen). Generell geht es bei den Ermessensnormen des BGB um Auswahlermessen. Anders als im öffentlichen Recht ist die Gewährung von Entschließungsermessen im bürgerlichen Recht nicht erforderlich, weil schon aus der Privatautonomie[20] folgt, dass der Rechtsinhaber frei **53**

12 *Hain/Schlette/Schmitz* AöR 122 (1997), 32, 37
13 *Schwacke*, S. 20; *Tettinger/Mann*, S. 156; *Zippelius*, S. 104.
14 *Schwacke*, S. 20; *Tettinger/Mann*, S. 156; *Zippelius*, S. 104.
15 §§ 47 Abs. 1, 48 Abs. 1, 49 Abs. 1 VwVfG; §§ 31 Abs. 1, Abs. 2, 35 Abs. 2 BauGB; §§ 15 Abs. 2, 51 GewO; §§ 12 Abs. 1, Abs. 3, 15 Abs. 3 GastG.
16 § 36 Abs. 2 VwVfG; § 24 Abs. 3 BauGB.
17 § 16 Abs. 1 LVwG SH.
18 § 2 Abs. 3 VwZG.
19 *Tettinger/Mann*, S. 156.
20 S. hierzu etwa *Säcker*, in: Münchner Kommentar, Band 1, Einleitung, Rn. 157 ff.; *Ellenberger*, in: Palandt, vor § 104, Rn. 1; *Medicus/Petersen*, Rn. 122; *Jauernig*, in: Jauernig, vor § 145, Rn. 8.

darüber entscheiden kann, ob er ein Recht geltend machen will oder nicht. So hat der Verkäufer aus § 433 Abs. 2 BGB zwar das Recht, den Kaufpreis zu fordern, muss aber nicht unbedingt die Zahlung verlangen, sondern darf dem Käufer den Kaufpreis auch erlassen und ihm die gekaufte Sache schenken.

54 Versuchen Sie anhand der folgenden vier Normbeispiele aus dem öffentlichen und dem Privatrecht zu bestimmen, ob Ermessen eingeräumt ist und um welche Art des Ermessens es sich handelt.

- *§ 262 BGB:* Werden mehrere Leistungen in der Weise geschuldet, dass nur die eine oder die andere zu bewirken ist, so steht das Wahlrecht im Zweifel dem Schuldner zu.
- *§ 3 Abs. 1 HmbSOG (polizeirechtliche Generalklausel):* Die Verwaltungsbehörden treffen im Rahmen ihres Geschäftsbereichs nach pflichtgemäßem Ermessen die im Einzelfall zum Schutz der Allgemeinheit oder des Einzelnen erforderlichen Maßnahmen, um bevorstehende Gefahren für die öffentliche Sicherheit oder Ordnung abzuwehren oder Störungen der öffentlichen Sicherheit oder Ordnung zu beseitigen (Maßnahmen zur Gefahrenabwehr).
- *§ 985 BGB:* Der Eigentümer kann von dem Besitzer die Herausgabe der Sache verlangen.
- *§ 19 Abs. 1 HmbWegeG:* Jede Benutzung der öffentlichen Wege, die ihren Gebrauch durch andere dauernd ausschließt oder in den Wegekörper eingreift oder über die Teilnahme am allgemeinen öffentlichen Verkehr (Gemeingebrauch) oder den Anliegergebrauch hinausgeht, ist Sondernutzung. Sie bedarf der Erlaubnis der Wegeaufsichtsbehörde. Ein Anspruch auf die Erlaubnis oder auf eine erneute Erteilung der Erlaubnis besteht nicht.

55 **Lösungen:** § 262 BGB gewährt dem Schuldner Auswahlermessen. § 3 Abs. 1 HmbSOG sieht vor, dass die Behörden nach ihrem Ermessen darüber entscheiden, ob sie tätig werden oder nicht (Entschließungsermessen). Darüber hinaus haben sie auch über die erforderlichen Maßnahmen zu entscheiden (Auswahlermessen). § 985 BGB ist – trotz des dies nahelegenden Wortlauts – keine Ermessensnorm. Wenn ihre Voraussetzungen vorliegen und der Besitzer kein Recht zum Besitz im Sinne des § 986 BGB geltend machen kann, muss er herausgeben. Dass es dem Eigentümer freisteht, auf die Geltendmachung seines Anspruchs zu verzichten, folgt nicht aus § 985 BGB, sondern aus der Privatautonomie. Für die Auslegung des § 19 Abs. 1 HmbWegeG ist der letzte Satz der Vorschrift entscheidend. Wenn es keinen Anspruch auf die Sondernutzung gibt, steht es im Entschließungsermessen der Behörde, ob sie eine Erlaubnis erteilt oder nicht.

4. Die Struktur vollständiger Normen

56 Vollständige Normen setzen sich aus einem Tatbestand (TB), der aus verschiedenen Merkmalen bestehen kann, und einer Rechtfolge (RF) zusammen. Sie ordnen ein Tun, Dulden oder Unterlassen an. Man kann diese Konstruktion als Konditionalprogramm bezeichnen[21]. Wenn bestimmte Bedingungen vorliegen, tritt die Rechtsfolge ein, die eine bestimmte rechtliche Konsequenz anordnet[22].

Wenn (TB) ——► Dann (RF)

Grundsätzlich sind die Anspruchsgrundlagen des Zivilrechts, die Ermächtigungsgrundlagen des Verwaltungsrechts und die einzelnen Delikte des Strafrechts vollständige Normen. Die auf **S. 11** genannten Normen bilden insoweit Beispiele. Vollständige Normen sind für die Falllösung sehr wichtig. Ihre Rechtsfolge bietet häufig eine Antwort auf die Fallfrage. **57**

5. Unvollständige Normen

Im Gegensatz zu den vollständigen Normen enthalten die unvollständigen Normen nur Teile einer Rechtnorm und sprechen allein keine Gebote, Verbote oder Erlaubnisse aus[23]. Der Einsatz von unvollständigen Normen erleichtert dem Gesetzgeber die Arbeit, weil er gewisse, bei verschiedenen Einzelnormen auftauchende Fragen zusammenfassen kann[24]. Für die Konfliktlösung leisten diese Vorschriften nur Hilfsdienste, so dass sie auch als Hilfsnormen bezeichnet werden[25]. **58**

Im Einzelnen sind dies: **59**
- Legaldefinitionen (a),
- Gesetzliche Vermutungen (b),
- Fiktionen (c),
- Verweisungen (d),
- Zweckbestimmungen (e).

60

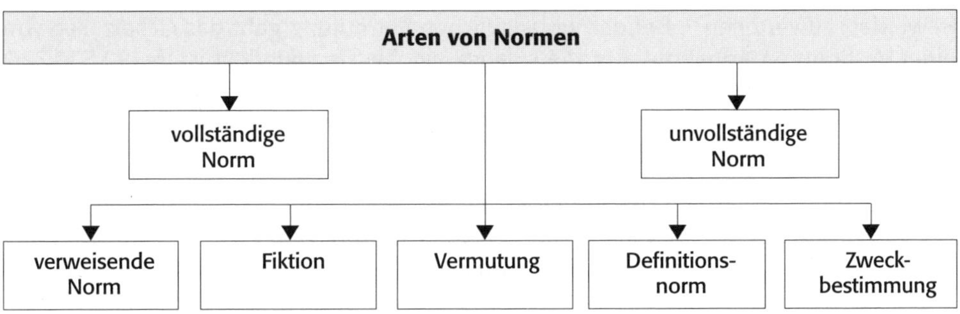

21 *Zippelius*, S. 28; *Bitter/Rauhut*, JuS 2009, 289, 290; *Schmalz*, Rn. 15; *Rüthers/Fischer*, Rn. 126; *Koch/Rüssmann*, S. 21.
22 *Schwacke*, S. 20; *Zippelius*, S. 29; *Bitter/Rauhut*, JuS 2009, 289, 290 f.; *Koch/Rüssmann*, S. 18 f.; *Mastronardi*, S. 191.
23 *Rüthers/Fischer*, Rn. 129; *Schwacke*, S. 25.
24 *Rüthers/Fischer*, Rn. 129.
25 *Schwacke*, S. 25; *Rüthers/Fischer*, Rn. 131; *Bitter/Rauhut*, JuS 2009, 289, 291; *Tettinger/Mann*, S. 120.

a) Legaldefinitionen

61 Oben wurde bereits erläutert[26], dass Gesetze häufig unbestimmte Tatbestandsmerkmale enthalten. In Legaldefinitionen kann der Gesetzgeber regeln, wie ein unbestimmtes Tatbestandsmerkmal zu verstehen ist[27]. Diese Definitionsnormen müssen die Rechtsanwender ihrer Entscheidung zugrunde legen.

62 §§ 13 und 14 BGB definieren die Begriffe des Verbrauchers und des Unternehmers, die dann in weiteren Normen des BGB, wie § 474 oder § 491 wieder auftauchen. § 90 BGB enthält die Legaldefinition der Sache, die etwa für § 985 BGB relevant ist. Als letztes zivilrechtliches Beispiel sei § 276 Abs. 2 BGB vorgestellt: *Fahrlässig handelt, wer die im Verkehr erforderliche Sorgfalt außer Acht lässt.* Diese Legaldefinition kann dann bei der Anwendung des § 823 Abs. 1 BGB genutzt werden.

63 Die z.B. für die §§ 9 oder 43 ff. VwVfG wichtige Legaldefinition des Verwaltungsakts findet sich in § 35 VwVfG. Art. 116 Abs. 1 GG definiert den Deutschen im Sinne des Grundgesetzes, was für die sogenannten Deutschengrundrechte der Art. 8, 9, 11 und 12 GG Bedeutung haben kann.

64 § 11 StGB enthält einen umfangreichen Katalog von Legaldefinitionen. U.a. wird hier beschrieben, was der Gesetzgeber unter den Begriffen „Angehöriger", „Amtsträger", „Richter" oder „für den öffentlichen Dienst besonders Verpflichteter" versteht. Ferner definiert z.B. § 211 StGB den Begriff des Mörders, der für die Abgrenzung zum Totschläger des § 212 StGB wichtig wird.

b) Gesetzliche Vermutungen

65 Vermutungen verwendet der Gesetzgeber in zwei verschiedenen Formen: als widerlegliche oder unwiderlegliche Vermutung. Erstere dienen dazu, die Darlegungs- und Beweislast zu verteilen[28]. Bei der widerleglichen Vermutung geht das Gesetz also von einer bestimmten Annahme aus, die solange gilt, bis sie widerlegt ist. § 292 S. 1 ZPO formuliert diesen Gedanken ausdrücklich: *Stellt das Gesetz für das Vorhandensein einer Tatsache eine Vermutung auf, so ist der Beweis des Gegenteils zulässig, sofern nicht das Gesetz ein anderes vorschreibt.*

66 Beispiele für widerlegliche Vermutungen, die häufig mit der Formulierung „im Zweifel" gekennzeichnet werden, liefern §§ 613, 891 oder 1006 BGB. Die Eigentumsvermutung des § 1362 Abs. 1 S. 1 BGB lautet: *Zugunsten der Gläubiger des Mannes und der Gläubiger der Frau wird vermutet, dass die im Besitz eines Ehegatten oder beider Ehegatten befindlichen beweglichen Sachen dem Schuldner gehören.*

---

26 S.o. B. II. 1. a).
27 *Rüthers/Fischer*, Rn. 131 a; *Schwacke*, S. 25, *Kramer*, S. 59; *Zippelius*, S. 45; *Bitter/Rauhut*, JuS 2009, 289, 219.
28 *Rüthers/Fischer*, Rn. 134; *Schwacke*, S. 32; *Bitter/Rauhut*, JuS 2009, 289, 291; *Musielak*, JA 2010, 561; *Schmalz*, Rn. 111.

Im öffentlichen Recht enthält Art. 16a Abs. 3 GG eine widerlegliche Vermutung: *Durch Gesetz, das der Zustimmung des Bundesrates bedarf, können Staaten bestimmt werden, bei denen auf Grund der Rechtslage, der Rechtsanwendung und der allgemeinen politischen Verhältnisse gewährleistet erscheint, dass dort weder politische Verfolgung noch unmenschliche oder erniedrigende Bestrafung oder Behandlung stattfindet. Es wird vermutet, dass ein Ausländer aus einem solchen Staat nicht verfolgt wird, solange er nicht Tatsachen vorträgt, die die Annahme begründen, dass er entgegen dieser Vermutung politisch verfolgt wird.* **67**

Die – seltenere – unwiderlegliche Vermutung erlaubt im Gegensatz zu ihrer widerleglichen Schwester den Beweis des Gegenteils nicht[29]. Die bekanntesten unwiderleglichen Vermutungen finden sich in § 1566 BGB: *(1) Es wird unwiderlegbar vermutet, dass die Ehe gescheitert ist, wenn die Ehegatten seit einem Jahr getrennt leben und beide Ehegatten die Scheidung beantragen oder der Antragsgegner der Scheidung zustimmt (2) Es wird unwiderlegbar vermutet, dass die Ehe gescheitert ist, wenn die Ehegatten seit drei Jahren getrennt leben.* **68**

Die Familienrichterin oder der Familienrichter braucht folglich nach dreijährigem Getrenntleben der Ehegatten nicht mehr zu prüfen, ob die Ehe tatsächlich i.S.d. § 1565 BGB gescheitert ist. **69**

c) Fiktionen

Fiktionen bewirken etwas Ähnliches wie die eben geschilderten unwiderleglichen Vermutungen. Es wird – unabhängig von der Faktenlage – so getan, als wäre etwas der Fall, weil der Gesetzgeber eine bestimmte rechtliche Behandlung anstrebt[30]. Ein Gegenbeweis ist nicht möglich. **70**

Im Unterschied zu den Vermutungen, die typischerweise zutreffende tatsächliche Annahmen normieren, nimmt die Fiktion auf die faktische Plausibilität keine Rücksicht[31]. Sie kann etwas als rechtlich geltend festlegen, was faktisch gerade nicht zutrifft. Ein gutes Beispiel hierfür bietet Art. 116 Abs. 2 GG: *Frühere deutsche Staatsangehörige, denen zwischen dem 30. Januar 1933 und dem 8. Mai 1945 die Staatsangehörigkeit aus politischen, rassischen oder religiösen Gründen entzogen worden ist, und ihre Abkömmlinge sind auf Antrag wieder einzubürgern. Sie gelten als nicht ausgebürgert, sofern sie nach dem 8. Mai 1945 ihren Wohnsitz in Deutschland genommen haben und nicht einen entgegengesetzten Willen zum Ausdruck gebracht haben.* **71**

Das Recht ignoriert in Art. 116 Abs. 2 S. 2 GG die erfolgte Ausbürgerung und verzichtet auf die eigentlich erforderliche Wiedereinbürgerung. **72**

---

29 *Bitter/Rauhut*, JuS 2009, 289, 291.
30 *Schwacke*, S. 31; *Rüthers/Fischer*, Rn. 132 a; *Schmalz*, Rn. 110; *Tettinger/Mann*, S. 165; *Zippelius*, S. 36.
31 *Bitter/Rauhut*, JuS 2009, 289, 291.

73 Der untätige Kläger wird durch die Fiktion des § 92 Abs. 2 S. 1 VwGO bestraft: *Die Klage gilt als zurückgenommen, wenn der Kläger das Verfahren trotz Aufforderung des Gerichts länger als zwei Monate nicht betreibt.*

74 Beispiele für Fiktionen aus dem Bürgerlichen Recht sind §§ 108 Abs. 2 S. 2, 119 Abs. 2, 162 Abs. 1 und Abs. 2, 177 Abs. 2 S. 2 oder § 550 S. 1 BGB. Ausdrücklich zitiert sei § 1923 Abs. 2 BGB: *Wer zur Zeit des Erbfalls noch nicht lebte, aber bereits gezeugt war, gilt als vor dem Erbfall geboren.*

d) Verweisungen

75 Verweisungen lassen sich als gesetzgeberische Abkürzung verstehen. Unter Verzicht auf Wiederholungen wird per Verweis ein anderswo bereits niedergelegtes passendes Regelungsprogramm herangezogen[32].

76 Verweisungen sind vor allem im BGB häufig. § 437 BGB setzt ein ganzes Verweisungskarussell in Bewegung. § 480 BGB z.B. lautet: *Auf den Tausch finden die Vorschriften über den Kauf entsprechende Anwendung.* Zahlreich sind ebenfalls die Verweisungen auf das Bereicherungsrecht, etwa in §§ 547 Abs. 1 S. 2, 684, 951 Abs. 1 oder 993 Abs. 1 BGB. Aber auch das Verwaltungsrecht arbeitet mit Verweisungen, z.B. auf das BGB in §§ 31 Abs. 1 und 62 VwVfG. Schließlich gibt es Verweisungen in Verfahrensgesetze wie etwa die Strafprozessordnung, die über Art. 44 Abs. 2 GG im Bereich parlamentarischer Untersuchungsausschüsse und über § 46 Abs. 1 und Abs. 2 OWiG im Bußgeldverfahren gilt.

77 Verweisungen werden unterteilt in *tatbestandsverweisende* und *rechtsfolgeverweisende* Vorschriften. Liegt eine Tatbestandsverweisung – auch als Rechtsgrundverweisung bezeichnet – vor, so muss auch der Tatbestand der Norm gegeben sein, auf die verwiesen wird[33]. Einfacher funktioniert die Rechtsfolgenverweisung, die unter Umgehung des Tatbestandes lediglich die Rechtsfolge der Norm, auf die verwiesen wird, gelten lässt[34].

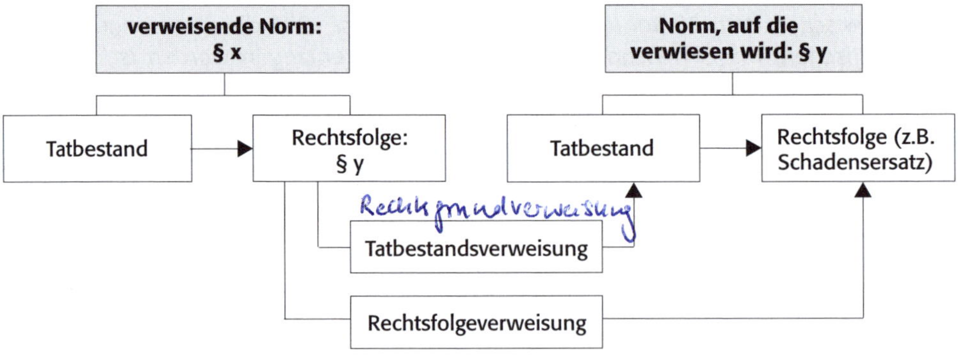

32 *Rüthers/Fischer*, Rn. 132; *Bitter/Rauhut*, JuS 2009, 289, 291; *Tettinger/Mann*, S. 163 f.; *Schwacke*, S. 29.
33 *Schmalz*, Rn. 106; *Rüthers/Fischer*, Rn. 132; *Tettinger/Mann*, S. 164.
34 *Rüthers/Fischer*, Rn. 132; *Schmalz*, Rn. 106; *Tettinger/Mann*, S. 164.

§ 992 BGB stellt ein Beispiel für eine Tatbestandsverweisung dar[35]: *Hat sich der Besitzer durch verbotene Eigenmacht oder durch eine Straftat den Besitz verschafft, so haftet er dem Eigentümer nach den Vorschriften über den Schadensersatz wegen unerlaubter Handlung.* **78**

Wenn also der Eigentümer Schadensersatz verlangt, müssen auch die tatbestandsmäßigen Voraussetzungen etwa des § 823 Abs. 1 BGB vorliegen. **79**

Als Beispiel für eine Rechtsfolgenverweisung ist § 49a Abs. 2 S. 1 VwVfG zu nennen: *Für den Umfang der Erstattung mit Ausnahme der Verzinsung gelten die Vorschriften des Bürgerlichen Gesetzbuchs über die Herausgabe einer ungerechtfertigten Bereicherung entsprechend.* Bis auf § 951 BGB werden auch die oben genannten Verweisungen innerhalb des BGB auf das Bereicherungsrecht als Rechtsfolgeverweisungen betrachtet[36]. **80**

In dieser Konstellation muss folglich nicht untersucht werden, ob ein Tatbestand des § 812 BGB verwirklicht ist, nur die §§ 818 ff. BGB sind anzuwenden. **81**

Ferner unterscheidet man statische und dynamische Verweisungen. Die erstgenannten beziehen sich auf eine bestimmte Vorschrift in einer bestimmten Fassung[37]. Die dynamischen Verweisungen tragen dagegen häufig den Zusatz „in der jeweils gültigen Fassung" und integrieren damit Veränderungen der Regelungen, auf die verwiesen wird[38]. **82**

Als Beispiel für eine dynamische Verweisung sei § 1 Abs. 1 BerlVwVfG benannt: *Für die öffentlich-rechtliche Verwaltungstätigkeit der Behörden Berlins gilt das Verwaltungsverfahrensgesetz (VwVfG) vom 25. Mai 1976 (BGBl I S. 1253/GVBl S. 1173) in der jeweils geltenden Fassung, soweit nicht in den §§ 2 bis 4a dieses Gesetzes etwas anderes bestimmt ist.* **83**

Ob eine statische oder eine dynamische Verweisung vorliegt, ist nicht immer einfach zu erkennen und muss dann im Wege der Auslegung der Verweisungsnorm geklärt werden[39]. **84**

e) Zweckbestimmungen

Ebenfalls zu den unvollständigen Normen lassen sich die Zweckbestimmungen rechnen, die allgemein die Ziele eines Gesetzes vorgeben, ohne konkrete Rechtsfolgen in Gestalt von Ge- oder Verboten daran zu knüpfen. Im Gegensatz zum Wenn-Dann-Schema der Konditionalprogramme wird insoweit von Finalprogammen gesprochen[40]. **85**

35 *Schmalz*, Rn. 106.
36 *Schwacke*, S. 29; *Schmalz*, Rn. 106.
37 *Tettinger/Mann*, S. 164; *Zippelius*, S. 35; *Schmalz*, Rn. 107; *Schwacke*, S. 30.
38 *Tettinger/Mann*, S. 164 f.; *Schmalz*, Rn. 107; *Schwacke*, S. 30; *Zippelius*, S. 35.
39 *Zippelius*, S. 35; *Tettinger/Mann*, S. 165.
40 *Schmalz*, Rn. 52; *Koch/Rüssmann*, S. 21 u. 85 ff.

86 Der Sozialstaatsgrundsatz des Art. 20 Abs. 1 GG lässt sich als ein solches Finalprogramm ansehen. Die Bundesrepublik Deutschland wird quasi mit der ständigen Aufgabe betraut, ein sozialer Staat zu werden bzw. zu bleiben[41].

87 Aus dem BGB kann § 1626 Abs. 2 als eine solche Leitvorstellung betrachtet werden: *Bei der Pflege und Erziehung berücksichtigen die Eltern die wachsende Fähigkeit und das wachsende Bedürfnis des Kindes zu selbständigem verantwortungsbewusstem Handeln. Sie besprechen mit dem Kind, soweit es nach dessen Entwicklungsstand angezeigt ist, Fragen der elterlichen Sorge und streben Einvernehmen an.*

88 Planungsgesetze enthalten ebenfalls häufig allgemein gehaltene Zweckbestimmungen. § 1 Abs. 5 BauGB: *Die Bauleitpläne sollen eine nachhaltige städtebauliche Entwicklung, die die sozialen, wirtschaftlichen und umweltschützenden Anforderungen auch in Verantwortung gegenüber künftigen Generationen miteinander in Einklang bringt, und eine dem Wohl der Allgemeinheit dienende sozialgerechte Bodennutzung gewährleisten. Sie sollen dazu beitragen, eine menschenwürdige Umwelt zu sichern und die natürlichen Lebensgrundlagen zu schützen und zu entwickeln, auch in Verantwortung für den allgemeinen Klimaschutz, sowie die städtebauliche Gestalt und das Orts- und Landschaftsbild baukulturell zu erhalten und zu entwickeln.*

89 In einer solchen Vorschrift sucht man vergebens nach Tatbestand und Rechtsfolge. Es werden vielmehr zahlreiche Abwägungsgesichtspunkte ausgebreitet, die in einer konkreten Bauleitplanung möglichst gut zu berücksichtigen sind. Zweckbestimmungen können allerdings für die Auslegung anderer Vorschriften Bedeutung bekommen[42].

6. Antwortnormen, Hilfsnormen und Gegennormen

90

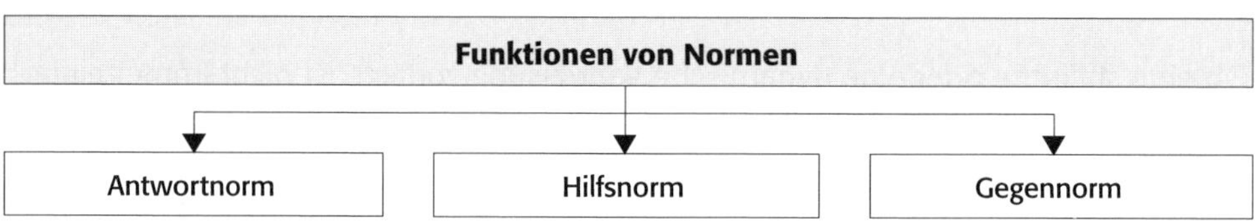

91 Die Einteilung von Vorschriften in die Kategorien Antwort-, Hilfs- und Gegennorm verlässt die Perspektive des Gesetzgebers und nimmt den Standpunkt desjenigen ein, der einen Fall zu lösen hat.

92 Als Antwortnormen kann man aus diesem Blickwinkel die Vorschriften bezeichnen, die eine Antwort auf die gestellte Fallfrage enthalten, die also die gewünschte Rechtsfolge auslösen, wenn ihr Tatbestand erfüllt ist[43]. Die Antwortnormen sind dann der Ausgangspunkt der Falllösung. Häufig werden diese Vorschriften vollständige Normen sein, d.h. Anspruchsgrundlagen des BGB, Straftatbestände des StGB oder Ermächti-

41 BVerfGE 65, 182, 193; 68, 193, 209; *Leisner*, in: Sodan, GG, Art. 20, Rn. 21.
42 S. genauer hierzu unten C. II. 4.
43 *Tettinger/Mann*, S. 119; *Schwacke*, S. 23 f.; *Schmalz*, Rn. 114.

gungsgrundlagen im öffentlichen Recht[44]. Wenn die Fallfrage z.B. lautet: Hat A gegen B einen Anspruch auf Schadensersatz?, so kann § 823 Abs. 1 BGB eine Antwortnorm darstellen. Die Definition der Fahrlässigkeit in § 276 Abs. 2 BGB könnte in diesem Fall als Hilfsnorm in Frage kommen.

Wenn sich die Fallfrage allerdings auf einen ganz bestimmten rechtlichen Aspekt konzentriert, kann die Antwortnorm auch eine unvollständige Bestimmung sein[45]. So mag z.B. im Zivilrecht danach gefragt werden, ob ein Verhalten als fahrlässig zu beurteilen ist oder ob jemand wirksam Eigentum an einer beweglichen Sache erworben hat. In diesen Konstellationen wären § 276 Abs. 2 BGB bzw. die §§ 929 ff. BGB als Antwortnormen heranzuziehen. **93**

An den Anfang jeder Falllösung gehört eine Vorschrift, die eine Antwort auf die gestellte Fallfrage liefern kann. **94**

Wie bereits oben erläutert[46], haben unvollständige Normen eine Hilfsfunktion, indem sie einzelne Tatbestandsmerkmale vollständiger Vorschriften präzisieren[47]. Besonders deutlich zeigt sich der Hilfsnormcharakter an den Legaldefinitionen. So fordert § 766 BGB die schriftliche Erteilung der Bürgschaftserklärung und § 126 Abs. 1 BGB erläutert, was damit gemeint ist. § 45 Abs. 1 VwVfG erlaubt unter gewissen Bedingungen die Heilung von fehlerhaften Verwaltungsakten, die allerdings nicht nichtig sein dürfen. § 44 VwVfG definiert die nichtigen Verwaltungsakte, § 35 VwVfG den Verwaltungsakt an sich. **95**

Gegennormen schließlich verhindern, dass die Rechtsfolge der Antwortnorm eintritt[48]. Im Strafrecht stehen etwa Rechtfertigungs- und Entschuldigungsgründe der Verhängung einer Strafe entgegen, auch wenn der Tatbestand einer Strafnorm verwirklicht wurde. § 46 VwVfG lässt sich ebenfalls als Gegennorm verstehen. Wenn man nämlich einen Verfahrensfehler gefunden hat, der nach dieser Bestimmung unbeachtlich ist, so wird der fehlerbehaftete Verwaltungsakt nicht aufgehoben, obwohl er rechtswidrig ist. **96**

Die meisten Gegennormen kennt das Bürgerliche Recht. Sie werden eingeteilt in **97**

- rechtshindernde Einwendungen, die einen Anspruch von vornherein ausschließen, etwa § 134 (Verstoß gegen ein gesetzliches Verbot) oder § 138 (Sittenwidrigkeit) BGB,
- rechtsvernichtende Einwendungen, die einen zunächst entstandenen Anspruch beseitigen, z.B. § 142 (Anfechtung) oder § 275 (Unmöglichkeit) BGB sowie
- rechtshemmende Einreden, die dem Anspruchsgegner das Recht geben, die Erfüllung des Anspruchs zu verweigern, etwa die Verjährung (§ 214 BGB)[49].

44 *Schmalz*, Rn. 114; *Tettinger/Mann*, S. 120; *Schwacke*, S. 23 f.
45 *Schmalz*, Rn. 114.
46 S.o. B. II. 5.
47 *Tettinger/Mann*, S. 120; *Schwacke*, S. 25 f.; *Rüthers/Fischer*, Rn. 131; *Schmalz*, Rn. 117.
48 *Tettinger/Mann*, S. 120; *Schmalz*, Rn. 119.
49 Einzelheiten insoweit bei *Diederichsen/Wagner*, S. 91 ff.; *Schwacke*, S. 27 f.; *Schmalz*, Rn. 98 ff.; *Rüthers/Fischer*, Rn. 135; *Medicus/Petersen*, Rn. 731 ff.

98 Hingewiesen sei darauf, dass zur Ausfüllung von Gegennormen ebenfalls häufig Hilfsnormen heranzuziehen sind. So wird die Dauer der Verjährungsfrist für § 214 BGB durch die §§ 194 ff. BGB festgelegt. Das Vorliegen von Gegennormen ist in einer juristischen Fallbearbeitung erst zu untersuchen, nachdem die Voraussetzungen einer Antwortnorm bejaht wurden. Gegennormen lassen sich auch als Ausnahmen zur Grundregel begreifen[50].

III. Die juristische Subsumtion

99 Juristen müssen Normen auf Fälle, die auch Sachverhalte genannt werden, anwenden. Dabei gilt es, einen plausiblen Ableitungszusammenhang von dem abstrakt formulierten Tatbestand einer Rechtsnorm zu den konkreten tatsächlichen Ereignissen herzustellen[51]. Auf eine Kurzformel gebracht: Passt der Sachverhalt unter den Tatbestand, dann gilt die Rechtsfolge des Tatbestandes für den Sachverhalt[52]. Dieses Vorgehen wird auch als Subsumtion oder als juristischer Syllogismus bezeichnet[53].

100 Der Syllogismus ist ein logisches Schlussverfahren. Er besteht aus zwei Prämissen, dem Obersatz und dem Untersatz sowie der Schlussfolgerung (conclusio)[54]. Diese ist nur dann überzeugend, wenn Obersatz und der Untersatz einen gemeinsamen und identischen Mittelbegriff enthalten. Zur Verdeutlichung:

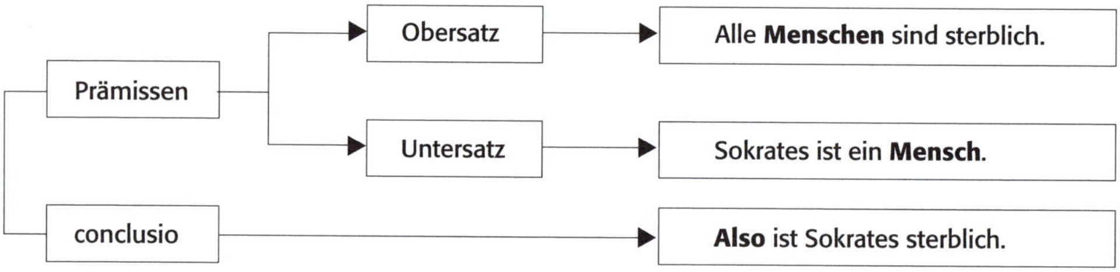

101 Der identische Mittelbegriff in Obersatz und Untersatz ist das Wort „Mensch". Logik hat nicht immer etwas mit Wahrheit zu tun[55], was das folgende Beispiel demonstrieren soll.

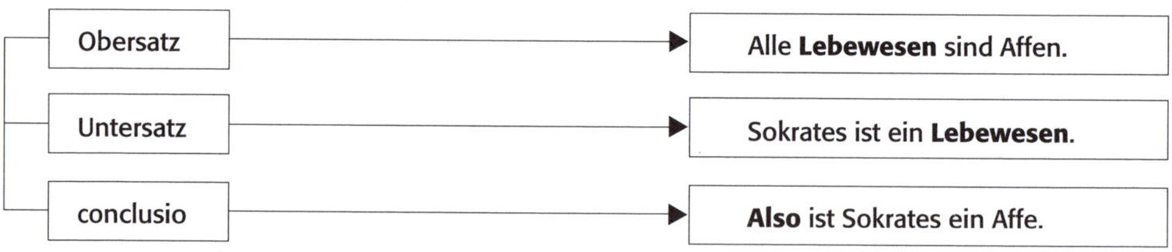

50 *Schwacke*, S. 27.
51 *Tettinger/Mann*, S. 143; *Bitter/Rauhut*, JuS 2009, 289, 291.
52 *Adomeit/Hähnchen*, S. 56; *Sauer*, in: Krüper, S. 170; *Schwintowski*, S. 59 f.
53 *Adomeit/Hähnchen*, S. 29; *Koch/Rüssmann*, S. 18 ff.; *Mastronardi*, S. 192.
54 *Schwintowski*, S. 61; *Schmalz*, Rn. 19; *Adomeit/Hähnchen*, S. 28 f.; *Tettinger/Mann*, S. 143; *Koch/Rüssmann*, S. 14 ff.; *Mastronardi*, S. 192; *Kaufmann*, S. 71.
55 So auch *Schwintowski*, S. 63; *Koch/Rüssmann*, S. 59; *Mastronardi*, Rechtstheorie, S. 9.

102 Der Obersatz „Alle Lebewesen sind Affen“ trifft nicht die Wahrheit. Da aber sowohl der Obersatz als auch der Untersatz einen gemeinsamen und identischen Mittelbegriff, nämlich das Wort „Lebewesen“ enthalten, ist die conclusio logisch folgerichtig, obwohl sie inhaltlich unzutreffend ist.

103 Der juristische Syllogismus besteht ebenfalls aus zwei Prämissen und einer Schlussfolgerung. Den Obersatz bildet der Tatbestand der Norm, der Untersatz ist der Lebenssachverhalt; die conclusio ist die Rechtsfolge der Norm des Obersatzes[56]. Die eigentliche juristische Arbeit besteht im Vergleich des Tatbestandes der Norm mit dem Lebenssachverhalt. Merkmal für Merkmal muss eine Übereinstimmung nachgewiesen werden, damit für den konkreten Fall die Rechtsfolge des abstrakten Tatbestandes eintreten kann[57]. Hierbei gibt es nie eine Identität des abstrakten Merkmals im Tatbestand und der konkreten Gegebenheit des Sachverhalts, es ist vielmehr immer eine – wenn auch manchmal kleine – Bewertung vorzunehmen.

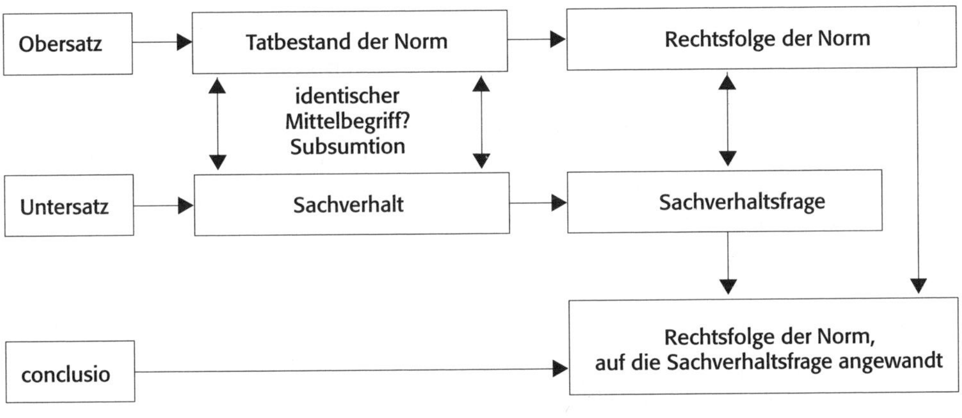

104 Im Unterschied zu den oben vorgestellten einfachen Beispielen ist beim juristischen Syllogismus in der Regel nicht sofort erkennbar, ob sich der abstrakte Tatbestand der Norm mit dem konkreten Lebenssachverhalt deckt, ob also ein identischer Mittelbegriff vorliegt[58].

56 *Schmalz*, Rn. 20; *Tettinger/Mann*, S. 143; *Zippelius*, S. 98; *Diederichsen/Wagner*, S. 173; *Kramer*, S. 34, Fn. 4.
57 *Diederichsen/Wagner*, S. 174.
58 *Adomeit/Hähnchen*, S. 29 f.; *Schmalz*, Rn. 24.

105 Dies soll am Beispiel des § 4 Abs. 1 GastG gezeigt werden.

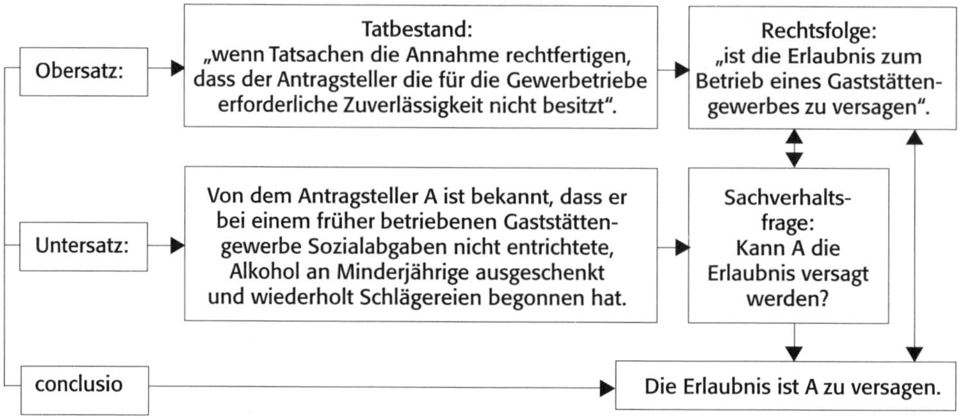

106 Vor allem unbestimmte Tatbestandsmerkmale müssen erst definiert werden, man kann auch sagen, auf den Sachverhalt hin konkretisiert werden[59], bevor festgestellt werden kann, ob sie den fraglichen Sachverhalt erfassen[60]. Um eine Definition zu gewinnen, ist das fragliche Tatbestandsmerkmal auszulegen. Generell gilt der Grundsatz[61]: Erst auslegen und definieren, dann subsumieren! Im obigen Beispiel ist der Begriff der Zuverlässigkeit definitionsbedürftig.

107 Zur Erläuterung des Subsumtionsvorgangs zwei weitere Beispiele.

Beispiel 1

A hat den B gezielt angegriffen und dabei die Brille des B zerstört. B verlangt nunmehr von A Schadensersatz. B könnte seinen Anspruch auf § 823 Abs. 1 BGB stützen: Wer vorsätzlich oder fahrlässig das Leben, den Körper, die Gesundheit, die Freiheit, das Eigentum oder ein sonstiges Recht eines anderen widerrechtlich verletzt, ist dem anderen zum Ersatz des daraus entstehenden Schadens verpflichtet.

108 Zu prüfen ist nun, ob die tatbestandsmäßigen Voraussetzungen des § 823 Abs. 1 BGB auf den geschilderten Sachverhalt zutreffen. Die Struktur des § 823 Abs. 1 BGB ist bereits oben[62] vorgestellt worden. Ob nun ein identischer Mittelbegriff gegeben ist, ob also Tatbestand und Lebenssachverhalt sich decken, kann nicht pauschal festgestellt werden. Vielmehr ist für jedes Tatbestandsmerkmal gesondert zu ermitteln, ob es eine Entsprechung im Sachverhalt hat[63]. Dabei ist für jedes Tatbestandmerkmal ein eigenständiger Syllogismus zu bilden. Da es sich bei allen Tatbestandsmerkmalen des § 823 Abs. 1 BGB um unbestimmte Tatbestandsmerkmale handelt, müssen diese jeweils zunächst definiert werden, um den Syllogismus anwenden zu können, d.h. um feststellen zu können, ob ein identischer Mittelbegriff vorliegt.

---

59 *Zippelius*, S. 97; *Diederichsen/Wagner*, S. 178; *Mastronardi*, S. 220; *Petersen*, Der Staat 2010, 435.
60 *Schmalz*, Rn. 25 ff.; *Koch/Rüssmann*, S. 65.
61 Ähnlich *Tettinger/Mann*, S. 144; *Diederichsen/Wagner*, S. 173.
62 S.o. S. 10.
63 *Diederichsen/Wagner*, S. 174; *Mastronardi*, S. 192.

Tatbestandsmerkmal **wer** 109

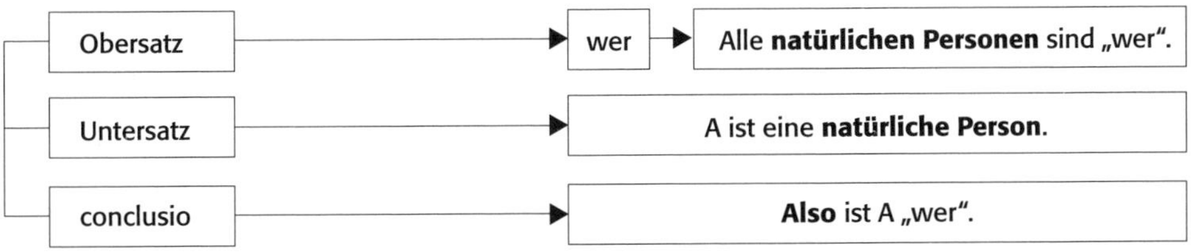

Ergebnis: Das TBM „wer" liegt vor.

Tatbestandsmerkmal **„Eigentum"** (Die anderen alternativen Tatbestandsmerkmale „Leben" etc. spielen im hier zu prüfenden Fall keine Rolle). 110

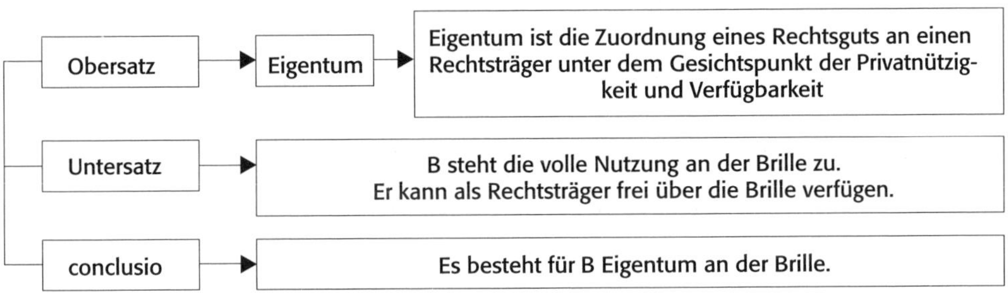

Ergebnis: Das TBM „Eigentum" liegt vor.

Tatbestandsmerkmal **eines anderen** 111

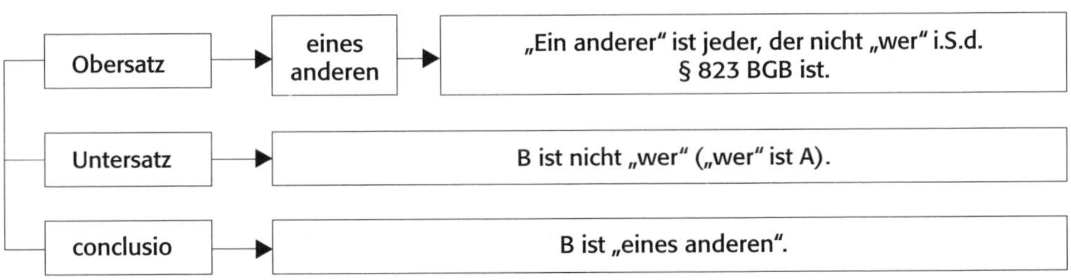

Ergebnis: Das TBM „eines anderen" liegt vor.

112 Tatbestandsmerkmal **verletzt**[64]

Obersatz	verletzt	Eine Verletzung ist jede Beeinträchtigung der Substanz oder des bestimmungsgemäßen Gebrauchs der Sache.
Untersatz		Die Brille (eine Sache) ist zerstört und kann demgemäß nicht mehr bestimmungsgemäß gebraucht werden.
conclusio		Das Eigentum ist verletzt.

Ergebnis: Das TBM „verletzt" liegt vor.

113 Tatbestandsmerkmal **widerrechtlich**[65]

Obersatz	widerrechtlich	Jede Verletzung eines der in § 823 BGB genannten Rechtsgüter ist rechtswidrig, es sei denn, dass ein Rechtfertigungsgrund eingreift.
Untersatz		Das Rechtsgut „Eigentum" (Brille) ist verletzt. Ein Rechtfertigungsgrund (z.B. Notwehr § 227 BGB) greift nicht ein.
conclusio		A handelte widerrechtlich.

Ergebnis: Das TBM „widerrechtlich" liegt vor.

114 Tatbestandsmerkmal **vorsätzlich**[66] (Das alternative Tatbestandsmerkmal „fahrlässig" ist hier nicht einschlägig).

Obersatz	vorsätzlich	Vorsatz ist das Wissen und Wollen des rechtswidrigen Erfolges.
Untersatz		A hat mit Wissen und Wollen einen rechtswidrigen Erfolg (Zerstörung der Brille) herbeigeführt.
conclusio		A hat vorsätzlich gehandelt.

Ergebnis: Das TBM „vorsätzlich" liegt vor.

115 Erst am Ende dieser langen Prüfungskette steht fest, dass alle Tatbestandsmerkmale des § 823 Abs. 1 BGB ihre Entsprechung im konkreten Lebenssachverhalt finden. Die Subsumtion hat ergeben, dass der Tatbestand der Norm und der Sachverhalt zueinan-

64 Zur Definition der Eigentumsverletzung s. BGH, NJW-RR 1990, 1172, 1173; *Medicus/Petersen*, Rn. 612 f.
65 Definition nach *Sprau*, in: Palandt, BGB, § 823, Rn. 23 ff.
66 *Grüneberg*, in: Palandt, BGB, § 276, Rn. 10.

der passen. Deshalb kann die Rechtsfolge des § 823 Abs. 1 BGB eintreten (conclusio): A muss dem B Schadensersatz für die zerstörte Brille leisten.

Beispiel 2: D, ein professioneller Dieb, hat dem E eine Brieftasche mit 2000 € aus der Jacken- 116
tasche entwendet. Kann D wegen Diebstahls gemäß § 242 Abs. 1 StGB bestraft werden?

D könnte bestraft werden, wenn er tatbestandsmäßig, rechtswidrig und schuldhaft 117
gehandelt hat. Im Folgenden soll nur die Tatbestandsmäßigkeit des Handelns geprüft werden. § 242 Abs. 1 StGB bestimmt: *Wer eine fremde bewegliche Sache einem anderen in der Absicht wegnimmt, dieselbe sich rechtswidrig zuzueignen, wird mit Freiheitsstrafe bis zu fünf Jahren oder mit Geldstrafe bestraft.*

Die Analyse des § 242 StGB ergibt, dass er nur kumulative Tatbestandsmerkmale ent- 118
hält, die sämtlich unbestimmt sind. Darüber hinaus handelt es sich um eine gebundene Norm, weil bei Vorliegen der Tatbestandsmerkmale die Rechtsfolge eintreten muss. Erneut müssen Sie Tatbestandsmerkmal für Tatbestandsmerkmal daraufhin untersuchen, ob ein passendes Gegenstück im Sachverhalt zu finden ist. Auch hier sind die einzelnen unbestimmten Tatbestandsmerkmale vor der Subsumtion zu definieren.

Tatbestandsmerkmal **Wer**: Es gilt das oben S. 25 Gesagte entsprechend. 119

Tatbestandsmerkmal **Sache** 120

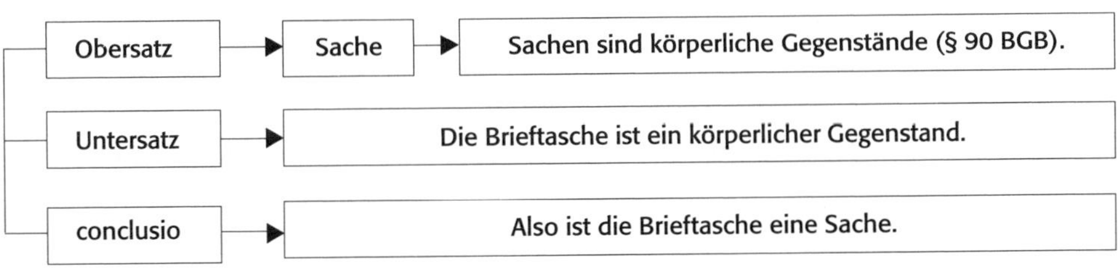

Ergebnis: Das TBM „Sache" liegt vor.

Tatbestandsmerkmal **beweglich**[67] 121

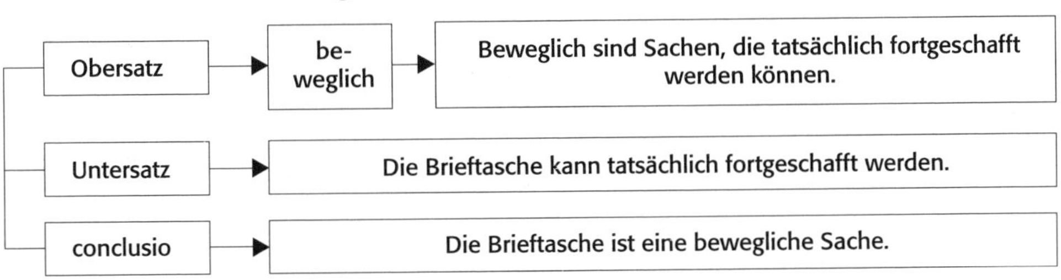

Ergebnis: Das TBM „beweglich" liegt vor.

67 *Lackner/Kühl*, StGB, § 242, Rn. 3.

122 Tatbestandsmerkmal **fremd**[68]

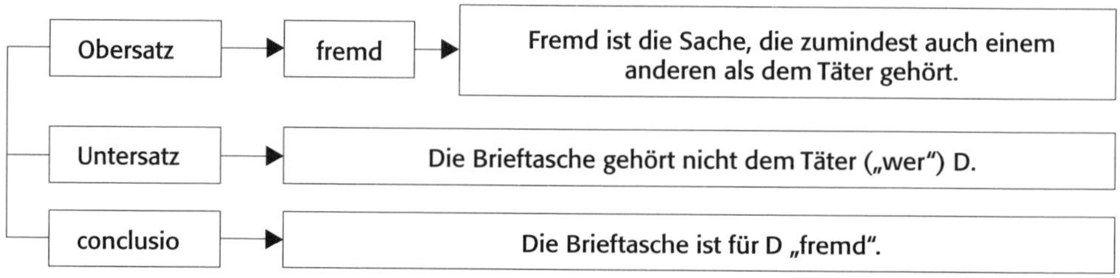

Ergebnis: Das TBM „fremd“ liegt vor.

123 Tatbestandsmerkmal **wegnimmt**

Hier stellt sich ein neues Problem. Nicht selten enthält die Definition eines Tatbestandsmerkmals ihrerseits wieder unbestimmte Begriffe, die zu konkretisieren sind[69]. Wenn im obigen Beispiel Wegnahme „Bruch fremden und Begründung neuen Gewahrsams“ ist, müssen die unbestimmten Begriffe „Bruch“, „fremden Gewahrsam“ und „Begründung neuen Gewahrsams“ erst definiert werden, bevor festgestellt werden kann, ob das Tatbestandsmerkmal „wegnimmt“ vorliegt. Sie merken: Subsumtion kann schwierig sein.

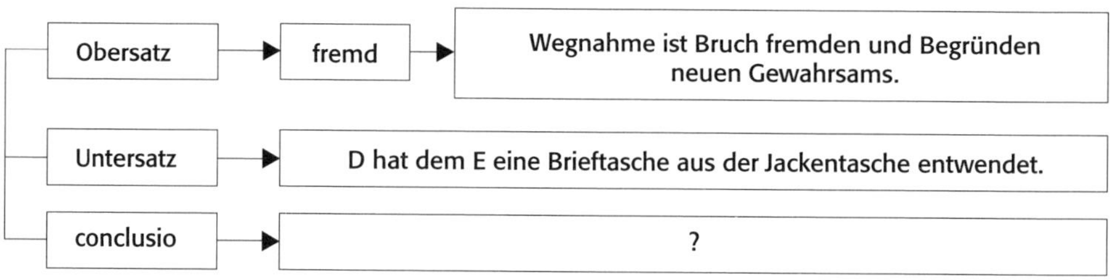

Ergebnis: Das TBM „wegnimmt“ kann noch nicht beantwortet werden.

124 Merkmal **Gewahrsam**[70]

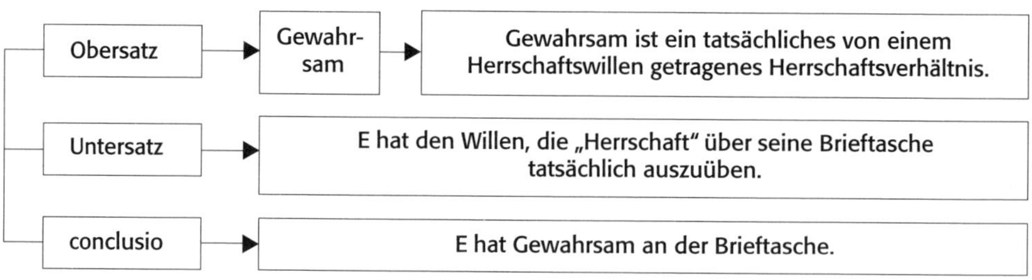

Ergebnis: Das TBM „Gewahrsam“ liegt vor.

---

68 *Lackner/Kühl*, StGB, § 242, Rn. 4 ff.
69 *Diederichsen/Wagner*, S. 178.
70 *Lackner/Kühl*, StGB, § 242, Rn. 8a ff.

Merkmal **Bruch**[71] 125

Obersatz	Bruch → Gewahrsam ist gebrochen, wenn er ohne Willen des Gewahrsaminhabers aufgehoben wird.
Untersatz	D hat den Gewahrsam des E an der Brieftasche ohne dessen Willen aufgehoben.
conclusio	D hat den Gewahrsam gebrochen.

Ergebnis: Das TBM „Bruch" liegt vor.

Merkmal **fremden Gewahrsam** 126

Obersatz	fremden Gewahrsam → fremd ist der Gewahrsam, wenn er nicht der des Täters ist.
Untersatz	Die Brieftasche steht nicht im Gewahrsam des D.
conclusio	Der Gewahrsam ist für D fremd.

Ergebnis: Das TBM „fremden Gewahrsam" liegt vor.

Merkmal **Begründung neuen Gewahrsams**[72] 127

Obersatz	Begründung neuen Gewahrsams → Neuer Gewahrsam ist begründet, wenn der Täter die Herrschaft über die Sache derart erlangt hat, dass er sie unbehindert durch den alten Gewahrsamsinhaber ausüben und dieser seinerseits über die Sache nicht mehr verfügen kann, ohne die Verfügungsgewalt des Täters zu beseitigen.
Untersatz	Da D mit der Brieftasche des E verschwunden ist, kann er ohne E unbehindert über die Brieftasche die Herrschaft ausüben. Um dieses zu verhindern, müsste E die Brieftasche dem D wieder wegnehmen.
conclusio	D hat an der Brieftasche neuen Gewahrsam begründet.

Ergebnis: Das TBM „Begründung neuen Gewahrsams" liegt vor.

71 *Lackner/Kühl*, StGB, § 242, Rn. 14.
72 *Lackner/Kühl*, StGB, § 242, Rn. 15 ff.

Nunmehr können Sie zu dem Tatbestandsmerkmal **wegnimmt** zurückkehren!

128 Tatbestandsmerkmal **wegnimmt**

Obersatz	weg-nimmt	Wegnahme ist Bruch fremden und Begründung neuen Gewahrsams.
Untersatz		Die obigen Definitionen und Subsumtionen haben egeben, dass D fremden Gewahrsam gebrochen und neuen begründet hat.
conclusio		D hat die Brieftasche weggenommen.

Ergebnis: Das TBM „wegnimmt" liegt vor.

129 Tatbestandsmerkmal **Absicht, sich zuzueignen**[73]

Obersatz	Absicht, sich zu-zueignen	Zueignungsabsicht bedeutet, die Sache selbst oder wenigstens den in ihr verkörperten Sachwert unter dauerndem Ausschluss der Berechtigten dem eigenen Vermögen einzuverleiben.
Untersatz		D hat sich die Brieftasche unter dauerndem Ausschluss des E dem eigenen Vermögen einverleibt.
conclusio		D hatte die Absicht, sich die Brieftasche zuzueignen.

Ergebnis: Das TBM „Absicht, sich zuzueignen" liegt vor.

130 Tatbestandsmerkmal **rechtswidrig**[74]

Obersatz	rechts-widrig	Rechtswidrig ist die erstrebte Zueignung, wenn sie der materiellen Eigentumsordnung widerspricht.
Untersatz		Die Zueignung widerspricht der materiellen Rechtsordnung.
conclusio		Die Zueignung ist rechtswidrig.

Ergebnis: Das TBM „rechtswidrig" liegt vor.

131 Im Ergebnis lässt sich festhalten, dass D eine fremde bewegliche Sache einem anderen in der Absicht weggenommen hat, sich dieselbe rechtswidrig zuzueignen. Im Rahmen des juristischen Syllogismus ist der identische Mittelbegriff gegeben. Dass D vorsätzlich

73 Zur Definition s. BGHSt 1, 262, 264; 16, 190, 192.
74 *Lackner/Kühl*, StGB, § 242, Rn. 27.

gehandelt hat, dürfen Sie annehmen. Wenn weiterhin unterstellt wird, dass D rechtswidrig und schuldhaft gehandelt hat, kann die Rechtsfolge des § 242 Abs. 1 StGB eintreten.

Zusammenfassend lässt sich sagen, dass die Rechtsanwendung auf einem logischen **132** Schlussverfahren beruht, nämlich dem juristische Syllogismus. Bei der Subsumtion müssen der Tatbestand der Norm und der konkrete Lebenssachverhalt Punkt für Punkt miteinander verglichen werden. Unbestimmte Tatbestandsmerkmale sind vor der Subsumtion zu definieren. Erst wenn eine Übereinstimmung zwischen Tatbestand und Sachverhalt in allen Merkmalen festgestellt wurde, gilt die Rechtsfolge der Norm für den konkreten Sachverhalt.

C. Die Auslegung

I. Einführung

133 Immer dann, wenn ein Rechtsbegriff unterschiedliche Bedeutungen haben kann, ist es Aufgabe der Auslegung, die rechtlich maßgebliche Bedeutung herauszuarbeiten[1]. Auslegung ist m.a.W. der Versuch, mit rationalen (= nachvollziehbaren) Mitteln die Wertentscheidungen zu ermitteln, die der Gesetzgeber in den Vorschriften niedergelegt hat[2]. Aus Gründen der Rechtssicherheit sollte der Weg zum Auslegungsergebnis kontrollierbar und kritisierbar sein[3].

134 Bezogen auf den juristischen Syllogismus hat Auslegung die Funktion, zu ermitteln, ob ein identischer Mittelbegriff gegeben ist. Wie oben dargestellt[4] besteht der juristische Syllogismus zunächst aus der anzuwendenden Vorschrift als Obersatz. Der Tatbestand der Norm ist in der Regel unbestimmt. Der Untersatz im juristischen Syllogismus ist der konkrete Lebenssachverhalt. Der Obersatz muss konkretisiert oder anders ausgedrückt, ausgelegt werden, um die Identität zwischen den einzelnen Tatbestandsmerkmalen der Norm und den einzelnen Elementen des Lebenssachverhalts feststellen zu können.

135 Dass Auslegung notwendig ist, folgt zum einen aus der generellen Ungenauigkeit des Vermittlungsmediums Sprache[5]. Selbst auf den ersten Blick unkomplizierte Tatbestandsmerkmale wie etwa „Nacht" oder „Tier" können Schwierigkeiten bereiten. Hund, Katze und Maus sind eindeutig Tiere, aber was ist mit einem Bakterium, welches aus einem Versuchslabor entwichen ist[6]? Soll für dieses auch die Schadensersatznorm des § 833 BGB gelten? Erst recht vieldeutig sind Tatbestandsmerkmale wie „Zuverlässigkeit", „gute Sitten", „heimtückisch" oder „Gewerbe".

136 Über das Sprachproblem hinaus beruhen in Demokratien manche Regelungen zudem auf bewusst gewählten Kompromissformeln, die verschiedene Interpretationsmöglichkeiten bieten[7]. Manchmal mag die Unklarheit einer gesetzlichen Bestimmung auch auf einem Fehler des Gesetzgebers beruhen[8]. Außerdem trifft der Gesetzgeber abstrakte Regelungen, d.h. er will mit einer Vorschrift möglichst viele Fälle erfassen, was ebenfalls

---

1 *Bitter/Rauhut*, JuS 2009, 289, 292; *Schwacke*, S. 65; Gern, VerwArch 80 (1989), 415, 416; *Schlehofer*, JuS 1992, 572.

2 *Rüthers/Fischer*, Rn. 737; ähnlich *Zippelius*, S. 42; *Hesse*, § 2, Rn. 51; *Schlehofer*, JuS 1992, 572, 576.

3 *Schwacke*, S. 65 u. 69; *Rüthers/Fischer*, Rn. 651.

4 S.o. B. III.

5 *Rüthers/Fischer*, Rn. 164 ff. u. 743; *Schlehofer*, JuS 1992, 572, 573; *Schwacke*, S. 67; *Zippelius*, S. 46; *Bitter/Rauhut*, JuS 2009, 289, 292; *Weimar*, DÖV 2009, 932, 935; *Koch/Rüssmann*, S. 192 ff.; *Gern*, VerwArch 80 (1989), 415, 416; *Säcker*, in: Münchner Kommentar, Band 1, Einleitung, Rn. 67; *Kramer*, S. 35.

6 *Kramer*, S. 59.

7 *Säcker*, in: Münchner Kommentar, Band 1, Einleitung, Rn. 67.

8 *Rüthers/Fischer*, Rn. 735.

zur Auslegungsbedürftigkeit einzelner Tatbestandsvoraussetzungen beiträgt[9]. Schließlich kann ein Wandel in der Rechtswirklichkeit dazu führen, dass eine sprachliche Formulierung unzureichend oder missverständlich wird.

Die Alternative, nur bestimmte Tatbestandsmerkmale zu verwenden, scheidet wegen fehlender Praktikabilität aus. Am Beispiel der „fremden beweglichen Sache" aus § 242 Abs. 1 StGB lässt sich dies verdeutlichen. Wollte der Gesetzgeber jede konkret diebstahlsfähige bewegliche Sache aufzählen (Auto, Uhr, Bild, Regenschirm etc.) würden ganze Bücher gefüllt. Zudem würde mit Sicherheit irgendein Gegenstand vergessen werden. **137**

Um dennoch das rechtsstaatlich geforderte Maß an Rechtssicherheit zu erreichen, werden bestimmte Auslegungskriterien auf die mehrdeutige Gesetzesformulierung angewandt. Es sind dies nach herrschender Meinung die Auslegung nach dem Wortlaut, die auch als philologische oder grammatikalische Auslegung bezeichnet wird, sowie die Gesichtspunkte der Systematik, der Historie und des Sinns und Zwecks der Regelung (Teleologie)[10]. **138**

Das vierblättrige Auslegungskleeblatt: **139**

Hierbei ist zu beachten, dass diese Auslegungsaspekte variabel angewandt werden, je nachdem, *was* ausgelegt werden soll. So ist ein Gesetz anders auszulegen als etwa ein Vertrag oder ein Verwaltungsakt. Auch bei der Auslegung der Verfassung sind Besonderheiten zu beachten. **140**

Zunächst sollen die vier Auslegungsaspekte vorgestellt werden (II.), anschließend ist auf ihre Reihen- und Rangfolge einzugehen (III.). Diese beiden Abschnitte stellen die Auslegung von Gesetzen in den Vordergrund. In den weiteren Abschnitten dieses Kapitels geht es dann um Besonderheiten bei der Auslegung der Verfassung (IV.), der Auslegung von Willenserklärungen und Verträgen (V.) sowie der Auslegung von Verwaltungsakten (VI.). **141**

---

9 *Schwacke*, S. 37 u. 65; *Sauer*, in: Krüper, S. 170.

10 BVerfGE 1, 299, 312; *Rüthers/Fischer*, Rn. 702 u. 743; *Zippelius*, S. 42 ff.; *Adomeit/Hähnchen*, S. 44; *Schwintowski*, S. 65; *Diederichsen/Wagner*, S. 169; *Kramer*, S. 56; *Schmalz*, Rn. 220; *Tettinger/Mann*, S. 131; *Schwacke*, S. 72; *Sauer*, in: Krüper, S. 174 f.; *Bitter/Rauhut*, JuS 2009, 289, 292; *Mastronardi*, S. 33 f.; *Gern*, VerwArch 80 (1989), 415, 416; *Christensen/Pötters*, JA 2010, 566, 568; *Jarass/Pieroth*, GG, Einleitung, Rn. 6 f.; A.A. es gebe nur die teleologische Auslegung, die anderen drei Kriterien seien nur Hilfsmittel *Stein/Frank*, S. 37; ähnlich skeptisch *Schlehofer*, JuS 1992, 572, 576; *Walz*, ZJS 2010, 482, 488, die in der teleologischen Auslegung die Gefahr eines Zirkelschlusses sehen.

142

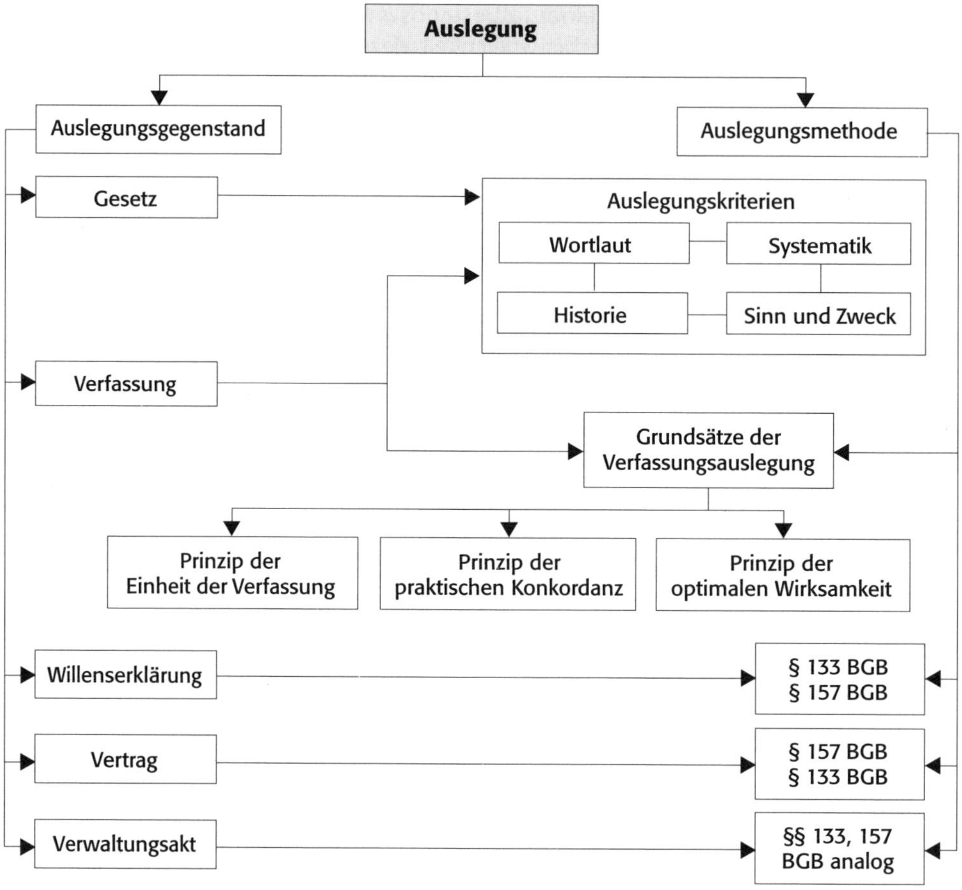

II. Die vier Auslegungskriterien

1. Der Wortlaut

143 Jede Auslegung beginnt mit dem Wortlaut[11]. Vom Normtext ausgehend ist der Wortsinn der verwandten Ausdrücke zu ermitteln. Das erste Hilfsmittel auf diesem Weg stellen die Legaldefinitionen dar, die sich in vielen Gesetzen finden[12]. In einem zweiten Schritt muss man auf die Bedeutung des Ausdrucks in der juristischen Fachsprache zurück-

11 *Rüthers/Fischer*, Rn. 731; *Kramer*, S. 57; *Bitter/Rauhut*, JuS 2009, 289, 293; *Gern*, VerwArch 80 (1989), 415, 417; *Zippelius*, S. 45; *Säcker*, in: Münchner Kommentar, Band 1, Einleitung, Rn. 128; *Christensen/Pötters*, JA 2010, 566, 568; *Mastronardi*, S. 173; *Heinrichs*, in: Palandt, Einleitung, Rn. 41; *Diederichsen/Wagner*, S. 169; *Sauer*, in: Krüper, S. 177; *Schmalz*, Rn. 230.

12 S. hierzu oben B. II. a); *Schmalz*, Rn. 231; *Zippelius*, S. 45; *Heinrichs*, in: Palandt, Einleitung, Rn. 41; *Bitter/Rauhut*, JuS 2009, 289, 293; *Schwintowski*, S. 66; *Christensen/Pötters*, JA 2010, 566, 568; *Schwacke*, S. 67 u. 73.

greifen[13], etwa auf eine etablierte Definition der Rechtsprechung. Bisweilen verwendet der Gesetzgeber die Fachsprache des Regelungsgebiets, z.B. im Umwelt- und Technikrecht oder im Medizinrecht. Dann ist die fachspezifische Bedeutung des Ausdrucks zugrunde zu legen[14]. Helfen diese Aspekte nicht weiter, lässt sich die Bedeutung eines Wortes mit Hilfe von Wörterbüchern und Lexika bestimmen[15].

Der Bundesfinanzhof hat z.B. zu dem Begriff „private Lebensführung" wie folgt Stellung **144**
genommen[16]: *Im allgemeinen Sprachgebrauch wird der Begriff „Lebensführung" für „(sittliche) Gestaltung des Lebens" (Duden, Das große Wörterbuch der Deutschen Sprache, 1978; Brockhaus-Wahrig, Deutsches Wörterbuch, 1982; Grimm/Grimm, Deutsches Wörterbuch, 1885), für „die besondere sittliche Gestaltung des Daseins" (Trübners Deutsches Wörterbuch, 1943) und für „Gestaltung des Daseins", „Aufwand für das Leben" (Makensen, Deutsches Wörterbuch, 7. Aufl. 1972) gebraucht und in diesem Sinne verstanden. Unter den Begriff „Aufwendungen für die Lebensführung" fallen somit die Kosten der Haushaltsführung eines Steuerpflichtigen, worunter in erster Linie die Kosten für Wohnung, Kleidung und Nahrung zu verstehen sind. Dazu gehören aber in Übereinstimmung mit dem allgemeinen Sprachgebrauch auch alle anderen Aufwendungen, die für die Lebensführung eines Menschen in geistiger, sittlicher und weltanschaulicher Sicht bestimmend sind.*

Wenn alle genannten Konkretisierungshilfen nicht fruchten, ist – vor allem in Klau- **145**
suren – die normale allgemeinsprachliche Bedeutung eines Ausdrucks eigenständig festzulegen[17].

Für eigene Definitionsbemühungen ist es hilfreich, eine Übersicht aus positiven, nega- **146**
tiven und neutralen Wortlaut-Kandidaten zu erstellen[18]. So lassen sich der Begriffskern und der Begriffshof eines Ausdrucks schrittweise eingrenzen. Verwendet der Gesetzgeber z.B. den Ausdruck „blau", gehören hell-, mittel-, und dunkelblau zu den positiven Kandidaten, rot und gelb zu den negativen. Auf der Grenze liegen die Farben grün und violett, die immerhin blaue Anteile enthalten. Eine enge (= restriktive) Wortlautauslegung würde diese Farben ausschließen, eine weite (= extensive) Auslegung des Ausdrucks „blau" sie vielleicht noch integrieren. Welche Variante die überzeugendere ist, muss mit Hilfe der weiteren Auslegungsaspekte geklärt werden.

---

13 *Schmalz*, Rn. 231; *Christensen/Pötters*, JA 2010, 566, 568; *Stein/Frank*, S. 37; *Kramer*, S. 84; *Schwacke*, S. 67 u. 73.

14 *Zippelius*, S. 45; *Schmalz*, Rn. 231; *Kudlich/Christensen*, JA 2004, 74, 75; *Kramer*, S. 66.

15 *Schmalz*, Rn. 232; *Schwacke*, S. 73; *Rüthers/Fischer*, Rn. 738; *Knauer*, Rechtstheorie 2009, 379, 398; *Koch/Rüssmann*, S. 190 f.; *Christensen/Pötters*, JA 2010, 566, 568; *Tettinger/Mann*, S. 131.

16 BFH, NJW 1986, 1897, 1898.

17 *Schmalz*, Rn. 233; *Koch/Rüssmann*, S. 191; *Rüthers/Fischer*, Rn. 738; *Knauer*, Rechtstheorie 2009, 379, 398; *Zippelius*, S. 47.

18 S. hierzu auch *Kramer*, S. 60 ff.; *Koch/Rüssmann*, S. 195 f.

147 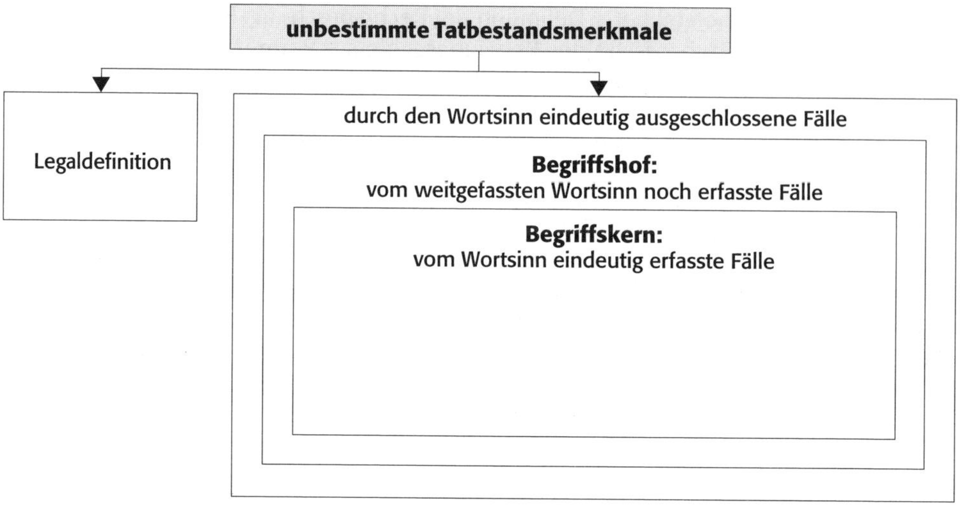

148 Wegen der Gesetzesbindung des Rechtsanwenders aus Art. 20 Abs. 3 GG bildet der maximal mögliche Wortsinn nach ganz überwiegender Auffassung die Grenze der Auslegung[19]. Als Verstoß gegen diese Grundregel wurde es etwa angesehen, dass Zombies unter den Begriff des Menschen i.S.d. § 131 Abs. 1 StGB gefasst wurden[20].

2. Die systematische Auslegung

149 Ihre Grundgedanken sind, dass die Rechtsordnung grundsätzlich widerspruchsfrei sein sollte und dass jede Vorschrift mit der Gesamtrechtsordnung in Einklang stehen sollte[21]. Für Rechtsvorschriften gilt[22]: You'll never walk alone! Bei verschiedenen Auslegungsmöglichkeiten ist dann diejenige zu wählen, die mit den anderen einschlägigen Vorschriften harmoniert, die also in den juristischen Kontext passt[23]. Dabei muss der Bedeutungszusammenhang, in dem die im Einzelfall anzuwendende Norm steht, ermittelt werden.

---

19 BVerfGE 1, 299, 312 f.; 54, 277, 297 f.; 71, 108, 115; 87, 209, 224; 92, 1, 12; BVerwGE 90, 265, 269; *Schmalz*, Rn. 236; *Zippelius*, S. 47 u. 61; *Koch/Rüßmann*, S. 182 u. 215; *Gern*, VerwArch 80 (1989), 415, 421, 434 u. 436; *Kudlich/Christensen*, JA 2004, 74, 81 f.; *Sauer*, in: Krüper, S. 181 f.; *Schwacke*, S. 74 f.; Walz, ZJS 2010, 482, 487; *von Arnim/Brink*, S. 264 u. 266; *Mastronardi*, S. 179; *Christensen/Pötters*, JA 2010, 566, 567; *Diederichsen/Wagner*, S. 170; *Götz*, StudZR 2010, 21, 23; *Röhl/Röhl*, S. 632; Ausnahmen anerkennend *Tettinger/Mann*, S. 133 f. u. 138; *Bitter/Rauhut*, JuS 2009, 289, 293; *Schlehofer*, JuS 1992, 572, 575; *Jarass/Pieroth*, GG, Einleitung, Rn. 7.

20 BVerfGE 87, 209, 225 f.

21 *Rüthers/Fischer*, Rn. 744; *Schwacke*, S. 76; *Schmalz*, Rn. 249; *Kramer*, S. 86; *Kudlich/Christensen*, JA 2004, 74, 76; *Bitter/Rauhut*, JuS 2009, 289, 293; *Mastronardi*, S. 173; *Heinrichs*, in: Palandt, Einleitung, Rn. 42; *Gern*, VerwArch 80 (1989), 415, 418; *Christensen/Pötters*, JA 2010, 566, 569; *Stein/Frank*, S. 39; *Schlehofer*, JuS 1992, 572, 575; *Säcker*, in: Münchner Kommentar, Band 1, Einleitung, Rn. 131 f.; *Zippelius*, S. 43 u. 52.

22 Ähnlich *Schmalz*, Rn. 243; *Rüthers/Fischer*, Rn. 745; *Kramer*, S. 85.

23 *Rüthers/Fischer*, Rn. 746; *Schwacke*, S. 77.

Die Aufklärung des Bedeutungszusammenhangs beginnt mit der Lektüre der weiteren Absätze einer Norm sowie der Nachbarvorschriften. Sie kann sodann ausgedehnt werden auf den einschlägigen Gesetzesabschnitt und seine Überschrift[24]. Bisweilen helfen auch Vorschriften aus anderen Abschnitten des Gesetzes, um den Bedeutungsgehalt der mehrdeutigen Vorschrift einzugrenzen. Hier gilt der – leider nicht immer durchgehaltene – Grundsatz, dass bei mehrfacher Verwendung eines Begriffs in einem Gesetz diesem immer die gleiche Bedeutung zukommt[25]. **150**

Eventuell lassen sich aus den Problemlösungen verwandter Gesetze Rückschlüsse ziehen[26], so kann etwa bei einer strittigen Frage in einem Straßenplanungsgesetz eine ausführlichere ähnliche Regelung in einem Flughafenplanungsgesetz die Interpretation erleichtern. **151**

Weil die Rechtsordnung in Stufen aufgebaut ist, müssen insbesondere Wertungswidersprüche mit höherrangigen Normen vermieden werden[27]. Wenn z.B. § 63 BVerfGG den Kreis der möglichen Antragsteller im Organstreit enger zieht als die diesbezügliche Verfassungsnorm des Art. 93 Abs. 1 Nr. 1 GG, weil die anderen Beteiligten, wie etwa die Bundesversammlung, vergessen wurden, so setzt sich die Aussage der höherrangigen Norm durch[28]. **152**

Die gewählte Auslegungsvariante einer Rechtsnorm ist ferner verfassungswidrig, wenn sie dem Verhältnismäßigkeitsgrundsatz oder einem Grundrecht nicht Rechnung trägt. Das Bundesverfassungsgericht hat insoweit festgehalten, dass die Grundrechte eine objektive Wertordnung und eine verfassungsrechtliche Grundentscheidung darstellen, die für alle Bereiche des Rechts verbindlich sei[29]. **153**

Deshalb lassen sich zur systematischen Auslegung auch die verfassungskonforme, die völkerrechtskonforme und die europarechtskonforme Auslegung rechnen, die die Vereinbarkeit mit höherrangigem Recht sichern (geltungserhaltende Auslegung)[30]. Stehen zwei Auslegungsmöglichkeiten zur Wahl, von denen die eine dem höherrangigen Recht entspricht, die andere aber nicht, ist immer die erstgenannte zu wählen[31]. Dies gilt nicht nur für das Verhältnis des Gesetzesrechts zur Verfassung bzw. zur Richtlinie der EU, sondern auch im Verhältnis einer Verordnung zu ihrem Ermächtigungsgesetz. **154**

---

24 *Schmalz*, Rn. 246; *Schwacke*, S. 76; *Tettinger/Mann*, S. 134; *Bitter/Rauhut*, JuS 2009, 289, 293.
25 *Schmalz*, Rn. 247; *Zippelius*, S. 53; *Schwacke*, S. 78.
26 *Kramer*, S. 104.
27 *Koch/Rüssmann*, S. 217.
28 *Haratsch*, in: Sodan, GG, Art. 93, Rn. 5.
29 BVerfGE 7, 198, 205 u. 215, 30, 173, 193; 73, 261, 269; 89, 214, 229 f.; BVerfG, NJW 2000, 2495; BVerfG, NJW 2004, 2008. 2009; zustimmend und m.w.N. *Rüthers/Fischer*, Rn. 752 ff.; *Kramer*, S. 88; *Zippelius*, S. 54 f.; *Tettinger/Mann*, S. 168 f.
30 *Schwintowski*, S. 71 u. 75; *Rüthers/Fischer*, Rn. 763; *Gern*, VerwArch 80 (1989), 415, 418; *Zippelius*, S. 53; *Rüthers/Fischer*, Rn. 763 u. 767; *Heinrichs*, in: Palandt, Einleitung, Rn. 42 f.; *Kramer*, S. 100 f.; *Tettinger/Mann*, S. 135; *Ehlers*, in: Erichsen/Ehlers, § 2, Rn. 108; *Säcker*, in: Münchner Kommentar, Band 1, Einleitung, Rn. 132; A.A. *Bitter/Rauhut*, JuS 2009, 289, 295; *Götz*, StudZR 2010, 21, 39 ff., der für eine Einordnung als Folgenorientierung plädiert .
31 BVerfGE 88, 145, 166; 95, 64, 93; *Degenhart*, § 1, Rn. 22; *Schmalz*, Rn. 363; *Hesse*, § 2, Rn. 80 ff.; *Leisner*, in: Sodan, GG, Art. 20, Rn. 40; *Götz*, StudZR 2010, 21, 24; *Rüthers/Fischer*, Rn. 763; *Christensen/Pötters*, JA 2010, 566, 571; *Säcker*, in: Münchner Kommentar, Band 1, Einleitung, Rn. 132; *Arndt/Fischer/Fetzer*, Rn. 181; *Schwacke*, S. 95 f.

Jede andere Lösung würde zur Nichtigkeit der Norm führen und damit zu einem unerwünschten ungeregelten Zustand[32]. Wie jede andere Auslegung scheitert die verfassungskonforme Auslegung allerdings dann, wenn sie sich in Widerspruch zum klaren Wortlaut und zum Sinn und Zweck des Gesetzes setzen würde[33]. Diese Grenze gilt ebenfalls für die europarechtskonforme Auslegung. Der nationale Richter darf nicht contra legem, also gegen den Wortlaut einer Norm entscheiden, um Europarechtskonformität herzustellen[34].

155 Schließlich kann die Behandlung des Rechtsproblems in einer anderen Rechtsordnung, also die Rechtsvergleichung, als systematisches Auslegungselement verstanden werden[35].

156 Insgesamt ergibt sich so ein Bild konzentrischer Kreise, welches die systematische Auslegung um die zu interpretierende Vorschrift legt.

157 Aus der systematischen Betrachtung einer Vorschrift kann sich auch ergeben, ob sie als gesetzliche Regel oder als Ausnahme von dieser zu gelten hat. Ist letzteres der Fall, spricht die Systematik des Gesetzes dafür, die Ausnahmevorschrift eher eng auszulegen, um die Grundentscheidung des Gesetzgebers nicht zu unterlaufen[36].

158 Zum Abschluss dieses Abschnitts einige Beispiele systematischer Auslegung:

- § 133 BGB bestimmt: *Bei Auslegung einer Willenserklärung ist der wirkliche Wille zu erforschen und nicht an dem buchstäblichen Sinne des Ausdrucks zu haften.*

32 Götz, StudZR 2010, 21, 35.
33 BVerfGE 8, 28, 33 f.; 18, 97, 111; 34, 165, 200; 71, 81, 105; 90, 263, 275; 110, 226, 267; 112, 164, 183; Götz, StudZR 2010, 21, 27 ff.; *Hesse*, § 2, Rn. 80; *Säcker*, in: Münchner Kommentar, Band 1, Einleitung, Rn. 133; *Christensen/Pötters*, JA 2010, 566, 571; *Tettinger/Mann*, S. 138.
34 EuGH, Slg. 2006, I-6057, Rn. 110; *Adomeit/Hähnchen*, S. 50; *Arndt/Fischer/Fetzer*, Rn. 185 f.; *Rüthers/Fischer*, Rn. 769 u. 912 d; *Herdegen*, Europarecht, § 8, Rn. 43.
35 *Schmalz*, Rn. 253; *Zippelius*, S. 58; *Mastronardi*, S. 174 u. 289; *Hesse*, § 2, Rn. 71; als Beispiel s. BVerfGE 32, 54, 70.
36 *Bitter/Rauhut*, JuS 2009, 289, 293; *Schmalz*, Rn. 257.

Wenn sich jemand bei der Abgabe einer Willenserklärung geirrt hat, so legt der Wortlaut des § 133 BGB nahe, dass auf seinen wirklichen Willen abzustellen ist. Dass diese Interpretation nicht allein richtig sein kann, folgt zum einen bereits aus der für Verträge geltenden Auslegungsnorm des § 157 BGB, die ergänzend Treu und Glauben und die Verkehrssitte ins Spiel bringt. Zum anderen ergibt sich aus der systematischen Heranziehung des § 119 Abs. 1 BGB, dass eine Irrtumsanfechtung erforderlich wird, wenn jemand bei der Abgabe einer Willenserklärung über deren Inhalt irrte. Eine derartige Anfechtung wäre aber nicht nötig, wenn man den Text § 133 BGB allein für maßgeblich hielte.

- § 823 Abs. 1 BGB regelt: *Wer vorsätzlich oder fahrlässig das Leben, den Körper, die Gesundheit, die Freiheit, das Eigentum oder ein sonstiges Recht eines anderen widerrechtlich verletzt, ist dem anderen zum Ersatz des daraus entstehenden Schadens verpflichtet.* Welche Rechte kommen als „sonstiges Recht" i.S.d. Vorschrift in Frage? Der systematische Vergleich mit den ausdrücklich genannten Rechtsgütern Leben, Körper usw. ergibt, dass es sich um ein *absolutes* Recht handeln muss. Relative Rechte, etwa schuldrechtliche Forderungen, scheiden deshalb aus[37].
- Nach § 42 Satz 1 VwVfG können Schreibfehler, Rechenfehler und ähnliche offenbare Unrichtigkeiten in einem Verwaltungsakt jederzeit berichtigt werden. Kann nun z.B. jeder Rechenfehler repariert werden oder nur Rechenfehler, die „offenbar" sind? Aus der Überschrift der Norm und dem als Oberbegriff anzusehenden Ausdruck „offenbare Unrichtigkeiten" lässt sich ableiten, dass nur *offenbare* Rechenfehler in einem Verwaltungsakt ohne dessen Aufhebung korrigiert werden können.
- Früher bestand Streit darüber, ob das Widerrufsrecht bei Haustürgeschäften aus § 312 BGB auch für in diesem Zusammenhang abgeschlossene Bürgschaften gelte[38]. Denn Bürgschaften stellen keine „entgeltliche Leistung" i.S.d. § 312 Abs. 1 BGB dar. Der Europäische Gerichtshof hat diese Frage nach Auslegung der entsprechenden Richtlinie dennoch bejaht[39]. In richtlinienkonformer Auslegung hat sich der Bundesgerichtshof dieser Auffassung angeschlossen[40].

3. Die historische Auslegung

Dieses Auslegungskriterium bemüht sich darum, sinnvolle Hinweise aus der Entstehungsgeschichte der relevanten Vorschrift (genetische Auslegung)[41] oder aus Vorläufernormen[42] zu gewinnen. 159

37 *Bitter/Rauhut*, JuS 2009, 289, 293.
38 Ablehnend z.B. BGHZ 113, 287, 288 f.
39 EuGH, NJW 1998, 1295 f.
40 BGHZ 165, 363, 366 ff.; BGH, NJW 2007, 2106, 2109.
41 *Rüthers/Fischer*, Rn. 778; *Schwintowski*, S. 70; *Kudlich/Christensen*, JA 2004, 74, 77; *Gern*, VerwArch 80 (1989), 415, 419; *Schwacke*, S. 78; *Bitter/Rauhut*, JuS 2009, 289, 294; *Mastronardi*, S. 173; *Zippelius*, S. 50; *Sauer*, in: Krüper, S. 178; *Christensen/Pötters*, JA 2010, 566, 569; *Tettinger/Mann*, S. 135.
42 *Tettinger/Mann*, S. 137; *Kudlich/Christensen*, JA 2004, 74, 77; *Zippelius*, S. 50; *Christensen/Pötters*, JA 2010, 566, 569.

160 Die Motive des historischen Gesetzgebers lassen sich aus Referentenentwürfen, Regierungsentwürfen, Parlamentsdrucksachen und -protokollen oder Protokollen von Ausschusssitzungen rekonstruieren[43], die für jüngere Gesetze auch im Internet eingesehen werden können[44]. Fehlt es in den parlamentarischen Quellen an einer konkreten Stellungnahme, darf man davon ausgehen, dass die Parlamentarier mit der Gesetzesbegründung der Regierung einverstanden waren (sogenannte Paktentheorie)[45], es sei denn, sie haben gerade in diesem Punkt das Gesetz geändert[46]. Diese Suche nach den gesetzgeberischen Motiven lässt sich durchaus als historische Forschungsaufgabe begreifen[47], die nur in Haus- oder Themenarbeiten bewältigt werden kann. Bisweilen ist auch die gesellschaftlich-politische Situation, in der eine Norm entstand, für ihr Verständnis wichtig, selbst wenn diese in den Gesetzesmaterialien nicht immer erwähnt wird[48]. Dies gilt z.B. für die Entstehung mancher Regelung im Grundgesetz als Reaktion auf die Zeit der NS-Herrschaft[49].

161 Die Motivforschung ist nicht immer erfolgreich[50]. Manchmal hat sich der Gesetzgeber zu der jetzt problematisch gewordenen Frage überhaupt nicht geäußert, manchmal sind die Resultate aus den Gesetzesmaterialien widersprüchlich.

162 Vorläufernormen können als Modell oder als Gegenmodell einer aktuell geltenden Regelung gedient haben[51]. So waren einige Regelungen der Weimarer Reichsverfassung Vorbild für das Grundgesetz[52], so dass diesbezügliche Interpretationen übernommen werden können. Umgekehrt wendet sich der Gesetzgeber mit einer neuen Regelung bisweilen bewusst von dem vorherigen Regelungsmodell ab, was ebenfalls bei der Auslegung der Neuregelung zu berücksichtigen ist.

163 Mit dem Merkmal der „hergebrachten Grundsätze des Berufsbeamtentums" verweist Art. 33 Abs. 5 GG ausdrücklich auf den historischen Auslegungsaspekt.

164 In den Erwägungsgründen zu Richtlinien und Verordnungen der Europäischen Union sind die Motive der Gesetzgebung dem eigentlichen Normtext vorangestellt[53].

165 Ein anschauliches Beispiel für das historische Auslegungsmittel bietet auch eine Entscheidung des Bundesverfassungsgerichts zur Kostenerstattung für unabhängige Wahlkreisbewerber[54]:

---

43 Einzelheiten bei *Tettinger/Mann*, S. 42 ff.; *Schmalz*, Rn. 266 ff.; *Schlehofer*, JuS 1992, 572, 575 f.
44 *Knauer*, Rechtstheorie 2009, 379, 399 m.w.N.
45 *Säcker*, in: Münchner Kommentar, Band 1, Einleitung, Rn. 120.
46 *Sauer*, in: Krüper, S. 181 m.w.N.
47 *Rüthers/Fischer*, Rn. 787.
48 *Rüthers/Fischer*, Rn. 781; *Stein/Frank*, S. 38; *Sauer*, in: Krüper, S. 178.
49 BVerfG, JZ 2010, 286, 301.
50 *Schwintowski*, S. 71; *Kramer*, S. 137 f.; *Rüthers/Fischer*, Rn. 791; *Kudlich/Christensen*, JA 2004, 74, 78.
51 *Schwacke*, S. 78; *Kudlich/Christensen*, JA 2004, 74, 77.
52 *Tettinger/Mann*, S. 137; BVerfG, JZ 2010, 286, 300 für Art. 118 WRV und den Begriff des allgemeinen Gesetzes.
53 *Rüthers/Fischer*, Rn. 791; *Schmalz*, Rn. 268; *Christensen/Pötters*, JA 2010, 566, 569.
54 BVerfGE 41, 399, 411 f.

„Bestimmungen über die Erstattung von Wahlkampfkosten fanden sich erstmals in dem von einer interfraktionellen Arbeitsgruppe eingebrachten Entwurf eines Gesetzes über die politischen Parteien vom 26.1.1967. In § 17 dieses Entwurfs war eine Wahlkampfkostenerstattung für die Parteien nach dem Verhältnis der erreichten Zweitstimmen vorgesehen. An die Stelle der Zweitstimmen sollten die erreichten gültigen Erststimmen treten, wenn ein Abgeordneter als Wahlkreisbewerber für eine Wählergruppe oder Partei, für den keine Landesliste zugelassen war, aufgetreten war. Hiernach sollten also auch unabhängige Bewerber an der Wahlkampfkostenerstattung beteiligt sein. In der 45. Sitzung des Innenausschusses am 22.2.1967 wurde ins Auge gefasst, die Kostenerstattung für Wahlkreisbewerber nur bei Erreichen von 10 von 100 der gültigen Erststimmen und nur für die von einer Partei nominierten Kandidaten vorzusehen. Die in der 48. Sitzung am 9.3.1967 vom Innenausschuss gebilligte Neufassung entsprach in der Sache dem § 18 Parteiengesetz, der in der 60. Sitzung des Innenausschusses am 21.6.1967 seine Gesetz gewordene Fassung erhielt. Der Ausschluss der unabhängigen Wahlkreisbewerber aus der Erstattungsregelung wurde mit dem Hinweis begründet, der Ausschuss sehe, „in einer Nichtberücksichtigung von Wählergruppen bei der Erstattung von Wahlkampfkosten keine Verletzung des Gleichheitssatzes, zumal diese Gruppe auch nicht dem Pflichtenkreis der Parteien unterlägen".

4. Die teleologische Auslegung

Das teleologische Auslegungskriterium[55] – nicht zu verwechseln mit der rechtlich gesehen irrelevanten theologischen Auslegung – beschäftigt sich mit dem Sinn und Zweck (= ratio legis), den eine bestimmte Vorschrift erreichen soll und nutzt diesen als Auslegungshilfe. 166

Teleologische Auslegung geht von der Grundannahme aus, dass hinter jedem Sollen (Norm) ein gesetzgeberisches Wollen steht, das herauszuarbeiten ist[56]. Anders gesagt gilt es, die Interessen- bzw. Rechtsgüterbewertung, die dem Gesetzgeber wahrscheinlich vorgeschwebt hat, nachzuvollziehen[57]. In den Fällen, die der Gesetzgeber nicht voraussehen konnte, ist zu fragen, welcher vernünftige Zweck der Vorschrift unter den aktuellen Bedingungen gegeben werden kann[58]. Das Schweizer Zivilgesetzbuch formuliert insoweit in Art. 1 Abs. 2: *Kann dem Gesetz keine Vorschrift entnommen werden, so soll das Gericht nach Gewohnheitsrecht und, wo auch ein solches fehlt, nach der Regel entscheiden, die es als Gesetzgeber aufstellen würde.* 167

Das teleologische Auslegungsmittel erlaubt folglich eine gewisse Anpassung der Rechtsnormen an den Wandel der Zeit[59]. Dieser Flexibilitätsgewinn fördert die Funktion des Rechts, das Zusammenleben der Menschen gerecht zu ordnen[60], birgt allerdings die Gefahr, dass der Rechtsanwender seine eigenen Zweckvorstellungen als die des Gesetzgebers ausgibt[61]. 168

55 Von griechisch telos = Sinn, Zweck, Ziel.
56 Ähnlich *Bitter/Rauhut*, JuS 2009, 289, 294; *Mastronardi*, Rechtstheorie, S. 9.
57 *Schwacke*, S. 81; Gern, VerwArch 80 (1989), 415, 419; *Tettinger/Mann*, S. 137 f.; *Koch/Rüssmann*, S. 210; *Schmalz*, Rn. 273; *Mastronardi*, S. 230; *Kudlich/Christensen*, JA 2004, 74, 79.
58 BVerfGE 34, 269, 288 f.; *Schwacke*, S. 82; *Koch/Rüssmann*, S. 7; *Säcker*, in: Münchner Kommentar, Band 1, Einleitung, Rn. 134; *Diederichsen/Wagner*, S. 171.
59 *Schwacke*, S. 82 f.
60 *Schwacke*, S. 83; *Schwintowski*, S. 76; *Zippelius*, S. 9.
61 *Kudlich/Christensen*, JA 2004, 74, 80; *Rüthers/Fischer*, Rn. 821; *Koch/Rüssmann*, S. 170, 222, 226 f.; *Christensen/Pötters*, JA 2010, 566, 570.

169 Der telelogische Aspekt muss dabei Erkenntnisse einbeziehen, die sich aus der grammatikalischen, systematischen oder historischen Betrachtungsweise ergeben haben[62]. So enthalten moderne Gesetze häufig eine Zweckbestimmung als Eingangsvorschrift, die bei der Interpretation der anderen Vorschriften genutzt werden kann (Systematik)[63]. Ähnlich können die Erwägungsgründe einer europarechtlichen Richtlinie oder Präambeln genutzt werden.

Beispiele

§ 1 Abs. 1 Bundes-Immissionsschutzgesetz: Zweck dieses Gesetzes ist es, Menschen, Tiere und Pflanzen, den Boden, das Wasser, die Atmosphäre sowie Kultur- und sonstige Sachgüter vor schädlichen Umwelteinwirkungen zu schützen und dem Entstehen schädlicher Umwelteinwirkungen vorzubeugen.

§ 1 Abs. 1 Energiewirtschaftsgesetz: Zweck des Gesetzes ist eine möglichst sichere, preisgünstige, verbraucherfreundliche, effiziente und umweltverträgliche leitungsgebundene Versorgung der Allgemeinheit mit Elektrizität und Gas.

170 Die Entstehungsgeschichte einer Norm kann ebenfalls Erhellendes zu ihrem Sinn und Zweck vermitteln[64]. Steht der Wille des historischen Gesetzgebers fest, so kann in einem zweiten Schritt gefragt werden, ob dieser Zweck im aktuellen Anwendungszeitpunkt noch verbindlich ist[65].

171 Helfen Historie und Systematik bei der Bestimmung der ratio legis nicht weiter, so ist es Aufgabe des Gesetzesanwenders, den Zweck der auslegungsbedürftigen Vorschrift eigenständig zu ermitteln. Hierbei hat er sich an höherrangigem Recht und – sollte diesem keine Aussage zu entnehmen sein – an Rechtsprinzipien zu orientieren[66]. Beispielhaft sei der rechtsstaatliche Grundsatz der Rechtssicherheit, das Gebot der Gleichbehandlung oder das Prinzip der Effektivität oder Praktikabilität der vorgeschlagenen Lösung genannt[67]. Die gewählte teleologische Auslegung muss überdies allgemeingültig sein, d.h. nicht nur für den aktuellen Fall, sondern auch für verwandte und künftige Fälle eine interessengerechte Lösung bieten[68]. Die Übertragung der gewählten Auslegungsvariante auf andere Fälle lässt sich bereits als Teil der Folgenbetrachtung sehen, die bei der teleologischen Auslegung eine große Rolle spielt[69]. Vereinfacht gesagt geht es der Folgenbetrachtung darum, die zu erwartenden Auswirkungen der verschiedenen Auslegungsvarianten auf die soziale Realität einzubeziehen[70]. Hierbei kann die

---

62 *Schwintowski*, S. 76; *Rüthers/Fischer*, Rn. 730a; *Zippelius*, S. 58; *Kudlich/Christensen*, JA 2004, 74, 79 f.; *Knauer*, Rechtstheorie 2009, 379, 400; *Christensen/Pötters*, JA 2010, 566, 570.
63 *Schwintowski*, S. 78; *Schmalz*, Rn. 275; *Tettinger/Mann*, S. 138.
64 *Rüthers/Fischer*, Rn. 792.
65 *Rüthers/Fischer*, Rn. 794; *Schwacke*, S. 80; *Kramer*, S. 132 u. 139.
66 *Tettinger/Mann*, S. 138; *Zippelius*, S. 58; *Schmalz*, Rn. 285 f.
67 *Bitter/Rauhut*, JuS 2009, 289, 294; *Schwintowski*, S. 78; *Schmalz*, Rn. 292; *Schwacke*, S. 80 f. u. 84; *Tettinger/Mann*, S. 138.
68 *Schwintowski*, S. 79; *Mastronardi*, Rechtstheorie, S. 12; *Koch/Rüssmann*, S. 227.
69 *Schwintowski*, S. 78 f.; *Schmalz*, Rn. 287 ff.; *Rüthers/Fischer*, Rn. 294 ff., 330 u. 396; *Weimar*, DÖV 2009, 932, 934; *Zippelius*, S. 59 u. 61; *Jarass/Pieroth*, GG, Einleitung, Rn. 10; *Schwacke*, S. 84; *Koch/Rüssmann*, S. 170 u. ausführlich m.w.N. S. 227 ff.
70 *Schmalz*, Rn. 287; *Stein/Frank*, S. 42 f.; *Schlehofer*, JuS 1992, 572, 577; *Götz*, StudZR 2010, 21, 40; *Zippelius*, S. 59; *Mastronardi*, S. 174 u. 289; *Koch/Rüssmann*, S. 230; *Mastronardi*, Rechtstheorie, S. 12.

Verarbeitung von empirischen Informationen wichtig sein[71]. Beispiele für unerwünschte Folgen wären etwa die Gefahr der erleichterten Gesetzesumgehung oder die Gefahr der Abwälzung von Schäden oder Kosten auf unbeteiligte Dritte oder die Allgemeinheit; erwünschte Folgen können in einer größeren Rechtssicherheit oder einem besseren Funktionieren staatlicher Einrichtungen bestehen[72].

An diesem Punkt wird die Wertungsabhängigkeit von juristischen Entscheidungen deutlich[73]. Denn ein Gesetz kann verschiedene und sogar gegenläufige Zwecke verfolgen, zwischen denen sich die teleologische Auslegung entscheiden muss[74]. Zudem kann die Zweckbestimmung ungenau sein[75]. Lässt sich weder aus den Materialien noch aus einer Zweckbestimmung im Gesetz etwas Konkretes ableiten, muss sich der Rechtsanwender zudem relativ freihändig für die Bevorzugung bestimmter Rechtsgüter und die Benachteiligung anderer entscheiden. Objektivität ist insoweit utopisch. Es zeigt sich, dass die juristische Methode nicht rein rational, exakt oder eindeutig ist[76]. 172

Beispiele für die teleologische Auslegung: 173

Beispiele

Der Schutzbereich des Art. 13 Abs. 1 GG umfasst Wohnungen und Häuser. Was aber ist mit Betriebs- oder Geschäftsräumen? Diese sind vom Wortlaut her betrachtet keine Wohnungen, weil dort niemand dauerhaft wohnt. Dennoch werden sie vom Schutz des Art. 13 Abs. 1 GG mit erfasst, weil sich im Betrieb auch ein wichtiger Teil der räumlichen Privatsphäre befinden kann und es dem Sinn des Grundrechts entspricht, möglichst viel dieser räumlichen Privatsphäre vor Eingriffen des Staates abzuschotten[77].

§ 766 S. 1 BGB fordert für die Gültigkeit des Bürgschaftsvertrages eine schriftliche Erteilung der Bürgschaftserklärung. Könnte eine eigenhändig unterschriebene Blankobürgschaft, in die ein anderer die Summe einsetzt, diesem Erfordernis genügen? Weil der Sinn des § 766 S. 1 BGB darin besteht, dem Bürgen das übernommene Risiko genau vor Augen zu führen, wurde die Blankobürgschaft, die keinen Betrag ausweist, zu Recht als nicht formgerecht und damit nach § 125 BGB nichtig bewertet[78].

Zum Abschluss dieses Teils dürfen Sie ihre Auslegungstalente an einem Beispielsfall testen[79], wobei Ihnen das Auslegungsmaterial mitgeliefert wird. 174

Beispiel

Stellen Sie sich vor, dass Sie Ihren neuen Lebensgefährten/Ihre neue Lebensgefährtin dauerhaft in Ihre Mietwohnung aufnehmen möchten. Ihr Mietvertrag enthält zu dieser Frage keine Regelung. Brauchen Sie für diese Veränderung die Erlaubnis Ihres Vermieters?

§ 540 Abs. 1 BGB: *Der Mieter ist ohne die Erlaubnis des Vermieters nicht berechtigt, den Gebrauch der Mietsache einem Dritten zu überlassen, insbesondere sie weiter zu vermieten. Verweigert der Vermieter die Erlaubnis, so kann der Mieter das Mietverhältnis außerordentlich mit der gesetzlichen Frist kündigen, sofern nicht in der Person des Dritten ein wichtiger Grund vorliegt.*

---

71 *Petersen*, Der Staat 2010, 435, 440 ff.; *Zippelius*, S. 59.
72 *Schmalz*, Rn. 288.
73 *Schwintowski*, S. 77 f.; *Sauer*, in: Krüper, S. 170 f.; *Rüthers/Fischer*, Rn. 818.
74 *Gern*, VerwArch 80 (1989), 415, 419; *Koch/Rüssmann*, S. 211; *Schwacke*, S. 84; *Schlehofer*, JuS 1992, 572, 576; *Schmalz*, Rn. 280 f.
75 *Koch/Rüssmann*, S. 211 u. 215.
76 *Rüthers/Fischer*, Rn. 806 ff. u. 818; *Säcker*, in: Münchner Kommentar, Band 1, Einleitung, Rn. 102; *Kaufmann*, S. 86.
77 BVerfGE 32, 54, 71 f.
78 BGHZ 132, 119, 122 f.
79 Abgewandelt nach BGH, NJW 2004, 56.

§ 553 Abs. 1 BGB: *Entsteht dem Mieter nach Abschluss des Mietvertrages ein berechtigtes Interesse, einen Teil des Wohnraums einem Dritten zum Gebrauch zu überlassen, so kann er vom Vermieter die Erlaubnis hierzu verlangen. Dies gilt nicht, wenn in der Person des Dritten ein wichtiger Grund vorliegt, der Wohnraum übermäßig belegt würde oder dem Vermieter die Überlassung aus sonstigen Gründen nicht zugemutet werden kann.*

§ 563 Abs. 1 BGB: *Der Ehegatte, der mit dem Mieter einen gemeinsamen Haushalt führt, tritt mit dem Tod des Mieters in das Mietverhältnis ein. Dasselbe gilt für den Lebenspartner.*

§ 563 Abs. 2 BGB: *Leben in dem gemeinsamen Haushalt Kinder des Mieters, treten diese mit dem Tod des Mieters in das Mietverhältnis ein, wenn nicht der Ehegatte eintritt. Der Eintritt des Lebenspartners bleibt vom Eintritt der Kinder des Mieters unberührt. Andere Familienangehörige, die mit dem Mieter einen gemeinsamen Haushalt führen, treten mit dem Tod des Mieters in das Mietverhältnis ein, wenn nicht der Ehegatte oder der Lebenspartner eintritt. Dasselbe gilt für Personen, die mit dem Mieter einen auf Dauer angelegten gemeinsamen Haushalt führen.*

Bundestags-Drucksache 14/4553, S. 49 zum Mietrechtsreformgesetz: Mieter brauchen für die Aufnahme des Lebenspartners zum Zwecke der Bildung oder Fortführung eines auf Dauer angelegten gemeinsamen Haushalts die Erlaubnis des Vermieters.

Einen Lösungsvorschlag finden Sie am Ende des Kapitels auf S. 58.

III. Reihenfolge und Rangfolge der Auslegungsgesichtspunkte

1. Die Reihenfolge der Auslegungsmittel

175 Einigkeit besteht darüber, dass die Auslegung des Wortlauts eines Gesetzes oder eines Vertrages am Anfang der Interpretationsbemühungen stehen muss[80]. In diesem methodischen Grundsatz drückt sich in Bezug auf das öffentliche Recht die Rechtsbindung des Art. 20 Abs. 3 GG aus. Im Zivilrecht respektiert man so am besten das von den Vertragsparteien Gewollte und damit die Privatautonomie. Regeln für die weitere Reihenfolge der Auslegungsgesichtspunkte gibt es nicht[81]. Ob auf die Überlegungen zum Wortlaut systematische, historische oder teleologische Erwägungen folgen, bleibt der Bearbeiterin oder dem Bearbeiter überlassen.

2. Die Rangfolge der Auslegungsmittel

176 Einige meinen, es gebe keine Rangordnung der Auslegungsmöglichkeiten[82]. Diese These würde jedoch zu methodischer Beliebigkeit führen, d.h. jeder könnte das Auslegungskriterium für das wichtigste halten, welches ein ihm genehmes Ergebnis produziert[83]. Obwohl es aus der Praxis der Gerichte viele Beispiele dafür gibt, dass je nach

80 BVerfGE 122, 248, 283 abw. Meinung *Voßkuhle, Osterloh, di Fabio; Schmalz*, S. 105; *Kramer*, S. 172; *Rüthers/Fischer*, Rn. 729 u. 731; *Zippelius*, S. 45.
81 *Schmalz*, Rn. 303.
82 So *Adomeit/Hähnchen*, S. 45; *Bitter/Rauhut*, JuS 2009, 289, 295; *Schlehofer*, JuS 1992, 572, 577; *Schmalz*, Rn. 303; *Weimar*, DÖV 2009, 932, 934; in diese Richtung auch *Zippelius*, S. 62.
83 *Walz*, ZJS 2010, 482, 486; *Sauer*, in: Krüper, S. 181; *von Arnim/Brink*, S. 258.

gewünschtem Resultat die verschiedenen Auslegungsaspekte von Fall zu Fall unterschiedlich gewichtet werden[84], kann dieses unsystematische Vorgehen kein Vorbild sein. Eine Rangordnung der Auslegungskriterien im Konfliktfall ist vielmehr aus Gründen der rechtsstaatlich gebotenen Rechtssicherheit[85] und der demokratisch gebotenen Nachvollziehbarkeit staatlicher Entscheidungen notwendig[86].

a) Das Problem

Die Frage nach dem Gewicht des einzelnen Auslegungskriteriums wird relevant, wenn der Wortlaut mehrere Deutungen zulässt und die Einzelergebnisse aus den anderen Auslegungsaspekten zu unterschiedlichen Resultaten führen[87]. **177**

Es gibt allerdings auch Auslegungssituationen, in denen sich das Rangproblem nicht stellt. Erbringt z.B. die Auslegung nach allen vier Gesichtspunkten das gleiche Ergebnis, braucht man sich um das Gewicht des einzelnen Auslegungsaspekts im Gesamtzusammenhang keine Gedanken zu machen[88]. Ähnliches gilt, wenn ein Auslegungskriterium zu einem eindeutigen Resultat führt und alle anderen Auslegungsaspekte diesem Ergebnis nicht entgegenstehen, weil sie unergiebig oder in sich widersprüchlich sind oder verschiedene Ergebnisse zulassen[89]. Hier setzt sich das eine eindeutige Kriterium durch. **178**

Schließlich ist anerkannt, dass der maximal mögliche Wortsinn die Grenze jeder Auslegungsbemühung bildet[90]. M.a.W. unterliegen systematische, historische und teleologische Argumente, wenn sie zu einer vom Wortlaut eindeutig nicht mehr gedeckten Auslegung führen. Jenseits des Wortlauts endet die Auslegung und die Rechtsfortbildung beginnt[91]. Die hohe Bedeutung der Wortlautauslegung lässt sich erneut auf Art. 20 Abs. 3 GG stützen, der Richter und Verwaltung an den vom Parlament beschlossenen Gesetzestext bindet[92]. Würde man insoweit Abstriche zulassen, hätten Judikative und Exekutive die Möglichkeit, im Kernbereich legislativer Tätigkeit zu wildern, was dem Gewaltenteilungsgrundsatz (Art. 20 Abs. 2 S. 2 GG) widerspräche[93]. Auch der Rechtssicherheit ist damit gedient, dass der eindeutige Wortlaut Vorrang vor den anderen Auslegungsmethoden genießt. Denn Sinn und Zweck eines Gesetzes, seine **179**

84 Beispiele aus der BGH-Rechtsprechung bei *Walz*, ZJS 2010, 482, 486 f. generell *Gern*, VerwArch 80 (1989), 415, 422; *Schlehofer*, JuS 1992, 572, 577; *Sauer*, in: Krüper, S. 182.
85 *Walz*, ZJS 2010, 482, 487; *von Arnim/Brink*, S. 262; *Gern*, VerwArch 80 (1989), 415, 422.
86 *Gern*, VerwArch 80 (1989), 415, 422; im Ergebnis ebenso *Koch/Rüssmann*, S. 7 f.
87 *Gern*, VerwArch 80 (1989), 415, 434; *Adomeit/Hähnchen*, S. 45; *von Arnim/Brink*, S. 264.
88 *Gern*, VerwArch 80 (1989), 415, 436.
89 *Gern*, VerwArch 80 (1989), 415, 436.
90 BVerfGE 1, 299, 312 f.; 54, 277, 297 f.; 71, 108, 115; 87, 209, 224; 92, 1, 12; BVerwGE 90, 265, 269; *Schmalz*, Rn. 236; *Zippelius*, S. 47, 57 u. 61; *Koch/Rüßmann*, S. 182; *Gern*, VerwArch 80 (1989), 415, 421, 434 u. 436; *Kudlich/Christensen*, JA 2004, 74, 81 f.; *Schwacke*, S. 74 f.; *Sauer*, in: Krüper, S. 181 f.; *Diederichsen/Wagner*, S. 170; *Walz*, ZJS 2010, 482, 487; *von Arnim/Brink*, S. 264 u. 266; *Mastronardi*, S. 179; *Röhl/Röhl*, S. 632. Ausnahmen anerkennend *Tettinger/Mann*, S. 133 f. u. 138; *Bitter/Rauhut*, JuS 2009, 289, 293; *Schlehofer*, JuS 1992, 572, 575.
91 *Zippelius*, S. 47 u. 62; *Walz*, ZJS 2010, 482, 487; *Koch/Rüßmann*, S. 182.
92 *Mastronardi*, S. 173 u. 179; *Koch/Rüßmann*, S. 182 f.; *Schlehofer*, JuS 1992, 572, 577.
93 *Koch/Rüßmann*, S. 183; *Zippelius*, S. 11; *Mastronardi*, S. 179.

Systematik und seine Historie lassen sich für Bürger und auch für Juristen schwerer erschließen[94].

b) Auslegungsziele als Problemhintergrund

180 Welchem Auslegungsaspekt das größte Gewicht beizumessen ist, hängt stark davon ab, welches Auslegungsziel befürwortet wird[95]. Wenn es als Auslegungsziel primär um den subjektiven Willen des historischen Gesetzgebers geht, werden die Gesetzesmaterialien besonders wichtig sein[96]. Dieser sogenannten subjektiven Auslegungslehre steht die sogenannte objektive Auslegungslehre gegenüber. Diese hält die ursprünglichen Motive für den Erlass des Gesetzes für weniger wichtig, sondern betont seine aktuelle Aufgabe als Konfliktlösungsinstrument[97]. Die Auslegungsvarianten werden daraufhin untersucht, welche vernünftigen Antworten sie auf heutige Konfliktsituationen geben können, die der historische Gesetzgeber oft nicht vorausgesehen hat[98]. Die objektive Auslegungstheorie fragt also stärker danach, welchen Sinn das Gesetz heute hat[99] und spricht deshalb dem teleologischen Auslegungskriterium herausgehobene Bedeutung zu[100].

181 In diesem Zusammenhang ist häufig davon die Rede, dass nicht der Wille des Gesetzgebers, sondern der Wille des Gesetzes zu erforschen sei[101]. Diese Redeweise verschleiert jedoch, dass ein objektiver Gesetzeszweck nicht zu ermitteln ist, wenn das Gesetz keine ausdrückliche Zweckbestimmung enthält. Ein Text hat keinen Willen[102]. Die objektive Auslegungstheorie ersetzt daher den Zweck, den der historische Gesetzgeber verfolgen wollte, durch Bewertungen des Interpreten[103]. Es besteht daher die Gefahr, dass im Gewand einer objektiven Auslegung tatsächlich Rechtsfortbildung betrieben wird[104].

---

94 *Gern*, VerwArch 80 (1989), 415, 434; *von Arnim/Brink*, S. 264 f.
95 *Walz*, ZJS 2010, 482 f.
96 *Schwacke*, S. 70; *Röhl/Röhl*, S. 627 f.; *Schmalz*, Rn. 262; *Zippelius*, S. 50; *Walz*, ZJS 2010, 482, 484; *Rüthers/Fischer*, Rn. 792 ff., 796 u. 812; *Säcker*, in: Münchner Kommentar, Band 1, Einleitung, Rn. 115 f.; *Mastronardi*, S. 179.
97 *Heinrichs*, in: Palandt, Einleitung, Rn. 40; *Schwacke*, S. 70 f.; *Diederichsen/Wagner*, S. 168; *Walz*, ZJS 2010, 482, 485; *Gern*, VerwArch 80 (1989), 415, 421.
98 *Walz*, ZJS 2010, 482, 484; *Röhl/Röhl*, S. 628 f.; *Heinrichs*, in: Palandt, Einleitung, Rn. 40; *Bitter/Rauhut*, JuS 2009, 289, 292.
99 *Schwacke*, S. 70.
100 *Heinrichs*, in: Palandt, Einleitung, Rn. 46; *Diederichsen/Wagner*, S. 171; darstellend *Röhl/Röhl*, S. 629 u. *Rüthers/Fischer*, Rn. 810 m.w.N.
101 So z.B. *Schmalz*, Rn. 263; *Gern*, VerwArch 80 (1989), 415, 421; *Walz*, ZJS 2010, 482, 485.
102 *Rüthers/Fischer*, Rn. 797; *Gern*, VerwArch 80 (1989), 415, 421; *Adomeit/Hähnchen*, S. 45; *Koch/Rüßmann*, S. 7; *Kudlich/Christensen*, JA 2004, 74, 83; *Götz*, StudZR 2010, 21, 38; *Stein/Frank*, S. 36.
103 *Rüthers/Fischer*, Rn. 718, 722 u. 797; *Sauer*, in: Krüper, S. 179; *Röhl/Röhl*, S. 629; *Rüthers*, ZRP 2008, 48, 51; *Walz*, ZJS 2010, 482, 485 u. 488 f.; *Säcker*, in: Münchner Kommentar, Band 1, Einleitung, Rn. 71; *Götz*, StudZR 2010, 21, 38.
104 *Rüthers/Fischer*, Rn. 797 u. 813 f.; *Röhl/Röhl*, S. 630 f.; *Kramer*, S. 128.

c) Eine verfassungsrechtliche Bewertung der Auslegungstheorien

Die subjektive Auslegungstheorie kann sich zunächst auf Art. 20 Abs. 3 GG stützen, der die Gesetzesinterpretation nicht nur an das vom Gesetzgeber Gesagte, sondern auch an das von ihm Gewollte bindet[105]. Wenn der Wortlaut einer Vorschrift mehrere Deutungen erlaubt, muss man, um zumindest das vom Gesetzgeber Gewollte zu ermitteln, seine Motive aufklären. Im Lichte des vom Gesetzgeber geplanten Zweckes einer Vorschrift kann es gelingen, das unvollkommen Ausgedrückte besser zu verstehen. Jede vom erkennbaren Gesetzeszweck abweichende Interpretation missachtet diese Gesetzesbindung und verstößt gegen Art. 20 Abs. 3 GG[106]. Für die Rechtsfortbildung hat das Bundesverfassungsgericht formuliert, dass sich die Gerichte nicht dem vom Gesetzgeber festgelegten Sinn und Zweck des Gesetzes entziehen dürften[107]. **182**

Die objektive Auslegungstheorie gerät zudem in Konflikt mit dem Gewaltenteilungsgrundsatz und dem Demokratieprinzip (Art. 20 Abs. 2 GG). Denn in einer parlamentarischen Demokratie ist es nicht Aufgabe der Gerichte oder anderer Gesetzesinterpreten, einem Gesetz neue Zwecke zu verleihen[108]. Die Anpassung des Normbestandes an den Wandel der Zeit obliegt primär dem Gesetzgeber. Dieser ist unmittelbar demokratisch legitimiert[109], entscheidet auf besserer Informationsbasis sowie nach öffentlicher Debatte und kann – anders als Richter – bei gesetzgeberischen Fehlleistungen auch abgewählt werden[110]. **183**

Reinhold Zippelius versucht, die Anmaßung der objektiven Auslegungstheorie dadurch zu umgehen, dass er fordert, man müsse sich in den Gesetzgeber hineinversetzen, sich die mehrheits- und konsensfähigen Zwecke vor Augen führen und quasi als Vertreter des demokratischen Gesetzgebers tätig werden[111]. Hiermit wird fast unmögliches gefordert. Wie will ein einzelner Gesetzesinterpret feststellen, was zur Zeit im Bundestag konsensfähig wäre? Wer soll wie kontrollieren, ob auch ein anstrengungsbereiter Richter die mehrheitsfähige Auslegung tatsächlich getroffen hat? Was hindert Interessenvertreter daran, einfach zu behaupten, ihre Auslegungsvariante sei mehrheits- und konsensfähig? **184**

---

105 BVerfGE 35, 266, 279; 48, 246, 256; 78, 20, 24; 122, 248, 283 abw. Meinung *Voßkuhle, Osterloh, di Fabio, Rüthers/Fischer*, Rn. 720; *Kramer*, S. 129; *Zippelius*, S. 61; *Gern*, VerwArch 80 (1989), 415, 427; *Koch/Rüßmann*, S. 179; *Sauer*, in: Krüper, S. 179; *Walz*, ZJS 2010, 482, 484.

106 BVerfGE 122, 248, 283 abw. Meinung *Voßkuhle, Osterloh, di Fabio; Sauer*, in: Krüper, S. 179 f.; *Rüthers/Fischer*, Rn. 649 u. 812.

107 BVerfGE 54, 277, 299 f.; 78, 20, 24; BVerfG, NJW 2006, 3409; BVerfGE 122, 248, 283 abw. Meinung *Voßkuhle, Osterloh, di Fabio*.

108 BVerfGE 96, 375, 394 f.; BVerfGE 122, 248, 285 u. 298 abw. Meinung *Voßkuhle, Osterloh, di Fabio, Rüthers/Fischer*, Rn. 722; *Zippelius*, S. 10; *von Arnim/Brink*, S. 233 f.; *Schlehofer*, JuS 1992, 572, 575; *Röhl/Röhl*, S. 628 u. 630; *Säcker*, in: Münchner Kommentar, Band 1, Einleitung, Rn. 126; ähnlich *Möllers*, JZ 2009, 668, 670.

109 BVerfGE 122, 248, 282 abw. Meinung *Voßkuhle, Osterloh, di Fabio*.

110 BVerfGE 95, 267, 307 f.; *Zippelius*, S. 66.

111 *Zippelius*, S. 50; ähnlich *Walz*, ZJS 2010, 482, 485.

d) Die Auffassung der Bundesverfassungsgerichts

185 Trotz der geschilderten verfassungsrechtlichen Bedenken wird die objektive Auslegungstheorie als vorherrschend betrachtet[112]. Welche Auffassung vertritt das Bundesverfassungsgericht?

186 In einer Reihe von Entscheidungen hat das Gericht zu den Verfassungsmaterialien ausgeführt, dass diesen keine entscheidende Bedeutung zukomme[113], weil die Verfassung ein besonders interpretationsoffener Text sei.

187 Generell will das Bundesverfassungsgericht die Entstehungsgeschichte eines Gesetzes nur unterstützend heranziehen[114]. Wörtlich heißt es in einer Entscheidung aus dem Jahr 1983[115]: *„Der sogenannte Wille des Gesetzgebers bzw. der am Gesetzgebungsverfahren Beteiligten kann hiernach bei der Interpretation insoweit berücksichtigt werden, als er auch im Text Niederschlag gefunden hat. Die Materialien dürfen nicht dazu verleiten, die subjektiven Vorstellungen der gesetzgebenden Instanzen dem objektiven Gesetzesinhalt gleichzusetzen."*

188 Das Gericht kann deshalb grundsätzlich als Anhänger der objektiven Auslegungstheorie betrachtet werden[116]. Andererseits wird in vielen Entscheidungen dem Willen des Gesetzgebers ein entscheidendes Gewicht zugebilligt[117]. Das Bundesverfassungsgericht favorisiert also die objektive Auslegungstheorie, ohne sich gänzlich festzulegen.

e) Weitere Argumente und Stellungnahme

189 Als Vorteil der objektiven Theorie wird angesehen, dass sie Versteinerungen verhindere, die eine strenge Bindung an den Willen des historischen Gesetzgebers hervorrufen könne[118]. Nur die objektive Theorie erlaube es, dass das Gesetz klüger sei als der Gesetzgeber[119]. Die befürchtete Unflexibilität tritt allerdings nur dann auf, wenn sich der historische Gesetzgeber zu einer bestimmten Auslegungsfrage geäußert hat[120]. Häufig werden die Gesetzesmaterialien jedoch zur Bewältigung künftiger Entwicklungen im Wege der Auslegung nichts ausführen[121], so dass die gefürchtete Sperrwirkung nur selten eintreten dürfte. Bei echten Gesetzeslücken ist wiederum die richterliche

---

112 Dies sagen *Walz*, ZJS 2010, 482, 485; *Schmalz*, Rn. 263; *Rüthers/Fischer*, Rn. 798; *Hirsch*, JZ 2007, 853, 854; *Koch/Rüßmann*, S. 177.

113 BVerfGE 6, 389, 431; 41, 291, 309; 45, 187, 227; 62, 1, 45.

114 BVerfGE 1, 299, 312; 10, 234, 244; 11, 126, 130; 13, 261, 268; 54, 277, 297 f.; 111, 54, 91.

115 BVerfGE 62, 1, 45.

116 *Gern*, VerwArch 80 (1989), 415, 421; *Walz*, ZJS 2010, 482, 485; *von Arnim/Brink*, S. 236.

117 BVerfGE 2, 266, 276; 65, 182, 193; 88, 40, 56 f.; 102, 176, 185; 122, 248, 258 ff.; 122, 248, 287 ff. abw. Meinung *Voßkuhle, Osterloh, di Fabio*; diese Beobachtung teilen *Walz*, ZJS 2010, 482, 485; *Degenhart*, § 1, Rn. 20; *Röhl/Röhl*, S. 630; *Hesse*, § 2, Rn. 58; *Säcker*, in: Münchner Kommentar, Band 1, Einleitung, Rn. 116; *Rüthers/Fischer*, Rn. 800.

118 *Walz*, ZJS 2010, 482, 484; *Kramer*, S. 130 f.; *Gern*, VerwArch 80 (1989), 415, 420; darstellend *Röhl/Röhl*, S. 628.

119 *Schmalz*, Rn. 263; referierend auch *Rüthers/Fischer*, Rn. 797.

120 *Röhl/Röhl*, S. 628 u. 631.

121 *Gern*, VerwArch 80 (1989), 415, 433 f.; *Rüthers/Fischer*, Rn. 792.

Rechtsfortbildung erlaubt, so dass kein Bedürfnis nach einer objektivierenden Auslegung besteht.

Wie unter b) und c) bereits angedeutet, bringt die objektive Theorie den Nachteil einer kaum nachvollziehbaren Vorgehensweise mit sich[122]. Während die Ermittlung des Willens des ursprünglichen Gesetzgebers kontrolliert werden kann, indem die entsprechenden Texte nachgelesen werden[123], fehlt eine solche Kontrollmöglichkeit, wenn ein Gesetzesinterpret behauptet, eine bestimmte Auslegungsvariante sei objektiv vernünftig und zeitgemäß. Das gesetzesnähere historische Auslegungskriterium sorgt deshalb eher für Rechtssicherheit, als das teleologische[124]. Ähnliches gilt für die systematische Auslegung. Diese greift auf Nachbarnormen oder verwandte Regelungskomplexe zurück und kann ebenfalls anhand der herangezogenen Vorschriften kontrolliert werden. **190**

Weil es bei Auslegungsfragen mitunter auch um Machtfragen geht, erscheint überdies eine erhöhte Kontrolldichte wünschenswert[125]. Diese Überlegung gilt insbesondere den höchsten Gerichten gegenüber, die wegen ihrer in Art. 97 Abs. 1 GG garantierten Unabhängigkeit – abgesehen von der Gesetzesbindung – keiner Kontrolle mehr unterliegen[126]. **191**

Angesichts dessen, dass die verfassungsrechtlichen Überlegungen unter c) in die gleiche Richtung weisen, erscheint die subjektive Auslegungstheorie jedenfalls dann vorrangig, wenn sich der Wille des historischen Gesetzgebers feststellen lässt[127]. Folglich erfährt das historische Auslegungskriterium eine gewisse Aufwertung und verdrängt in der geschilderten Konstellation entgegenstehende objektiv-teleologische Argumente. **192**

Insbesondere für jüngere Gesetze wird dies auch von der herrschenden Meinung so gesehen[128]. Bei älteren Gesetzen soll dagegen der Wille des historischen Gesetzgebers mehr und mehr zurücktreten[129]. **193**

Bei der Diskussion um die Rangfolge der Auslegungskriterien darf nicht vergessen werden, dass es selten einen völlig eindeutigen Wortlaut, einen zweifelsfrei ermittelbaren Willen des Gesetzgebers, eine glasklare Systematik oder einen exakt festgelegten Gesetzeszweck geben wird[130]. Für die Rangfolge der Auslegungsaspekte im Einzelfall spielt also nicht nur die generelle Rangstufe des einzelnen Kriteriums, sondern **194**

122 *Röhl/Röhl*, S. 630 f.; *Säcker*, in: Münchner Kommentar, Band 1, Einleitung, Rn. 118.
123 *Bitter/Rauhut*, JuS 2009, 289, 294.
124 Ähnlich *von Arnim/Brink*, S. 245; *Säcker*, in: Münchner Kommentar, Band 1, Einleitung, Rn. 126.
125 *Röhl/Röhl*, S. 631.
126 BVerfGE 122, 248, 285 f. abw. Meinung *Voßkuhle, Osterloh, di Fabio; Röhl/Röhl*, S. 631; *Möllers*, JZ 2009, 668, 671.
127 BVerfGE 122, 248, 285 abw. Meinung *Voßkuhle, Osterloh, di Fabio; Koch/Rüßmann*, S. 182 u. 236; *Röhl/Röhl*, S. 632; *Sauer*, in: Krüper, S. 182; *Rüthers/Fischer*, Rn. 791 ff.; *Säcker*, in: Münchner Kommentar, Band 1, Einleitung, Rn. 98 u. 116; ähnlich *Schwacke*, S. 79.
128 BVerfGE 54, 277, 297 f.; BGHZ 124, 147, 150; *Schmalz*, Rn. 264; *Walz*, ZJS 2010, 482, 485; *Kramer*, S. 136 f.; *Schwacke*, S. 71.
129 BVerfGE 34, 269, 288 f.; 96, 375, 394; BVerfG, NJW 2006, 3409; *Sauer*, in: Krüper, S. 188; a.A. *Hillgruber*, JZ 1996, 118, 121.
130 *Zippelius*, S. 62.

zusätzlich seine jeweils konkret vorhandene Ausprägung eine Rolle[131]. Als erste Annäherung schlagen *Hans Kudlich* und *Ralph Christensen* insoweit die Kategorien Möglichkeit, Plausibilität und Evidenz vor. So würde ein mögliches Wortlautargument von einem teleologischen Argument, welches evident ist, aus dem Feld geschlagen, obwohl generell Wortlautargumente als höherrangig gelten. Für das Rangfolgeproblem bedeutet dies, dass es keine allgemeingültige Antwort gibt[132], sondern dass die Rangordnung der Auslegungsgesichtspunkte im Einzelfall je nach Durchschlagskraft des einzelnen Arguments variieren kann.

f) Zusammenfassung

195 Wenn der Wortlaut einer Norm keine Zweifel offen lässt, unterliegen die anderen, mit diesem Wortlaut konfligierenden Auslegungsaspekte. Ist der Gesetzestext mehrdeutig und wiegen die anderen Auslegungskriterien alle gleich schwer, erscheint aus verfassungsrechtlichen Überlegungen folgenden Rangfolge angebracht[133]:

- Willen des historischen Gesetzgebers, soweit dieser ermittelt werden kann,
- Systematische Auslegung,
- Teleologische Auslegung.

IV. Die Auslegung der Verfassung

196 Das Problem der Verfassungsauslegung darf nicht mit der bereits erwähnten[134] verfassungskonformen Auslegung verwechselt werden. Bei der verfassungskonformen Auslegung geht es darum, dass alle formellen und materiellen Gesetze im Lichte der höherrangigen Verfassung zu interpretieren sind und dieser nicht widersprechen dürfen[135]. Die jetzt vorzustellende Frage der Verfassungsauslegung beschäftigt sich dagegen mit den methodischen Regeln für die Auslegung der Verfassung selbst.

197 Einigkeit besteht darüber, dass das Grundgesetz besonders viele interpretationsoffene und damit stark konkretisierungsbedürftige Vorschriften enthält[136]. Man denke nur an Staatsgrundsätze wie das Sozialstaatsprinzip oder die Grundrechte. Viele Grundgesetzartikel stellen keine aus Tatbestand und Rechtsfolge zusammengesetzte strikte Regeln, sondern Prinzipien dar. Dazu zählt man Rechtsnormen, die erreichen wollen, dass ein bestimmtes Rechtsgut in Abhängigkeit von den rechtlichen und tatsächlichen Gegeben-

---

131 *Kudlich/Christensen*, JA 2004, 74, 82; *Mastronardi*, S. 174; *Walz*, ZJS 2010, 482, 489; *Zippelius*, S. 62.

132 *Zippelius*, S. 62; *Walz*, ZJS 2010, 482, 489.

133 Ähnlich *Walz*, ZJS 2010, 482, 489; *Koch/Rüßmann*, S. 182; a.A. *von Arnim/Brink*, S. 266, die der Gesetzesentstehung nur Rang 4, der systematischen Auslegung Rang 2 und der teleologischen Rang 3 zuweisen.

134 S.o. C. II. 2.

135 BVerfGE 88, 145, 166; 95, 64, 93; *Degenhart*, § 1, Rn. 22; *Kramer*, S. 100 ff.; *Schmalz*, Rn. 363; *Hesse*, § 2, Rn. 80 ff.; *Leisner*, in: Sodan, GG, Art. 20, Rn. 40; *Schwacke*, S. 95 f.

136 *Degenhart*, § 1, Rn. 21; *Schmalz*, Rn. 356; *Röhl/Röhl*, S. 658; *Hesse*, § 2, Rn. 50; *Kranenpohl*, Der Staat 2009, 387, 393; *von Arnim/Brink*, S. 256; *Petersen*, Der Staat 2010, 435, 444; *Schwacke*, S. 94.

heiten in möglichst großem Umfang realisiert wird[137]. Man spricht insoweit auch von Optimierungsgeboten, die nicht absolut gelten, sondern je nach ihrem Gewicht im Einzelfall abwägungs- und kompromissfähig sind[138]. Auch die oben erwähnten Zweckbestimmungen[139] lassen sich als solche Prinzipien und Optimierungsgebote betrachten.

Zunächst gelten für die Interpretation des Grundgesetzes die gleichen Auslegungskriterien wie für Gesetze, also Wortlaut, Systematik, Historie sowie Sinn und Zweck[140]. Es haben sich indes auch einige Sonderregeln der Verfassungsauslegung etabliert, von denen die drei wichtigsten vorgestellt werden: **198**

- der Grundsatz der praktischen Konkordanz,
- der Grundsatz der Einheit der Verfassung,
- der Grundsatz der optimalen Wirksamkeit.

Ersterer besagt in den Worten seines Erfinders *Konrad Hesse*, dass bei Kollisionen zweier Verfassungsgüter, z.B. zweier Grundrechte, sich nicht eines auf Kosten des anderen durchsetzen darf; vielmehr ist ein verhältnismäßiger Ausgleich anzustreben, der beiden Gütern Grenzen zieht und beide zur maximal möglichen Entfaltung bringt[141]. In dieser Auffassung spiegelt sich der Prinzipiencharakter vieler grundgesetzlicher Normen wider. Auch die zu Art. 5 Abs. 2 GG entwickelte Wechselwirkungslehre[142], die fordert, dass die allgemeinen Gesetze, die kommunikative Freiheiten beschränken, wiederum im Lichte der Bedeutung des Grundrechts für die Demokratie ausgelegt werden müssen, zeigt ein Bemühen um praktische Konkordanz. **199**

Den Grundsatz der Einheit der Verfassung kann man als spezielle Ausformung des systematischen Auslegungsmittels ansehen[143]. Er verlangt, bei der Interpretation eines Artikels des Grundgesetzes nicht nur diesen Artikel in den Blick zu nehmen, sondern immer den Gesamtzusammenhang zu sehen, in den er gestellt ist, um so Widerspruchsfreiheit zu erreichen[144]. So sind den vom Verfassungstext vorbehaltlos gewährten Grundrechten wie z.B. Art. 4 Abs. 1 oder 5 Abs. 3 GG verfassungsimmanente Schranken gezogen, d.h. auch diese Grundrechte sind einschränkbar, wenn kollidierende Grundrechte oder anderer Rechtsgüter von Verfassungsrang es notwendig machen[145]. **200**

137 Grundlegend *Alexy*, S. 75 f. u. 84; s.a. *Kaufmann*, S. 51; *von Arnim/Brink*, S. 112 ff. u. 256; *Michael/Morlok*, S. 42; *Röhl/Röhl*, S. 658 u. 661 f.
138 *Alexy*, S. 76, 88, 120; *Kaufmann*, S. 51; *Röhl/Röhl*, S. 661 f.; *Götz*, StudZR 2010, 21, 36; *Michael/Morlok*, S. 42 u. 44.
139 S.o. B. II. 2. e).
140 BVerfGE 11, 126, 130; 62, 1, 36 ff.; 88, 40, 56 f.; *Jarass/Pieroth*, Einleitung, Rn. 10; *von Arnim/Brink*, S. 257; *Schwacke*, S. 94; *Schmalz*, Rn. 355; *Degenhart*, § 1, Rn. 19.
141 *Hesse*, § 2, Rn. 72; sich anschließend BVerfGE 93, 1, 21; *Degenhart*, § 1, Rn. 21; *Stein/Frank*, S. 264; *Jarass/Pieroth*, Einleitung, Rn. 10; *Michael/Morlok*, S. 338 u. 346; *Schmalz*, Rn. 357; *Sodan*, in: ders., GG, vor Art. 1, Rn. 53; *Schwacke*, S. 116; *Christensen/Pötters*, JA 2010, 566, 569; *Röhl/Röhl*, S. 660; *Tettinger/Mann*, S. 155.
142 BVerfGE 7, 198, 208 f.; 12, 113, 124 f.; *Sodan*, in: ders., GG, Art. 5, Rn. 34; *Koch/Rüssmann*, S. 240; *Stein/Frank*, S. 317.
143 *Rüthers/Fischer*, Rn. 145.
144 BVerfGE 19, 206, 220; 34, 165, 183; 55, 274, 300; *Hesse*, § 2, Rn. 71; *Michael/Morlok*, S. 338; *Schmalz*, Rn. 357; *Schwacke*, S. 116; *Jarass/Pieroth*, Einleitung, Rn. 10; *Rüthers/Fischer*, Rn. 147.
145 BVerfGE 93, 1, 21; 108, 282, 303; BVerfG, NJW 2004, 47 f.; *Michael/Morlok*, S. 338 ff.; *Stein/Frank*, S. 265; *Sodan*, in: ders., GG, Art. 4, Rn. 16

201 Der Grundsatz der optimalen Wirksamkeit findet eine europarechtliche Parallele im sogenannten Grundsatz des effet utile[146]. Beide verlangen, bei verschiedenen Auslegungsmöglichkeiten diejenige vorzuziehen, die der relevanten Norm die stärkste Wirkung verleiht[147].

V. Die Auslegung von Willenserklärungen und Verträgen

202

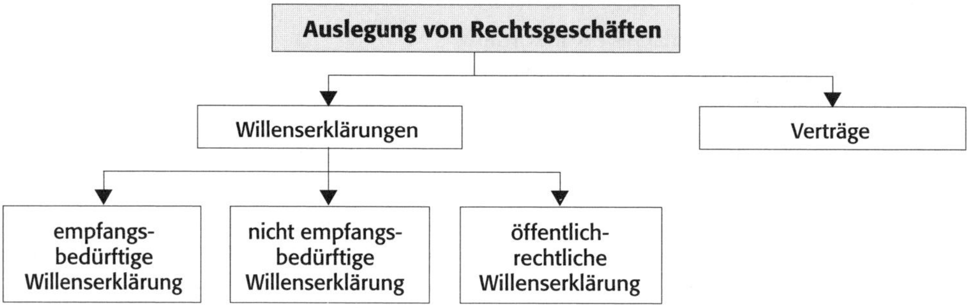

1. Allgemeines

203 Bislang ging es um die Auslegung von Gesetzen, die folgenden Ausführungen beziehen sich auf Willenserklärungen und Verträge, also auf die Willensäußerungen von natürlichen bzw. juristischen Personen.

204 Eine Willenserklärung ist die Äußerung eines auf die Herbeiführung einer Rechtsfolge gerichteten Willens[148]. Sie besteht aus einem objektiven und einem subjektiven Element. Das objektive Element besteht in einer Erklärungshandlung, die schriftlich, mündlich oder durch schlüssiges Verhalten, wie etwa Nicken oder Zeichen, erfolgen kann[149]. Diese Handlung muss subjektiv von einem Willen zum Handeln, einem Bewusstsein etwas Rechtserhebliches zu erklären (Erklärungsbewusstsein)[150] und dem Geschäftswillen (auch Rechtsbindungswillen) getragen sein[151].

205 Das Erklärungsbewusstsein fehlt, wenn man z.B. denkt, man unterschreibe eine Grußkarte, während man in der Realität ein Bestellformular unterzeichnet hat. Der Rechtsbindungswille liegt z.B. in den Fällen reiner Gefälligkeit nicht vor, wenn Sie etwa einem

146 *Röhl/Röhl*, S. 657.
147 BVerfGE 43, 154, 167; 51, 97, 110; 103, 142, 153; *Schwacke*, S. 94; *Jarass/Pieroth*, Einleitung, Rn. 12; *Degenhart*, § 1, Rn. 21.
148 *Ellenberger*, in: Palandt, vor § 116, Rn. 1; *Musielak*, Rn. 27 u. 41; *Rüthers/Stadler*, § 17, Rn. 1.
149 *Musielak*, Rn. 42 u. 56; *Rüthers/Stadler*, § 17, Rn. 2; *Ellenberger*, in: Palandt, vor § 116, Rn. 1.
150 *Diederichsen/Wagner*, S. 142; *Ellenberger*, in: Palandt, vor § 116 Rn. 17; *Musielak*, Rn. 61 ff.; *Rüthers/Stadler*, § 17, Rn. 8 ff.
151 *Musielak*, Rn. 55 f.; *Rüthers/Stadler*, § 17, Rn. 12; *Diederichsen/Wagner*, S. 142.

Mitstudenten, der verhindert ist, versprechen, ihm Vorlesungsmaterial mitzubringen, dies aber vergessen[152].

Ein Vertrag wiederum kommt zustande, sofern zwei wirksame Willenserklärungen übereinstimmen[153]. **206**

Willenserklärungen und Verträge können auslegungsbedürftig sein. Sie bedienen sich nämlich ebenfalls zumeist des uneindeutigen Vermittlungsmediums der Sprache. Folglich besteht die Gefahr, dass das, was der Empfänger versteht, nicht das ist, was der Erklärende zum Ausdruck bringen wollte. Soll jetzt das gelten, was der Erklärende wirklich gewollt hat, oder das, was der Empfänger verstanden hat? **207**

Das Bürgerliche Gesetzbuch bringt in den §§ 133 und 157 eine auf den ersten Blick verwirrende Lösung. § 133 BGB: *Bei der Auslegung einer Willenserklärung ist der wirkliche Wille zu erforschen und nicht an dem buchstäblichen Sinne des Ausdrucks zu haften.* § 157 BGB: *Verträge sind so auszulegen, wie Treu und Glauben mit Rücksicht auf die Verkehrssitte es erfordern.* **208**

§ 133 BGB scheint den Adressaten einer Willenserklärung zur Motivforschung zu verpflichten, wohingegen § 157 BGB eher die objektive Erklärungsbedeutung in den Vordergrund stellt[154]. **209**

Die herrschende Meinung fasst beide Vorschriften zusammen und hat sich darauf verständigt, dass zumindest bei empfangsbedürftigen Willenserklärungen (§ 130 BGB), das sind etwa Vertragsangebote bzw. -annahmen, Kündigungen oder Mahnungen, der objektivierte Empfängerhorizont entscheidend sein soll[155]. Es kommt also darauf an, wie ein vernünftiger Empfänger aus dem Verkehrskreis der Beteiligten die Erklärung verstanden hätte. Dass der wirkliche Wille des Erklärenden nicht maßgeblich sein kann, lässt sich systematisch auch aus den §§ 116 oder 119 Abs. 1 BGB ableiten[156]. Ein solches Verständnis widerspräche auch dem Vertrauensschutz des Empfängers, der den wirklichen Willen des Absenders stets nur unvollkommen ermitteln kann. Nur bei nicht empfangsbedürftigen Willenserklärungen, wie etwa dem Testament, bleibt der Wille des Erklärenden maßgeblich[157]; denn hier spielt der Gedanke des Vertrauensschutzes keine Rolle. **210**

Im öffentlichen Recht sind die §§ 133, 157 BGB entsprechend anzuwenden[158]. Das folgt aus § 62 VwVfG: *Soweit sich aus den §§ 54 bis 61 nichts Abweichendes ergibt, gelten die übrigen Vorschriften dieses Gesetzes. Ergänzend gelten die Vorschriften des Bürgerlichen Gesetzbuches entsprechend.* **211**

---

152 *Rüthers/Stadler*, § 17, Rn. 16.
153 *Ellenberger*, in: Palandt, vor § 145, Rn. 1; *Rüthers/Stadler*, § 16, Rn. 5.
154 *Ellenberger*, in: Palandt, § 133, Rn. 1; *Schwintowski*, S. 100.
155 BGHZ 47, 75, 78; *Kramer*, S. 144; *Schwintowski*, S. 102 f.; *Ellenberger*, in: Palandt, § 133, Rn. 9; *Rüthers/Fischer*, Rn. 165 u. 715; *Säcker*, in: Münchner Kommentar, Band 1, Einleitung, Rn. 151 f.; *Rüthers/Stadler*, § 18, Rn. 12; *Musielak*, Rn. 103.
156 S. hierzu bereits oben C. II. 2. am Ende.
157 *Rüthers/Fischer*, Rn. 715; *Kramer*, S. 144; *Rüthers/Stadler*, § 18, Rn. 15 u. 19; *Schwintowski*, S. 103 f.; *Adomeit/Hähnchen*, S. 41.
158 *Ellenberger*, in: Palandt, § 133, Rn. 4; *Schwintowski*, S. 101.

212 Ähnlich wie bei der geltungserhaltenden Auslegung von Gesetzen[159] wird im Zivilrecht davon ausgegangen, dass bei verschiedenen Auslegungsvarianten einer Erklärung oder eines Vertrages diejenige vorzuziehen ist, die die Nichtigkeit des Rechtsgeschäfts vermeidet[160].

213 Eine der Privatautonomie geschuldete weitere Besonderheit der Auslegung von Rechtsgeschäften besteht darin, dass der Vertragstext zurücktritt, wenn man einen entgegenstehenden gemeinsamen Willen der Vertragsparteien feststellen kann (falsa demonstratio non nocet)[161]. Einigen sich also zwei Großväter über den Verkauf von Figuren, die sie in ihrem schriftlichen Vertrag gemeinsam als Playmobilspielzeug eingeordnet haben, sind diese ge- bzw. verkauft, auch wenn es sich in Wirklichkeit um Lego-Figuren handelt.

214 Neben diesen Grundsätzen kennen das Zivilrecht und auch das Handelsrecht zahlreiche Auslegungsregeln für bestimmte Anwendungsfälle. Diese Sonderregelungen können hier nicht umfassend aufgeführt oder gar erläutert werden. Als Beispiele seien genannt:

- *§ 154 Abs. 2 BGB:* Ist eine Beurkundung des beabsichtigten Vertrags verabredet worden, so ist im Zweifel der Vertrag nicht geschlossen, bis die Beurkundung erfolgt ist.
- *§ 155 BGB:* Haben sich die Parteien bei einem Vertrag, den sie als geschlossen ansehen, über einen Punkt, über den eine Vereinbarung getroffen werden sollte, in Wirklichkeit nicht geeinigt, so gilt das Vereinbarte, sofern anzunehmen ist, dass der Vertrag auch ohne eine Bestimmung über diesen Punkt geschlossen sein würde.
- *§ 364 Abs. 2 BGB:* Übernimmt der Schuldner zum Zwecke der Befriedigung des Gläubigers diesem gegenüber eine neue Verbindlichkeit, so ist im Zweifel nicht anzunehmen, dass er die Verbindlichkeit an Erfüllungs statt übernimmt.

215 In Bezug auf Allgemeine Geschäftsbedingungen sind die §§ 305 b (Vorrang der Individualabrede), 305c (Überraschende und mehrdeutige Klauseln) sowie 306a (Umgehungsverbot) zu beachten. Wichtige Auslegungsregeln für Testamente finden sich in den §§ 2066 ff. BGB. Schließlich können im Handelsrecht z.B. Handelsbräuche (§ 346 HGB) oder die Sonderregel für das Schweigen eines Kaufmanns (§ 362 Abs. 1 HGB) auslegungsrelevant werden.

216 Im Einzelnen kann man in folgenden Schritten an die Auslegung einer mehrdeutigen Willenserklärung oder einer mehrdeutigen Vertragsklausel herangehen:

- Wie bei Normen bildet der Wortlaut der Erklärung den Ausgangspunkt[162].
- Anschließend sind weitere Vertragsvorschriften (Systematik) und die Begleitumstände zu berücksichtigen, unter denen die Erklärung bzw. der Vertrag zu Stande

159 S.o. C. II. 2. Verfassungskonforme Auslegung als Unterfall der systematischen Auslegung.

160 BGH, NJW 1971, 1034, 1035; *Rüthers/Stadler*, § 18, Rn. 24.

161 BGH, NJW 2002, 1038; *Rüthers/Fischer*, Rn. 716; *Schwintowski*, S. 102; *Kramer*, S. 143; *Rüthers/Stadler*, § 18, Rn. 13; *Musielak*, Rn. 141; *Säcker*, in: Münchner Kommentar, Band 1, Einleitung, Rn. 146; *Ellenberger*, in: Palandt, § 133, Rn. 8.

162 *Ellenberger*, in: Palandt, § 133, Rn. 14; *Rüthers/Fischer*, Rn. 165; *Schwintowski*, S. 104; *Rüthers/Stadler*, § 18, Rn. 20; *Diederichsen/Wagner*, S. 145.

kam[163], etwa der Vertragsort oder die konkreten Verhältnisse der Beteiligten in der Abschlusssituation.

- Bisweilen lassen sich sinnvolle Auslegungsargumente aus Vorverhandlungen oder früheren Verträgen zwischen zwei Parteien ableiten (Entstehungsgeschichte)[164].
- Schließlich ist wichtig, welche Ziele und Interessen die Parteien mit ihrem Rechtsgeschäft verfolgen wollten[165] (teleologisches Argument).
- Darüber hinaus können zum besseren Verständnis unklarer Formulierungen Verkehrssitten herangezogen werden.

2. Der Sonderfall der ergänzende Vertragsauslegung

Manchmal fehlt in Verträgen eine Regelung für ein Problem, das eigentlich hätte geregelt werden müssen. Eine solche Lücke kann im Wege der ergänzenden Vertragsauslegung gefüllt werden, wenn die Vereinbarung an sich wirksam ist, d.h. nicht Kerngehalte des Geschäfts (essentialia negotii) ungeklärt blieben[166]. **217**

Ob eine Lücke besteht, ist durch Auslegung festzustellen. Eine Vertragslücke liegt dann vor, wenn die Parteien es unterlassen haben, eine Vereinbarung über ein bestimmtes Problem zu treffen, dessen Regelung durch den Vertragszweck gefordert wird[167]. Vernünftige Parteien hätten also eine bestimmte Regelung getroffen. Keine Lücke liegt vor, wenn die getroffene Regelung nach dem Willen der Parteien abschließend sein sollte[168]. **218**

Die erste Möglichkeit, eine festgestellte Lücke zu schließen, besteht in der Heranziehung des dispositiven Rechts, also meistens der diesbezüglichen Regelungen des BGB[169]. Fehlen z.B. in einem Grundstückskaufvertrag Abmachungen über noch zu zahlende Erschließungsbeiträge oder über die Notarkosten, gelten die §§ 436 Abs. 1 bzw. 448 Abs. 2 BGB. Hat man sich bei einem mündlichen Mietvertrag nicht über die Laufzeit geeinigt, ist dieser nach § 550 BGB auf unbestimmte Zeit geschlossen. Wurde bei der Vorbereitung eines Werkvertrages nicht über eine Vergütung für den Kostenvoranschlag gesprochen, so braucht der Besteller wegen § 632 Abs. 3 BGB hierfür kein Entgelt zu bezahlen. **219**

163 *Diederichsen/Wagner*, S. 145; *Rüthers/Stadler*, § 18, Rn. 21; *Schwintowski*, S. 104.
164 *Kramer*, S. 144; *Schwintowski*, S. 104 f.; *Ellenberger*, in: Palandt, § 133, Rn. 16; *Rüthers/Fischer*, Rn. 716.
165 *Diederichsen/Wagner*, S. 146; *Rüthers/Stadler*, § 18, Rn. 18; *Ellenberger*, in: Palandt, § 133, Rn. 18; *Schwintowski*, S. 105; *Kramer*, S. 144.
166 *Schwintowski*, S. 105 f.; *Ellenberger*, in: Palandt, § 157, Rn. 2; *Musielak*, Rn. 358; *Rüthers/Stadler*, § 18, Rn. 25.
167 BGHZ 127, 138, 142; BGH, NJW 2002, 2310; BGH, NJW-RR 2006, 699; *Musielak*, Rn. 359; *Rüthers/Stadler*, § 18, Rn. 27.
168 BGH, NJW 1985, 1835, 1836; *Schwintowski*, S. 106; *Ellenberger*, in: Palandt, § 157, Rn. 3.
169 BGHZ 9, 273, 277; 40, 91, 103; 84, 301, 304; *Säcker*, in: Münchner Kommentar, Band 1, Einleitung, Rn. 148; *Schwintowski*, S. 107; *Musielak*, Rn. 358; *Rüthers/Stadler*, § 18, Rn. 26; *Kramer*, S. 145.

220 Nur wenn keine Normen des dispositiven Rechts die Lücke füllen, ist der Weg zur ergänzenden Vertragsauslegung eröffnet[170]. Der Rechtsanwender oder die Rechtsanwenderin muss sich jetzt fragen, wie die Parteien das Problem fairer Weise gelöst hätten, wenn sie die Lücke rechtzeitig erkannt hätten[171]. Es geht also darum, den hypothetischen Parteiwillen zu ermitteln und den vorhandenen Vertrag in diese Richtung weiterzuentwickeln[172]. Zusätzlich sind nach § 157 BGB mit Treu und Glauben sowie der Verkehrssitte auch objektive Maßstäbe zu berücksichtigen[173]. Die ergänzende Vertragsauslegung darf allerdings nie zu einem Ergebnis führen, welches dem tatsächlichen Willen der Vertragsparteien widerspricht[174].

221 Der Bundesgerichtshof hatte z.B. über folgenden Fall zu entscheiden[175]. Zwei Ärzte aus zwei verschiedenen Städten vereinbarten einen Praxistausch, wobei sie jeweils die Wohn- und Praxisräume des Vorgängers übernahmen. Nachdem der Praxistausch vollzogen war, erwies er sich für den einen Arzt als unbefriedigend. Deshalb ließ er sich wieder in der Nähe seiner früheren Praxis nieder. An dieser Rückkehr zu seinem alten Praxisstandort fühlte er sich durch den Vertrag nicht gehindert, weil dieser keine Regelung über das Verbot einer Rückkehr enthielt. Die Parteien hatten vergessen, in den Vertrag eine entsprechende Verbotsklausel aufzunehmen. Da diese Lücke nicht durch die Anwendung dispositiven Rechts geschlossen werden konnte, mussten die Regeln über die ergänzende Vertragsauslegung angewandt werden. Ihre Anwendung führte zu dem Ergebnis, dass die Rückkehr des einen Arztes in die Nähe des Ortes seiner alten Praxis durch den Vertrag ausgeschlossen sein sollte. Denn anderenfalls würde der zurückgekehrte Arzt viele Patientinnen und Patienten von seinem Tauschpartner abziehen und so den Sinn des Vertrages in Frage stellen. Hätten die Parteien bei der Aushandlung des Vertrages an eine solche Situation gedacht, hätten sie eine Klausel aufgenommen, die die baldige Rückkehr eines Tauschpartners verbietet[176].

VI. Die Auslegung von Verwaltungsakten

222 Auslegungsfragen können sich bei den in § 35 VwVfG legal definierten Verwaltungsakten in verschiedener Hinsicht stellen. Zum einen können der Charakter der Entscheidung als Verwaltungsakt und der Adressat zweifelhaft sein, zum anderen die zentrale Aussage der Entscheidung[177]. Schließlich können diese Unklarheiten auch bei den Nebenbestimmungen zum Verwaltungsakt entstehen (§ 36 VwVfG).

---

170 *Ellenberger*, in: Palandt, § 157, Rn. 4; *Schwintowski*, S. 107.

171 BGHZ 84, 1, 7; 90, 69, 77; 127, 138, 142; BGH, NJW-RR 2006, 699, 700; *Kramer*, S. 146; *Rüthers/Stadler*, § 18, Rn. 28; *Säcker*, in: Münchner Kommentar, Band 1, Einleitung, Rn. 147 f.; *Musielak*, Rn. 360.

172 BGHZ 7, 231, 235; 9, 273, 278; 123, 281, 285 f.; *Schwintowski*, S. 107; *Musielak*, Rn. 360; *Ellenberger*, in: Palandt, § 157, Rn. 7.

173 BGHZ 7, 231, 235; 9, 273, 278; 90, 69, 77; *Musielak*, Rn. 360; *Schwintowski*, S. 107; *Ellenberger*, in: Palandt, § 157, Rn. 7; *Rüthers/Stadler*, § 18, Rn. 28.

174 BGHZ 9, 273, 278; 90, 69, 77; BGH, NJW 2002, 2310, 2311; *Rüthers/Stadler*, § 18, Rn. 27; *Ellenberger*, in: Palandt, § 157, Rn. 8.

175 BGHZ 16, 71 ff.

176 BGHZ 16, 71, 77.

177 *Kopp/Ramsauer*, VwVfG, § 37, Rn. 8 ff.; *Ruffert*, in: Knack u.a., VwVfG, § 37, Rn. 16 ff.

§ 37 Abs. 1 VwVfG bildet insoweit den Maßstab: *Ein Verwaltungsakt muss inhaltlich hinreichend bestimmt sein*. Absolute Bestimmtheit wird also nicht gefordert, es reicht vielmehr aus, wenn sich der Adressat und Inhalt des Verwaltungsakts durch Auslegung ermitteln lassen[178]. Die Forderung nach hinreichender Bestimmtheit sichert zum einen, dass die Bürger wissen, was die Verwaltung von ihnen verlangt, zum anderen, dass die Verwaltungsakte auch vollstreckt werden können[179]. **223**

Für die Interpretation von Verwaltungsakten bzw. Nebenbestimmungen lassen sich folgende Aspekte nutzen: **224**

- der Wortlaut,
- die Begründung[180],
- die Begleitumstände[181], wie etwa die vorausgehende Korrespondenz, das äußere Erscheinungsbild des Schreibens oder durch Verweis einbezogene Unterlagen, soweit sie dem Adressaten bekannt sind[182],
- der Zweck der Entscheidung.

Die Frage, die man bei der Interpretation eines vagen oder widersprüchlichen Verwaltungsakts zu beantworten hat, ist wie bei den zivilrechtlichen Willenserklärungen erneut: Was hätte ein objektiver Dritter aus dem Verkehrskreis des Adressaten dem Text redlicherweise entnommen[183]? (analoge Anwendung der §§ 133, 157 BGB) **225**

Führt die Auslegung zu zwei vertretbaren Ergebnissen, von denen das eine dem Gesetz entspricht, das andere aber dem Gesetz widerspricht, ist das die Geltung des Verwaltungsakts erhaltende erste Auslegungsresultat zu wählen[184]. **226**

Lässt die Auslegung nach dem objektivierten Empfängerhorizont zwei verschiedene Ergebnisse plausibel und rechtmäßig erscheinen, ist im Zweifel das für den Bürger günstigere Resultat zu wählen. Denn die Verwaltung hat die Missverständlichkeit des Verwaltungsakts zu verantworten[185]. **227**

Scheitert jedoch die Auslegung in dem Bemühen, den widersprüchlichen oder missverständlichen Inhalt des Verwaltungsakts zu klären, so z.B. in dem Fall, dass bei einem Gebührenbescheid ein Betrag von 100 bis 200 € ausgewiesen wird, so ist der unbestimmte Verwaltungsakt rechtswidrig, in extremen Fällen sogar nach § 44 Abs. 1 VwVfG **228**

---

178 BVerwGE 37, 344, 347; *Ruffert*, in: Knack u.a., VwVfG, § 37, Rn. 13 f.; *Kopp/Ramsauer*, VwVfG, § 37, Rn. 6.

179 BVerwGE 104, 301, 317; *Kopp/Ramsauer*, VwVfG, § 37, Rn. 5; *Ruffert*, in: Knack u.a., VwVfG, § 37, Rn. 12.

180 BVerwGE 5, 275, Leitsatz 1; *Ruffert*, in: Knack u.a., VwVfG, § 37, Rn. 13; *Kopp/Ramsauer*, VwVfG, § 37, Rn. 5 u. 6.

181 *Kluth*, NVwZ 1990, 608, 610 f.; *Kopp/Ramsauer*, VwVfG, § 37, Rn. 5 u. 6a; *Ruffert*, in: Knack u.a., VwVfG, § 37, Rn. 13.

182 *Ruffert*, in: Knack u.a., VwVfG, § 37, Rn. 14.

183 BVerwGE 41, 305, 306; BVerwGE 67, 305, 307 f.; OVG Münster, DVBl 1984, 1081, 1082; *Kopp/Ramsauer*, VwVfG, § 37, Rn. 7; *Kluth*, NVwZ 1990, 608, 610; *Ruffert*, in: Knack u.a., VwVfG, § 37, Rn. 14.

184 OVG Münster, DVBl 1984, 1081, 1082; *Kluth*, NVwZ 1990, 608, 610.

185 BVerwGE 41, 305, 306; BVerwG, NJW 1972, 1682; *Ruffert*, in: Knack u.a., VwVfG, § 37, Rn. 13; *Kopp/Ramsauer*, VwVfG, § 37, Rn. 5 u. 7.

nichtig[186]. Zu unbestimmt wäre auch die Anordnung an einen Gastwirt, die Ventilatoren künftig leiser zu stellen[187] oder dafür zu sorgen, dass die Nachbarn keinen Grund mehr haben, sich zu beschweren.

Lösungsvorschlag:

229 Der Wortlaut sowohl des § 540 Abs. 1 als auch des § 553 Abs. 1 BGB spricht für die Erforderlichkeit einer Erlaubnis. Als Dritter i.S.d. § 540 BGB gilt jeder, der nicht Vertragspartei des Mietvertrages ist. Wegen Art. 6 GG wird in verfassungskonformer Auslegung eine Ausnahme für Familienangehörige gemacht[188], so dass z.B. ein Ehepaar, welches ein Kind bekommt, keine Erlaubnis des Vermieters braucht, um das Kind in die gemeinsame Wohnung aufzunehmen. Der neue Lebensgefährte/die neue Lebensgefährtin zählt aber nicht zu den Familienangehörigen. § 553 Abs. 1 BGB legt die Erlaubnishürde immerhin etwas niedriger, weil er einen Anspruch auf diese gewährt, wenn der Mieter ein berechtigtes Interesse nachweist, was bei der Aufnahme einer Lebensgefährtin oder eines Lebensgefährten angenommen werden darf[189]. Die historische Auslegung anhand der Information aus der Bundestags-Drucksache bestätigt den Wortlaut.

Zweifel weckt allerdings die systematische Auslegung, genauer gesagt die Aussage des § 563 Abs. 2 S. 4 BGB. Nach dieser Bestimmung kann der Lebensgefährte unter gewissen Bedingungen nach dem Tod des Mieters in das Mietverhältnis eintreten. Wenn ihm dies ermöglicht wird, so könnte man argumentieren, darf er auch in die Mietwohnung aufgenommen werden. Zum einen sagt § 563 Abs. 2 BGB jedoch nichts über die Frage der Erlaubnispflicht, zum anderen ist die Situation der Aufnahme in die Mietwohnung eine andere als die Situation nach dem Tod des Hauptmieters[190]. Denn in der letztgenannten Lage hat der Lebensgefährte/die Lebensgefährtin eventuell schon jahrelang in der gemeinsamen Wohnung gewohnt und müsste beim Tod des Hauptmieters seinen/ihren Lebensmittelpunkt aufgeben. Diese Schutzbedürftigkeit fehlt, wenn es um den Einzug in die Wohnung geht.

Abschließend lässt sich aus teleologischer Perspektive noch überlegen, ob die einschlägigen Mietrechtsnormen einen fairen Ausgleich zwischen dem Interesse des Mieters an der Aufnahme des Lebensgefährten, welches sich auf Art. 2 Abs. 1 GG (freie Entfaltung der Persönlichkeit) stützen lässt, und dem Eigentümerinteresses des Vermieters (Art. 14 Abs. 1 GG) schaffen. Weil § 553 Abs. 1 BGB dem Mieter einen Anspruch auf die Erlaubnis gewährt, dessen Erfüllung der Vermieter nur in eng begrenzten Ausnahmefällen verweigern darf, lässt sich nicht sagen, dass die persönlichen Entfaltungsmöglichkeiten der Mieter übermäßig eingeschränkt werden. Im Ergebnis ergibt die Auslegung der relevanten Vorschriften folglich, dass eine Erlaubnis erforderlich ist, wenn die neue Lebensgefährtin/der neue Lebensgefährte in die Mietwohnung aufgenommen werden soll.

---

186 *Erbguth*, § 14, Rn. 54; *Kopp/Ramsauer*, VwVfG, § 37, Rn. 17 f.; *Ruffert*, in: Knack u.a., VwVfG, § 37, Rn. 35 f.

187 OVGE Münster 16, 263, 270; *Kopp/Ramsauer*, VwVfG, § 37, Rn. 14.

188 BGH, NJW 2004, 56, 57; *Weidenkaff*, in: Palandt, § 540, Rn. 5.

189 BGH, NJW 2004, 56, 58.

190 BGH, NJW 2004, 56, 58.

D. Typische Fehler bei der Rechtsanwendung

Der folgende Abschnitt lässt sich als knappe Zusammenfassung der bisherigen Informationen zur Rechtsanwendung verstehen und zeigt typische Fehlerquellen auf. Fehler können bei der Subsumtion (I.), beim Übersehen von Normzusammenhängen (II.) sowie bei der Art und der Folgerichtigkeit der Argumentation (III. u. IV.) geschehen. Einzelheiten zum Vorgehen beim Schreiben einer juristischen Klausur oder Hausarbeit, die ebenfalls der Fehlervermeidung dienen, finden Sie im Abschlussteil des Buches[1]. **230**

I. Fehler beim Subsumtionsvorgang

Am gravierendsten wirkt es sich aus, wenn eine unzutreffende Norm angewandt wird, sei es, dass diese nicht die gefragte Rechtsfolge nach sich zieht, sei es, dass eine speziellere Norm übersehen wird. **231**

Gelingt es, die richtige(n) Anspruchsgrundlage(n), die einschlägigen strafrechtlichen Tatbestände oder die richtigen Ermächtigungsgrundlagen zu finden, können Fehler beim Abgleich von Tatbestand und Sachverhalt unterlaufen. Es wird ein Tatbestandsmerkmal oder ein Sachverhaltselement übersehen, ein kumulatives Tatbestandsmerkmal wird für ein alternatives Tatbestandsmerkmal gehalten oder umgekehrt, ein unbestimmtes Tatbestandsmerkmal wird ohne plausible Begründung zu eng oder zu weit ausgelegt. Ein weiterer typischer Fehler, auf den unten noch näher eingegangen wird[2], besteht darin, in den Sachverhalt etwas hineinzulegen, was dort indes nicht aufzufinden ist (sogenannte Sachverhaltsquetsche). **232**

Bei der Rechtsfolge kann eine Verwechslung von gebundener Norm und Ermessensnorm zu Fehlern führen. Wenn Ermessen eingeräumt ist, darf im öffentlichen Recht eine Kontrolle auf Ermessensfehler nicht vergessen werden. Insbesondere ist hier der Verhältnismäßigkeitsgrundsatz relevant. **233**

II. Fehler wegen eines Verstoßes gegen sonstige Normen

Selbst wenn man die richtige Antwortnorm für die Fallfrage gefunden und diese korrekt angewandt hat, kann die Rechtsanwendung insgesamt dennoch fehlerhaft sein, weil weitere einschlägige Vorschriften nicht beachtet wurden. Insoweit kommen in erster Linie höherrangige Normen, also z.B. Regeln der Verfassung oder des Europarechts, in Betracht. Denkbar ist es ferner, dass Verfahrensnormen das Resultat beeinflussen, etwa im Verwaltungsverfahren oder im Strafprozess. Schließlich können die **234**

---

1 S.u. H. I. u. II.
2 S.u. H. I. 2. a).

bereits dargestellten Gegennormen[3] oder Heilungsnormen, wie etwa § 45 VwVfG, §§ 311 b Abs. 1 S. 2, 518 Abs. 2, 766 S. 3 BGB zu einer Ergebniskorrektur zwingen, die nicht ignoriert werden darf. Auch die Unbeachtlichkeit von Verfahrens- und Formfehlern nach § 46 VwVfG gehört in die letztgenannte Kategorie.

III. Argumentieren ohne Normbezug

235 Für Anfängerinnen und Anfänger auf dem Gebiet der Rechtsanwendung ist es nicht leicht zu begreifen, dass in der juristischen Falllösung nicht alles verwendet werden kann, was ihnen zu den geschilderten Ereignissen einfällt, sondern dass sich die Argumentation auf die rechtlichen relevanten Aspekte des Falles konzentrieren muss[4].

236 So haben rein subjektive Elemente wie eine Krankheit oder ein schweres Schicksal beim Vertragsschluss im Zivilrecht typischerweise keine Bedeutung[5]. Auch der Aspekt, ob das getätigte Geschäft nun ökonomisch sinnvoll war oder nicht, ist für die juristische Bewertung selten wichtig[6]. Bei der Frage, ob jemand nach § 823 Abs. 1 BGB Schadensersatz leisten muss, darf es auch keine Rolle spielen, ob die verantwortliche Person eine Haftpflichtversicherung hat oder nicht[7]. Wollen sich zwei Eheleute scheiden lassen, prüft die Familienrichterin nur die Voraussetzungen der §§ 1565 ff. BGB, ohne sich für die psychologischen Hintergründe des Scheiterns der Ehe zu interessieren. Schließlich können in verfassungsrechtlichen Streitfragen Parteiprogramme oder andere rein politische Aussagen keine gravierenden Argumente liefern[8].

IV. Logische Fehler

237 Jede juristische Argumentation muss logisch folgerichtig aufgebaut sein[9]. Logische Sprünge, Widersprüche oder Zirkelschlüsse sind zu vermeiden[10]. Unlogisch, weil sprunghaft, wäre etwa folgende Aussage: *Art. 6 Abs. 1 GG schützt die Familie. Deshalb muss auch der Vater eines nicht ehelichen Kindes ein Recht auf Umgang mit diesem haben.* Hier wird die Frage übersprungen, wie der Begriff Familie zu konkretisieren ist und wie innerhalb einer Familie ein Ausgleich widerstreitender Interessen erreicht werden kann. Unlogisch ist es auch, eine bloße Behauptung an die Stelle einer erforderlichen Begründung zu setzen[11].

3 S.o. B.II.6.
4 *Schwacke*, S. 46; *Schmalz*, Rn. 198; *Mastronardi*, S. 79.
5 *Schmalz*, Rn. 296.
6 *Mastronardi*, S. 71 ff.
7 *Schmalz*, Rn. 296.
8 *Schmalz*, Rn. 296.
9 *Mastronardi*, S. 191; *Schwacke*, S. 59; *Rüthers/Fischer*, Rn. 104 u. 193; *Mastronardi*, Rechtstheorie, S. 8; *Christensen/Pötters*, JA 2010, 566; *Schmalz*, Rn. 153 u. 171 ff.
10 Einzelheiten insoweit bei *Mastronardi*, S. 193 ff.; *Achterberg*, S. 323 ff.; *Mastronardi*, Rechtstheorie, S. 8; *Schmalz*, Rn. 178 ff.
11 *Christensen/Pötters*, JA 2010, 566, 570; *Achterberg*, S. 327.

Ein Beispiel für einen Zirkelschluss[12]: Bei der Suche nach Argumenten für ein materielles Prüfungsrecht des Bundespräsidenten vor der Ausfertigung eines Bundesgesetzes kann man auf den Amtseid des Art. 56 GG kommen. Dort heißt es unter anderem, dass der Bundespräsident das Grundgesetz wahren und verteidigen müsse. Diese Aufgabe kann er aber nur in den Bereichen erfüllen, wo er Kompetenzen hat. Durch Kompetenzanmaßung wahrt er das Grundgesetz nicht. Art. 56 GG kann deshalb für die Frage, ob eine materielle Prüfungskompetenz des Bundespräsidenten gegeben ist und wie weit diese geht, kein Argument liefern. **238**

12 *Christensen/Pötters*, JA 2010, 566, 567.

E. Normkollisionen

239 Nicht selten stehen Rechtsanwenderinnen oder Rechtsanwender vor dem Problem, dass verschiedene Vorschriften auf den zu lösenden Fall passen. Eine Tat verwirklicht z.B. mehrere strafrechtliche Delikte. Ein staatlicher Eingriff berührt z.B. mehrere Grundrechte. Oder es kommen im Bürgerlichen Recht mehrere Anspruchsgrundlagen für das Anspruchsziel in Betracht.

240 In einem Rechtsmethodikbuch können die Einzelheiten zu den verschiedenen denkbaren Konkurrenzverhältnissen des materiellen Rechts nicht dargestellt werden. Dennoch sollen Sie mit den drei Grundregeln vertraut gemacht werden, die immerhin eine Reihe von Normkollisionen bewältigen. Sie lauten:

- das speziellere Gesetz verdrängt das allgemeinere (lex specialis derogat legi generali)[1];
- das ranghöhere Gesetz verdrängt das rangniedrigere (lex superior derogat legi inferiori)[2];
- das spätere Gesetz verdrängt das frühere (lex posterior derogat legi priori)[3].

241 Ein Gesetz ist spezieller, wenn es neben den Merkmalen des allgemeineren Gesetzes mindestens ein zusätzliches Merkmal aufweist[4]. Dies gilt z.B. für die gefährliche Körperverletzung (§ 224 StGB) in Relation zur einfachen Körperverletzung (§ 223 StGB) oder für Mord (§ 211 StGB) im Vergleich zum Totschlag (§ 212 StGB). Die besonderen Gleichheitsrechte der Art. 3 Abs. 2, 3 Abs. 3, 33 Abs. 1, 33 Abs. 2 oder 38 Abs. 1 GG sind Spezialvorschriften zu Art. 3 Abs. 1 GG. Ebenso verdrängen die spezielleren Freiheitsrechte der Art. 4 ff. GG die allgemeine Handlungsfreiheit des Art. 2 Abs. 1 GG. Im Polizeirecht verdrängen Spezialbefugnisse, wie z.B. die Ingewahrsamnahme oder die Durchsuchung die Generalklausel zur Gefahrenabwehr. Im Bürgerlichen Recht gehen vertragliche Ansprüche, weil speziell von den Parteien vereinbart, den gesetzlichen Ansprüchen vor. Spezielle Verjährungsregeln verdrängen die regelmäßige dreijährige Verjährungsfrist des § 195 BGB.

242 Dass die rangniedrigere Norm der ranghöheren zu weichen hat, wurde bereits oben im Zusammenhang mit der verfassungskonformen bzw. europarechtskonformen Auslegung angesprochen[5]. Für das Konkurrenzverhältnis von Bundesrecht zu Landesrecht spricht Art. 31 GG dies aus. Die Norm ist so zu verstehen, dass jedes Bundesrecht jedes

1 *Schmalz*, Rn. 78; *Kramer*, S. 107; *Zippelius*, S. 38 f.; *Röhl/Röhl*, S. 585; *Schwacke*, S. 16; *Rüthers/Fischer*, Rn. 274 u. 771; *Tettinger/Mann*, S. 48.
2 *Schmalz*, Rn. 64; *Rüthers/Fischer*, Rn. 272 u. 773; *Schwacke*, S. 12; *Zippelius*, S. 39 f.; *Röhl/Röhl*, S. 585; *Kramer*, S. 115; *Tettinger/Mann*, S. 46 f.; *Adomeit/Hähnchen*, S. 48.
3 *Zippelius*, S. 40 f.; *Rüthers/Fischer*, Rn. 274 u. 772; *Schwacke*, S. 13; *Röhl/Röhl*, S. 585; *Tettinger/Mann*, S. 48 f.; *Kramer*, S. 112 ff.; *Schmalz*, Rn. 73 f.
4 *Zippelius*, S. 39; *Tettinger/Mann*, S. 48; *Schwacke*, S. 16; *Schmalz*, Rn. 80.
5 S.o. C. II. 2.

Landesrecht bricht[6], d.h. selbst eine Verordnung des Bundes setzt sich gegen eine anderslautende Landesverfassungsnorm durch[7]. Innerhalb der Bundes- bzw. Landesrechtsordnung steht wiederum die Verfassung über dem Gesetz (Art. 20 Abs. 3 GG) und das Gesetz über der Verordnung (Art. 80 Abs. 1 GG). Weitere Einzelheiten zur Rangordnung der Normen werden im Rechtsquellenteil erläutert[8].

In Abweichung vom eben erwähnten Art. 31 GG nimmt Art. 72 Abs. 3 GG für eine kleine Zahl von Gesetzgebungsmaterien die dritte Grundregel auf. Satz 3 des Art. 72 Abs. 3 GG lautet: *Auf den Gebieten des Satzes 1 geht im Verhältnis von Bundes- und Landesrecht das jeweils spätere Gesetz vor.* Für das Völkerrecht gilt ebenfalls, dass von zwei sich widersprechenden Verträgen über den gleichen Gegenstand sich der jüngere durchsetzt[9]. **243**

Im Vergleich zu den beiden ersten Regeln hat die letzte den kleinsten Anwendungsbereich. Meistens setzt nämlich der Gesetzgeber die früheren Regelungen ausdrücklich außer Kraft, wenn er neue Vorschriften erlässt oder er schafft Übergangsregelungen[10]. Außerdem bleibt das spätere Gesetz gültig, wenn es das speziellere ist[11]. **244**

6 *Schwacke*, S. 13; *Leisner*, in: Sodan, GG, Art. 31, Rn. 1; *Schmalz*, Rn. 64; *Ehlers*, in: Erichsen/Ehlers, § 2, Rn. 114.
7 BVerfGE 96, 345, 364; *Schwacke*, S. 13; *Rüthers/Fischer*, Rn. 273; *Schmalz*, Rn. 64.
8 S.u. G. III.
9 Art. 30 Abs. 3 der Wiener Vertragsrechtskonvention.
10 *Rüthers/Fischer*, Rn. 772.
11 *Schmalz*, Rn. 74; *Tettinger/Mann*, S. 49; *Schwacke*, S. 13.

F. Rechtsfortbildung

I. Einführung

245 Wenn nach angemessenen Such- und Auslegungsbemühungen feststeht, dass es für die zu behandelnde Fallkonstellation keine gesetzliche Regelung gibt bzw. dass die Anwendung vorhandener Normen deren Wortlautgrenze überschreiten müsste[1], schlägt die Stunde der Rechtsfortbildung. Einzuräumen ist, dass die Grenze zwischen (noch) vertretbarer extensiver Auslegung und jenseits des Wortlauts operierender Rechtsfortbildung nicht immer eindeutig zu ziehen sein wird[2]. Dennoch muss man sich in diesem Punkt entscheiden, weil es methodisch einen zentralen Unterschied macht, ob man sich innerhalb des vom Gesetzgeber Geregelten oder außerhalb dieses Bereichs bewegt[3].

246 Der eingeführte und deshalb hier auch weiterhin benutzte Begriff Rechtsfortbildung suggeriert, dass man nur vorhandene Strukturen fortzuschreiben hätte. Tatsächlich kann Rechtsfortbildung auch Rechtsschöpfung sein[4]. Ehrlicher spricht man also von Richterrecht oder richterlicher Normsetzung.

247 Nach einigen generellen Überlegungen zur verfassungsrechtlichen Zulässigkeit der Rechtsfortbildung (II.) werden deren wesentliche Elemente vorgestellt. Hierbei stehen die gesetzesnahen, weil an vorhandene Regelungen anknüpfenden und um die Verwirklichung des Gesetzeszweckes bemühten Elemente der Rechtsfortbildung am Anfang. Zunächst wird die praktisch häufigste Form der Rechtsfortbildung[5] behandelt, der Analogieschluss (III.). Anschließend geht es um sein Gegenstück, die teleologische Reduktion (IV.). Sodann um gesetzgeberische Redaktionsversehen (V.) und abschließend um weitere juristische Schlüsse, die für die Rechtsfortbildung Bedeutung haben (VI.).

248 Das Ende des Kapitels bildet der Abschnitt über die Rechtsergänzung (VII.), die – im Unterschied zu den bislang benannten Formen der Rechtsfortbildung – quasi im gesetzesfreien Raum agiert, weil keine konkreten Vorschriften existieren, von denen ausgegangen werden kann.

1 *Schwacke*, S. 98.
2 *Kramer*, S. 53 f.
3 *Rüthers/Fischer*, Rn. 817; *Stein/Frank*, S. 40; *Säcker*, in: Münchner Kommentar, Band 1, Einleitung, Rn. 76 f. u. 96; *Koch/Rüssmann*, S. 247 f.
4 *Rüthers/Fischer*, Rn. 825; *Rüthers*, ZRP 2008, 48, 49.
5 *Kramer*, S. 174 f.; *Röhl/Röhl*, S. 635; *Schmidt*, VerwArch 97 (2006), 139; *Würdinger/Bergmeister*, Jura 2007, 15.

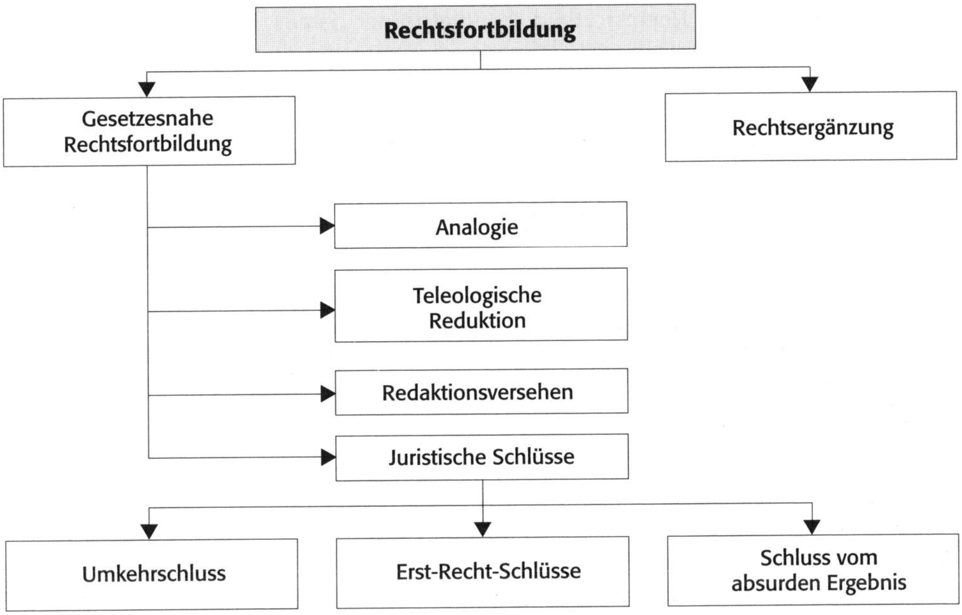 249

II. Die verfassungsrechtliche Zulässigkeit der Rechtsfortbildung

Die grundsätzliche Befugnis von Richtern – und auch von Verwaltungsbeamten[6] – das Recht fortzuentwickeln wird einhellig anerkannt[7]. Das Bundesverfassungsgericht stützt dies auf die Überlegung, dass Art. 20 Abs. 3 GG von der Bindung an Gesetz und Recht spreche und das Recht folglich nicht mit der Gesamtheit der Gesetze identisch sei[8]. Das Gericht führt wörtlich aus[9]: 250

„Richterliche Tätigkeit besteht nicht nur im Erkennen und Aussprechen von Entscheidungen des Gesetzgebers. Die Aufgabe der Rechtsprechung kann es insbesondere erfordern, Wertvorstellungen, die der verfassungsmäßigen Rechtsordnung immanent, aber in den Texten der geschriebenen Gesetze nicht oder nur unvollkommen zum Ausdruck gelangt sind, in einem Akt des bewertenden Erkennens, dem auch willenhafte Elemente nicht fehlen, ans Licht zu bringen und in Entscheidungen zu realisieren. Der Richter muß sich dabei von Willkür freihalten; seine Entscheidung muß auf rationaler Argumentation beruhen. Es muß einsichtig gemacht werden können, daß das geschriebene Gesetz seine Funktion, ein Rechtsproblem gerecht zu lösen, nicht erfüllt. Die richterliche Entscheidung schließt dann diese Lücke nach den Maßstäben der praktischen Vernunft und den „fundierten allgemeinen Gerechtigkeitsvorstellungen der Gemeinschaft."

6 Vertiefend hierzu *Weimar*, DÖV 2009, 932 ff. m.w.N.
7 BVerfGE 34, 269, 287; 96, 56, 62; 82, 1, 12; 84, 212, 226 f.; 96, 375, 394 f.; 111, 54, 81 f.; 122, 248, 282 abw. Meinung *Voßkuhle, Osterloh, di Fabio*; 123, 347, 351 f.; BVerfG, JZ 2010, 1177, 1179; *Rüthers*, ZRP 2008, 48, 49; *Möllers*, JZ 2009, 668, 671; *Säcker*, in: Münchner Kommentar, Band 1, Einleitung, Rn. 126; *Zippelius*, S. 79.
8 BVerfGE 34, 269, 286 f.; 82, 1, 12; zustimmend *Schmidt*, VerwArch 97 (2006), 139, 141 u. 158; *Zippelius*, S. 84 f.; *Röhl/Röhl*, S. 636; *von Arnim/Brink*, S. 271; *Hirsch*, JZ 2007, 853, 854; a.A. *Hillgruber*, JZ 2008, 745, 746.
9 BVerfGE 34, 269, 287.

251 Die Erforderlichkeit der Rechtsfortbildung folgt ferner daraus, dass das geschriebene Recht nie alle denkbaren Fallkonstellationen erfassen kann, sondern immer lückenhaft sein wird[10]. *Winfried Hassemer* formuliert dies so[11]: *„Ein vollständiges und eindeutiges Gesetz ist nicht mehr als ein Traum."* Manchmal ist der Gesetzgeber angesichts sich rasch ändernder tatsächlicher Verhältnisse schlicht zu langsam, manchmal vergisst er Regelungsbedürftiges, manchmal unterlaufen ihm Fehler, manchmal will er die Erkenntnisse von Rechtsprechung und Lehre abwarten und manchmal ist er nicht willens, Vorschriften für ein tatsächliches Problem zu erlassen[12].

252 Schließlich sind Gerichte – und auch die Verwaltung – verpflichtet, an sie herangetragene Fälle auch dann zu entscheiden, wenn es (noch) keine Rechtsnorm gibt, die den Sachverhalt erfasst. Eine Rechtsverweigerung (Justizverweigerung) wird einhellig als verboten angesehen[13]. Rechtsfortbildung ist deshalb als Aufgabe der Großen Senate der obersten Gerichte von den Prozessordnungen ausdrücklich anerkannt[14].

253 Voilà Art. 4 du Code Civil français: Le juge qui réfusera de juger, sous prétexte du silence, de l'obscurité ou de l'insuffisance de la loi, pourra être poursuivi comme coupable de déni de justice[15]. Vom Grundgedanken ähnlich formulieren Art. 1 Abs. 2 und 3 des Zivilgesetzbuches der Schweiz: Kann dem Gesetz keine Vorschrift entnommen werden, so soll der Richter nach Gewohnheitsrecht und, wo auch ein solches fehlt, nach der Regel entscheiden, die er als Gesetzgeber aufstellen würde. Er folgt dabei bewährter Lehre und Überlieferung.

254 Auf der anderen Seite wäre eine zu intensive Rechtsfortbildung durch Gerichte oder Verwaltung weder mit dem Gewaltenteilungsgrundsatz des Art. 20 Abs. 2 GG[16] noch mit dem Demokratieprinzip (Art. 20 Abs. 1, Abs. 2 GG) vereinbar[17]. Richterrecht beeinträchtigt im Vergleich zum Gesetzesrecht überdies die Rechtssicherheit[18]. Denn der Bürger kann nicht vorhersehen, ob und wie sich Richterrecht entwickelt.

---

10 BVerfGE 34, 269, 287; 82, 1, 12; *Rüthers/Fischer*, Rn. 816 u. 822; *Schwacke*, S. 98; *Röhl/Röhl*, S. 635; *Kramer*, S. 177; *Bitter/Rauhut*, JuS 2009, 289, 297; *Schwintowski*, S. 83; *Rüthers*, ZRP 2008, 48; *Rüthers*, S. 119; *Gusy*, DÖV 1992, 461 f.; *Säcker*, in: Münchner Kommentar, Band 1, Einleitung, Rn. 67; *Hillgruber*, JZ 2008, 745, 746; *Weimar*, DÖV 2009, 932; *Schmalz*, Rn. 374.

11 *Hassemer*, ZRP 2007, 213, 214.

12 *Schwacke*, S. 98; *Schmalz*, Rn. 374; *Rüthers/Fischer*, Rn. 822; *Schwintowski*, S. 85; *Tettinger/Mann*, S. 159; *Hirsch*, JZ 2007, 853, 855; *Rüthers*, S. 116 f.; *Säcker*, in: Münchner Kommentar, Band 1, Einleitung, Rn. 141; *Bitter/Rauhut*, JuS 2009, 289, 297.

13 BVerfGE 84, 212, 227; *Rüthers/Fischer*, Rn. 817 u. 823; *Schwacke*, S. 99; *Schmalz*, Rn. 313; *Zippelius*, S. 82 f.; *Schmidt*, VerwArch 97 (2006), 139, 141; *Weimar*, DÖV 2009, 932, 937; *Möllers*, JZ 2009, 668, 669; *Koch/Rüssmann*, S. 181; *Rüthers*, S. 120; *Schwintowski*, S. 83.

14 § 11 Abs. 4 VwGO; §§ 511 Abs. 4 Nr. 1, 543 Abs. 2 Nr. 2 ZPO; § 132 Abs. 4 GVG; § 41 Abs. 4 SGG; § 45 Abs. 4 ArbGG.

15 Der Richter, der sich unter dem Vorwand, das Gesetz schweige, sei unklar und unzureichend, weigert zu entscheiden, macht sich einer Rechtsverweigerung schuldig und kann deswegen verfolgt werden.

16 *Sauer*, in: Krüper, S. 182; *Weimar*, DÖV 2009, 932, 937; *Schwacke*, S. 100; *Hillgruber*, JZ 1996, 118, 122; *Rüthers*, ZRP 2008, 48, 49; *Zippelius*, S. 84.

17 BVerfGE 118, 212, 243; 122, 248, 283 abw. Meinung *Voßkuhle, Osterloh, di Fabio; Rüthers*, ZRP 2008, 48, 49; *Rüthers*, S. 121.

18 *Hillgruber*, JZ 1996, 118; *Zippelius*, S. 67 u. 83; *Rüthers*, S. 62 u. 114; *Tettinger/Mann*, S. 160.

Ein Überschreiten der Grenzen zulässiger Rechtsfortbildung nimmt das Bundesverfassungsgericht an, wenn gegen den klaren Wortlaut einer Vorschrift entschieden wird, wenn eine Rechtsfortbildung keinen Widerhall im Gesetz findet und vom Gesetzgeber nicht ausdrücklich oder stillschweigend gebilligt wird[19]. Generell dürfen Richterinnen und Richter ihre eigenen rechtspolitischen Vorstellungen nicht an die Stelle der Vorstellungen des Gesetzgebers treten lassen, der eine eindeutige Entscheidung getroffen hat[20]. Denn sie sollen grundsätzlich an das Gesetz gebunden (Art. 20 Abs. 3 GG) bzw. diesem unterworfen (Art. 97 Abs. 1 GG) sein. Nimmt man die Gesetzesbindung des Art. 20 Abs. 3 GG ernst, liegt eine unzulässige Rechtsfortbildung vor, wenn Wortlaut und Sinn des Gesetzes gegen die gewählte Interpretation sprechen. In einem Rechtsstaat dürfen Gerichte und Verwaltung nicht in diesem Umfang gegen das Gesetz (contra legem) entscheiden[21]. Auf dieser Linie liegt auch eine bundesverfassungsgerichtliche Entscheidung, die ausführt, dass Richterinnen und Richter die Grundentscheidungen des Gesetzgebers wahren und die anerkannte Methoden der Gesetzesauslegung anwenden müssen[22]. **255**

Die sogenannte Soraya-Entscheidung des Bundesverfassungsgerichts hat diese Grenze allerdings nicht akzeptiert. Sie bestätigte nämlich eine Rechtsprechung des Bundesgerichtshofs, der Schadenersatz für einen immateriellen Schaden gewährte, obwohl Wortlaut und Sinn der entsprechenden Normen des BGB dieser Lösung entgegenstanden[23]. Zwar wurde auf diese Weise das allgemeine Persönlichkeitsrecht (Art. 2 Abs. 1 i.V.m. 1 Abs. 1 GG) der Betroffenen wirksam gegen ein erfundenes Interview geschützt, doch hätte es zwei methodische Lösungswege gegeben, die eine Entscheidung contra legem vermieden hätten. Zum einen hätte das Gericht die Fortgeltung der vorkonstitutionellen Vorschrift des § 253 BGB verneinen können (§ 89 BVerfGG), zum anderen hätte das Gericht die Norm gemäß § 95 Abs. 3 BVerfGG für nichtig erklären können, weil sie das allgemeine Persönlichkeitsrecht nur unzureichend schützte[24]. **256**

Rechtsfortbildung scheidet auch dann aus, wenn Gerichte eine entscheidungserhebliche Vorschrift für verfassungswidrig halten und die oben erwähnte verfassungskonforme Auslegung[25] nicht möglich ist. So hat das Bundesverfassungsgericht eine analoge Anwendung der früheren Fassung des § 51 Abs. 2 JGG wegen mangelnder Bestimmt- **257**

---

19 BVerfGE 118, 212, 243; 122, 248, 283 abw. Meinung *Voßkuhle, Osterloh, di Fabio*; BVerfG, JZ 2010, 1177, 1179 f.; ähnlich bereits BVerfGE 109, 279, 316 f.

20 BVerfGE 69, 315, 372; 78, 20, 24; 82, 6, 12 f.; 96, 375, 394; 122, 248, 285 f. abw. Meinung *Voßkuhle, Osterloh, di Fabio*; BVerfG, JZ 2010, 1177, 1179 f.; *Rüthers/Fischer*, Rn. 968; *Kramer*, S. 285; *Weimar*, DÖV 2009, 932, 938; *Tettinger/Mann*, S. 160; *Sauer*, in: Krüper, S. 182; *Rüthers*, S. 122.

21 *Koch/Rüssmann*, S. 255; *Rüthers/Fischer*, Rn. 769 u. 912; *Schwacke*, S. 99 f.; *Hillgruber*, JZ 1996, 118, 119; *Weimar*, DÖV 2009, 932, 937 f.; *Gusy*, DÖV 1992, 461, 466; *Röhl/Röhl*, S. 615; *Sauer*, in: Krüper, S. 183; *Adomeit/Hähnchen*, S. 50; A.A. *Hirsch*, JZ 2007, 853, 855; *Zippelius*, S. 79; *von Arnim/Brink*, S. 269 u. 271.

22 BVerfGE 96, 375, 395.

23 BVerfGE 34, 269, 289 ff.

24 *Gusy*, DÖV 1992, 461, 465; *Hillgruber*, JZ 1996, 118, 121; *Röhl/Röhl*, S. 636; A.A. zulässige Rechtsfortbildung *Schmalz*, Rn. 429; *Sauer*, in: Krüper, S. 183; *Rüthers/Fischer*, Rn. 957.

25 S.o. C. II. 2.

heit der Norm abgelehnt[26]: *„Führt die Auslegung einer Norm wie bei § 51 Abs. 2 JGG zu dem Ergebnis, dass ihr ein hinreichend bestimmter und vom Gesetzgeber gewollter Regelungsgehalt nicht zu entnehmen ist, ist die nach der Rechtsprechung des Bundesverfassungsgerichts für eine verfassungskonforme Auslegung erforderliche Voraussetzung, dass es jedenfalls eine Deutung der Vorschrift gibt, die der Verfassung entspricht (vergl. BVerfGE 88, 145, 166; stRspr), nicht erfüllt."* Hält ein Gericht eine entscheidungserhebliche Vorschrift für verfassungswidrig, muss es diese dem Landes- bzw. Bundesverfassungsgericht vorlegen (Art. 100 Abs. 1 GG)[27]. Diese Lösung hilft auch dann weiter, wenn ein Gericht eine nachkonstitutionelle Norm für extrem unfair hält. In dieser Lage wird zumindest ein Verstoß gegen das Willkürverbot des Art. 3 Abs. 1 GG als Begründung für eine Verfassungswidrigkeit dienen können[28]. Nur die aussterbende Art der vorkonstitutionellen Gesetze dürfen Gerichte selbst als verfassungswidrig verwerfen (Art. 123 Abs. 1 GG).

258 Die Unterscheidung zwischen zulässiger und unzulässiger Rechtsfortbildung ist nicht leicht zu treffen, weil die hierfür maßgebliche Frage der Eindeutigkeit der gesetzgeberischen Entscheidung nur im Wege der Auslegung geklärt werden kann. Eine für alle Rechtsgebiete und Einzelkonstellationen gültige Formel kann es folglich nicht geben[29]. Immerhin hat das Bundesverfassungsgericht eine grundsätzliche Linie aufgezeigt: Führt die Rechtsfortbildung zu einer Verkürzung von Rechtspositionen des Einzelnen, sind ihre Grenzen enger gesteckt als wenn die Rechtsfortbildung sich positiv auf die Rechtsstellung des Bürgers auswirkt[30].

259 Einzelheiten zu dieser Grundlinie lassen sich dem folgenden Abschnitt über die Analogieverbote entnehmen[31]. Generell ist jede Rechtsfortbildung dort ausgeschlossen, wenn im Fall der Analogie ein Verbot gelten würde[32].

III. Der Analogieschluss

1. Überblick

260 Eine Analogie liegt vor, wenn sich zwei Sachverhalte ähneln[33]. Sehr dichter Nebel kann leichtem Regen gleichkommen. Ob sich zwei Dinge ähneln oder nicht, ist eine Wertungsfrage, die etwa anhand der folgenden begrifflichen Skala getroffen werden kann.

---

26 BVerfGE 107, 104, 128.
27 *Hillgruber*, JZ 1996, 118, 119; *Rüthers/Fischer*, Rn. 967; *Schwacke*, S. 98; *Rüthers*, ZRP 2008, 48, 49; *Möllers*, JZ 2009, 668, 671 f.; *Sauer*, in: Krüper, S. 183 f.
28 *Rüthers/Fischer*, Rn. 967.
29 BVerfGE 34, 269, 288; zustimmend *Koch/Rüssmann*, S. 255; *Möllers*, JZ 2009, 668, 673.
30 BVerfGE 34, 269, 284 ff.; 65, 182, 194 f.; 71, 354, 362 f.; 122, 248, 286 abw. Meinung *Voßkuhle, Osterloh, di Fabio*; ähnlich *Hillgruber*, JZ 1996, 118, 124; zustimmend *Möllers*, JZ 2009, 668, 672.
31 S.u. III. 2. a).
32 Ähnlich *Gusy*, DÖV 1992, 461, 464.
33 *Schmidt*, VerwArch 97 (2006), 139, 140.

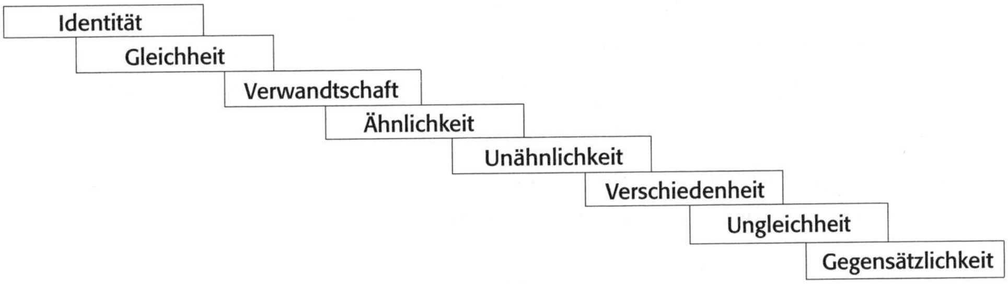

Der Analogieschluss zieht nun rechtliche Konsequenzen aus einer Ähnlichkeit zweier 261
Sachverhalte. Er überträgt die Rechtfolge auf einen nicht vom Tatbestand erfassten Fall, weil dieser wertungsmäßig den erfassten Fällen ähnelt[34].

Da der Analogieschluss die Wortlautgrenze überschreitet, stellt er keine reine Rechts- 262
anwendung mehr dar, sondern Rechtsfortbildung[35]. Analogieschlüsse lassen sich auf Art. 3 Abs. 1 GG stützen, denn sie verhindern ungerechtfertigte Ungleichbehandlungen[36].

Auch dem Analogieschluss liegt dabei der oben geschilderte[37] juristische Syllogismus 263
zugrunde. Der Unterschied besteht allerdings darin, dass im Normalfall ein identischer Mittelbegriff vorhanden ist, weil die Auslegung und Subsumtion des unbestimmten Tatbestandes ergeben, dass der Lebenssachverhalt unter den Tatbestand der Norm fällt. Diese Identität fehlt bei der analogen Anwendung einer Vorschrift. Um das Vorliegen des Mittelbegriffs zu bejahen, genügt insoweit ausnahmsweise eine wesentliche Ähnlichkeit.

Analogieschlüsse sind logisch nicht zwingend[38], weil sie – wie im Folgenden näher 264
dargestellt wird – über verschiedene Wertungsschritte von besonderen (geregelten) Fällen über eine wesentliche Ähnlichkeit, meist einen allgemeinen Rechtsgedanken, auf einen besonderen, nämlich den ungeregelten Fall schließen.

2. Die Voraussetzungen eines Analogieschlusses

Drei Bedingungen müssen erfüllt sein, damit sich eine vorhandene Rechtsfolge auf 265
einen nicht von deren Tatbestand erfassten Sachverhalt übertragen lässt[39]:

34 BVerfGE 82, 1, 12; *Rüthers/Fischer*, Rn. 889; *Zippelius*, S. 68; *Schwacke*, S. 105; *Kramer*, S. 195; *Würdinger/Bergmeister*, Jura 2007, 15, 16; *Schmalz*, Rn. 380.
35 *Bitter/Rauhut*, JuS 2009, 289, 297; *Röhl/Röhl*, S. 637.
36 BSG, Sozialrecht 3. Folge, 4100, Nr. 1 zu § 59e AFG, S. 6; *Kramer*, S. 195 ff.; *Zippelius*, S. 68; *Würdinger/Bergmeister*, Jura 2007, 15, 17; *Koch/Rüssmann*, S. 260; *Schwacke*, S. 105 f.; *Rüthers/Fischer*, Rn. 889.
37 S.o. B. III.
38 *Koch/Rüssmann*, S. 258; *Rüthers/Fischer*, Rn. 893; *Säcker*, in: Münchner Kommentar, Band 1, Einleitung, Rn. 142; *Sauer*, in: Krüper, S. 184.
39 *Würdinger/Bergmeister*, Jura 2007, 15, 16; *Schwacke*, S. 107 f.

- Es greift kein Analogieverbot ein (a).
- Eine planwidrige Regelungslücke muss vorliegen, d.h. die vorhandenen Normen bzw. Gesetze erfassen einen Sachverhalt eindeutig nicht. Der Gesetzgeber darf diesen regelungsbedürftigen Fall jedoch nicht absichtlich (planmäßig) ungeregelt gelassen haben (b).
- Die ungeregelte Situation weist wesentliche Ähnlichkeiten mit den in einem vorhandenen Tatbestand geregelten Situationen auf (c).

266

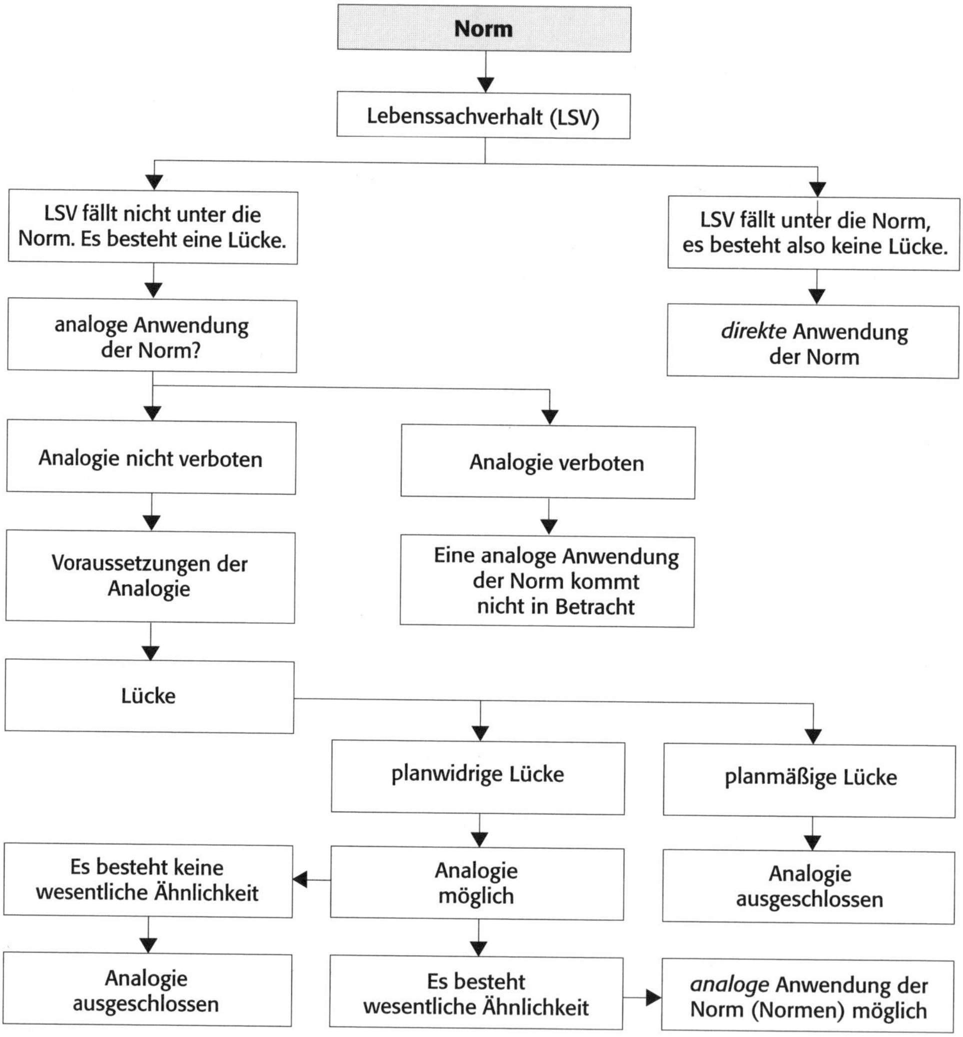

a) Analogieverbote

Art. 103 Abs. 2 GG, § 1 StGB verhindern Analogieschlüsse im Strafrecht[40] und Art. 103 Abs. 2 GG, § 3 OWiG im Ordnungswidrigkeitenrecht[41]. In Anlehnung an diese beiden Teilgebiete wird auch für das Disziplinarrecht des öffentlichen Dienstes ein Analogieverbot angenommen[42]. Aus Art. 104 Abs. 1 S. 1 GG ergibt sich ebenfalls ein Verbot der entsprechenden Anwendung freiheitsentziehender Normen, sei es aus dem Strafprozessrecht, sei es aus dem Polizeirecht[43]. **267**

Diese strengen Analogieverbote lassen sich als Reaktion auf § 2 RStGB von 1935 begreifen. Diese Norm lautete: *„Bestraft wird, wer eine Tat begeht, die das Gesetz für strafbar erklärt oder die nach dem Grundgedanken eines Strafgesetzes und nach gesundem Volksempfinden Bestrafung verdient. Findet auf die Tat kein Strafgesetz unmittelbar Anwendung, so wird die Tat nach dem Gesetz bestraft, dessen Grundgedanke auf sie am besten zutrifft."* **268**

Wenn man vom Ordnungswidrigkeitenrecht absieht, das in aller Regel als Rechtsfolge nur ein Bußgeld nach sich zieht, haben die genannten Fallgruppen gemeinsam, dass es sich jeweils um sehr intensive Grundrechtseingriffe handelt. Deshalb gelten strenge Anforderungen für die gesetzliche Bestimmtheit der Eingriffsnormen. Diese sichern zum einen, dass der Gesetzgeber selbst und nicht die Verwaltung oder das Gericht über den Grundrechtseingriff entscheidet[44]. Zum anderen – aus der Perspektive des Rechtsunterworfenen – garantiert die strenge Normtextbindung eine höhere Vorhersehbarkeit des staatlichen Handelns[45]. Beide Begründungen scheinen also eine Analogiebildung typischerweise auszuschließen. Deshalb überrascht es nicht, dass das Bundesverfassungsgericht auch bei Präklusionsnormen, wie z.B. § 296 Abs. 1 ZPO[46], für die kein ausdrückliches Analogieverbot gilt, die Lückenschließung im Analogiewege ablehnt[47]. **269**

---

40 BVerfGE 14, 174, 185; 47, 109, 121; 71, 108, 115; 75, 329, 340; 92, 1, 12; 116, 69, 83; BVerfG, NJW 2006, 3050; BVerfG, NJW 2007, 1666; *Schwacke*, S. 108; *Jarass/Pieroth*, GG, Art. 103, Rn. 41; *Würdinger/Bergmeister*, Jura 2007, 15, 16; *Schmidt*, VerwArch 97 (2006), 139, 152; *Rüthers/Fischer*, Rn. 823a; *Kudlich/Christensen*, JZ 2009, 943, 946.

41 BVerfGE 38, 348, 371 f.; 55, 144, 152; 71, 108, 114 f.; *Schmidt*, VerwArch 97 (2006), 139, 156; *Jarass/Pieroth*, GG, Art. 103, Rn. 41; *Schwacke*, S. 108.

42 BVerfGE 26, 186, 203 f.; 45, 346, 351; 116, 69, 82 f.; BVerwG, Urt. v. 03.07.2007, 2 WD 12/06, Rn. 79, nur juris; *Jarass/Pieroth*, GG, Art. 103, Rn. 41; *Schmidt*, VerwArch 97 (2006), 139, 157; *Stein/Frank*, S. 443.

43 BVerfGE 29, 183, 195 f.; 83, 24, 32; 116, 69, 83; BVerfG, NStZ 1995, 399; BVerfG, NJW 2006, 427, 428; *Jarass/Pieroth*, GG, Art. 104, Rn. 3; *Schmidt*, VerwArch 97 (2006), 139, 157.

44 BVerfGE 47, 109, 120; 71, 108, 114; 75, 329, 341; 92, 1, 12 f.; 105, 135, 153; 120, 274, 316; 120, 378, 407.

45 BVerfGE 47, 109, 120; 71, 108, 114; 75, 329, 341; 92, 1, 12; 105, 135, 153; 120, 274, 316; 120, 378, 407 f.

46 Die Vorschrift lautet: *Angriffs- und Verteidigungsmittel, die erst nach Ablauf einer hierfür gesetzten Frist (§ 273 Abs. 2 Nr. 1 und, soweit die Fristsetzung gegenüber einer Partei ergeht, 5, § 275 Abs. 1 Satz 1, Abs. 3, 4, § 276 Abs. 1 Satz 2, Abs. 3, § 277) vorgebracht werden, sind nur zuzulassen, wenn nach der freien Überzeugung des Gerichts ihre Zulassung die Erledigung des Rechtsstreits nicht verzögern würde oder wenn die Partei die Verspätung genügend entschuldigt.*

47 BVerfGE 59, 330, 334; 60, 1, 6.

270 Hinsichtlich des Verwaltungsrechts und des Steuerrechts besteht Einigkeit darüber, dass Analogieschlüsse erlaubt sind, soweit sie sich zugunsten der Betroffenen auswirken[48]. So wird der Begriff der Wohnung in Art. 13 Abs. 1 GG nach h.M. zugunsten des Bürgers über den Wortlaut hinaus auf Betriebs- und Geschäftsräume ausgedehnt[49]. Im Sozialrecht ist allerdings die Beschränkung des § 31 SGB I zu beachten[50]. Heftig umstritten ist dagegen die Frage, ob auch Analogieschlüsse zu Lasten der Bürger erlaubt sein sollen.

271 Das Bundesverfassungsgericht hat die Erweiterung einer Aufrechnungsmöglichkeit im Wege der analogen Anwendung für verfassungswidrig erklärt und dazu ausgeführt, dass die Verwaltungsbehörde nicht über dem Gesetz stehe und nicht befugt sei, die gesetzliche Grundlage im Weg der analogen Anwendung zu gewinnen[51]. In einer späteren Entscheidung hat das Gericht die entsprechende Anwendung des Strafvollzugsrecht für Erwachsene auf den Jugendstrafvollzug als verfassungswidrig abgelehnt, weil die Übertragung eine zu umfangreiche Materie mit zu vielen grundrechtsrelevanten Einzelentscheidungen erfasse, deren Regelung dem Gesetzgeber vorbehalten sei[52].

272 Viele andere oberste Bundesgerichte sind hier großzügiger[53]. Wie an anderer Stelle detailliert erläutert[54], führen Aspekte der Rechtssicherheit und der Vorbehalt des Gesetzes (Wesentlichkeitstheorie)[55] zu dem Resultat, dass Analogien zu Lasten des Bürgers nur in eng begrenzten Ausnahmefällen zulässig erscheinen: Als Ersatz für eine Ermächtigungsgrundlage scheiden sie im gesamten öffentlichen Recht aus. Richter und Verwaltung müssen ferner dann auf eine belastende Analogiebildung verzichten, wenn der Bürger durch diese deutlich härter angefasst würde als ohne sie.

273 Zu fragen bleibt, ob auch für Ausnahmevorschriften ein Analogieverbot anzunehmen ist. Die lateinische Antwort „Singularia non sunt extendenda"[56] legt dies nahe. Dennoch wird überwiegend angenommen, dass Sondernormen zwar eine schmalere

---

48 BVerfGE 13, 318, 328; 48, 210, 222; 95, 96, 132; BVerfG, NJW 2006, 2684, 2685; BVerfG, NJW-RR 2006, 1627, 1628; BSGE 84, 281, 289 f.; BVerwG, NVwZ 2007, 1081 ff. für die analoge Anwendung des § 47 Abs. 1 Nr. 1 VwGO auf bestimmte Flächennutzungspläne; *Gern*, NVwZ 1995, 1145, 1148; *Koch/Rüssmann*, S. 256.

49 BVerfGE 32, 54, 72; 44, 353, 371; 96, 44, 51; *Jarass/Pieroth*, GG, Art. 13, Rn. 5; *Schwacke*, S. 110.

50 *Rechte und Pflichten in den Sozialleistungsbereichen dieses Gesetzbuches dürfen nur begründet, festgestellt geändert oder aufgehoben werden, soweit ein Gesetz es vorschreibt oder zulässt.*

51 BVerfG, NJW 1997, 3146; zustimmend *Kudlich/Christensen*, JZ 2009, 943, 946; *Koch/Rüssmann*, S. 256; *Gusy*, DÖV 1992, 461, 464.

52 BVerfGE 116, 69, 83.

53 BVerwGE 87, 133, 140; 98, 230, 234; 100, 115, 123; BFH, NVwZ 1984, 823 f.; BFHE 195, 273, 274; BFH, Urt. v. 14.02.2007, II R 66/05, Rn. 17; BSGE 63, 120, 133; 79, 41, 48; BSG, Sozialrecht 3. Folge, 4100, Nr. 1 zu § 59e AFG, S. 6.

54 *Beaucamp*, AöR 134 (2009), 83 ff.

55 *Koch/Rüssmann*, S. 256; *Möllers*, JZ 2009, 668, 672; *Hillgruber*, JZ 1996, 118, 123; *Gusy*, DÖV 1992, 461, 464; *Christensen/Pötters*, JA 2010, 566, 570.

56 Einzelfälle sind nicht auszudehnen.

Analogiebasis bieten, aber doch analogietauglich sind, wenn nämlich der ungeregelte Fall gerade vom Grundgedanken der Ausnahmevorschrift erfasst wird[57].

b) Die planwidrige Regelungslücke

Eine Lücke im Gesetz, die durch einen Analogieschluss beseitigt werden kann, liegt nicht schon vor, wenn für eine bestimmte Fallgestaltung eine Regelung fehlt, sondern nur dann, wenn es sich um eine *planwidrige Unvollständigkeit* des Gesetzes handelt[58]. Wenn Sie bei der Prüfung eines Sachverhalts feststellen, dass das Gesetz keine Normen für die Lösung des Falles bereithält, dürfen Sie deshalb nicht gleich nach Normen suchen, die Sie analog anwenden können, sondern müssen erst prüfen, ob es sich um eine planwidrige Lücke handelt, die einen Analogieschluss ermöglicht, oder um eine planmäßige Lücke, die einen Analogieschluss ausschließt. Sie haben also grundsätzlich zwei Reaktionsmöglichkeiten[59]: Zum einen können Sie die Rechtsordnung als in diesem Punkt abschließend betrachten und z.B. feststellen, dass es das geltend gemachte Recht nicht gibt oder dass die Verwaltung mangels Ermächtigungsnorm nicht tätig werden kann. Zum anderen können Sie versuchen zu begründen, dass die Rechtsordnung eine unerwünschte Lücke aufweist, die durch analoge Anwendung einer anderen Vorschrift gefüllt werden muss. Anders gesagt ist darzutun, dass dringender Regelungsbedarf für die von keiner Norm erfassten Situationen besteht[60]. **274**

Ob eine planmäßige oder eine planwidrige Lücke vorliegt, ist ein Auslegungsproblem. Sie müssen den Ist-Zustand des Gesetzes mit seinem vom Gesetzgeber tatsächlich oder mutmaßlich geplanten Soll-Zustand[61] vergleichen. Dabei sind die oben dargestellten Auslegungsregeln zu beachten[62]. **275**

Um eine planmäßige Lücke handelt es sich, wenn der Gesetzgeber bewusst keine Regelung getroffen hat. Man spricht in solchen Situationen von einem beredten Schweigen des Gesetzgebers[63]. Ein Analogieschluss scheidet hier aus. Wenn nämlich der Gesetzgeber eine klare Entscheidung getroffen hat, darf der Richter diese nicht aufgrund eigener rechtspolitischer Vorstellungen verändern und durch eine judikative **276**

57 BFHE 111, 329, 334 f.; OVG Hamburg FamRZ 1988, 988, 990; *Würdinger/Bergmeister*, Jura 2007, 15, 16; *Schmidt*, VerwArch 97 (2006), 139, 161; *Kramer*, S. 206 f.; *Heinrichs*, in: Palandt, BGB, Einleitung, Rn. 53; *Zippelius*, S. 69 f.; *Säcker*, in: Münchner Kommentar, Band 1, Einleitung, Rn. 112; *Würdinger*, JuS 2008, 949 f.

58 BVerfGE 116, 69, 83; BGHZ 125, 218, 223; 155, 380, 389; *Schwacke*, S. 108; *Sauer*, in: Krüper, S. 184; *Kramer*, S. 181 ff.; *Schwintowski*, S. 83; *Adomeit/Hähnchen*, S. 50; *Hillgruber*, JZ 1996, 118, 120; *Tettinger/Mann*, S. 159; *Schmalz*, Rn. 385 f.; *Schmidt*, VerwArch 97 (2006), 139, 143; *Heinrichs*, in: Palandt, BGB, Einleitung, Rn. 50 m.w.N.; *Jarass/Pieroth*, GG, Einleitung, Rn. 7a; kritisch zum Begriff der planwidrigen Lücke *Kudlich/Christensen*, JZ 2009, 943, 945; *Hillgruber*, JZ 2008, 745, 749 mit Fn. 43; *Röhl/Röhl*, S. 635; *Koch/Rüssmann*, S. 254.

59 Ähnlich *Koch/Rüssmann*, S. 250 f.

60 *Schmalz*, Rn. 386.

61 *Rüthers/Fischer*, Rn. 833; *Sauer*, in: Krüper, S. 184.

62 S.o. C. II.

63 *Kramer*, S. 182; *Würdinger/Bergmeister*, Jura 2007, 15, 17; *Röhl/Röhl*, S. 633; *Rüthers/Fischer*, Rn. 838; *Bitter/Rauhut*, JuS 2009, 289, 298.

Lösung ersetzen, die so im Parlament nicht erreichbar war[64]. Mit diesem Prüfungsmerkmal soll verhindert werden, dass Rechtsanwenderinnen und Rechtsanwender die Lückenentdeckung und -füllung zu großzügig handhaben. Rechtspolitische Wünsche – etwa nach einem strengeren Jugendstrafrecht oder einer Intensivierung des Klimaschutzes – stellen daher keine Rechtslücken dar[65].

277 Drei Beispiele sollen die Konstellation der planmäßigen Lücke veranschaulichen: § 1601 BGB regelt, dass Verwandte in gerader Linie einander Unterhalt schulden. Auf Brüder oder Tanten findet die Norm somit keine Anwendung. Dennoch liegt keine planwidrige Regelungslücke vor, weil der BGB-Gesetzgeber Unterhaltsansprüche gegen diese Verwandten bewusst nicht normieren wollte[66]. Wenn Sie von der Buchpreisbindung ausgehen, könnte man annehmen, dass das Fehlen gesetzlich festgelegter Preise für andere Güter eine Regelungslücke darstellt. Dies wäre allerdings ein Irrtum, da in einer Wettbewerbswirtschaft im Regelfall der Markt und nicht der Staat über den Preis bestimmt. Preisfestsetzungen für alle Produkte entsprächen also nicht dem Plan des Gesetzgebers. Schließlich gilt für gesetzliche Aufzählungen, die mit dem Wort „nur" beginnen, wie etwa § 49 Abs. 2 VwVfG, dass sie in aller Regel abschließend gemeint sind und keine Erweiterungen im Wege von Analogieschlüssen erlauben[67].

278 Haben Sie die Planmäßigkeit der Lücke verneint, können Sie von einer planwidrigen Lücke ausgehen. Positiv gewendet lassen sich zwei Konstellationen unterscheiden: Die erste liegt vor, wenn der Gesetzgeber, etwa durch eine Aussage in den Materialien, zu erkennen gibt, dass er ein Rechtsproblem bewusst nicht geregelt hat, um Rechtsprechung und Rechtslehre die notwendigen Entscheidungen treffen zu lassen. Der Gesetzgeber geht also, anders als bei der planmäßigen Lücke, von einem Regelungsbedarf aus. Solche „bewussten Lücken" dürfen durch einen Analogieschluss beseitigt werden[68]. Im kollektiven Arbeitsrecht etwa konnte der Gesetzgeber sich nie dazu durchringen, tätig zu werden[69]. Die notwendigen Regeln z.B. für das Streikrecht zu erarbeiten und zu treffen, hat der Gesetzgeber der Wissenschaft und den Gerichten überlassen. Ähnliche Zurückhaltung hat der Gesetzgeber in Teilen des Gesellschaftsrechts oder des Kreditsicherungsrechts gezeigt[70].

279 Die zweite Konstellation der planwidrigen Lücke ergibt sich daraus, dass der Gesetzgeber einen regelungsbedürftigen Sachverhalt übersehen hat oder dass nachträglich durch eine Änderung der wirtschaftlichen oder technischen Verhältnisse neuer Regelungsbedarf entsteht. Gen- und Präimplantationsdiagnostik bieten Beispiele dafür, dass die technisch-naturwissenschaftliche Entwicklung bisweilen so zügig voranschreitet, dass der Gesetzgeber mit seinen Regelungen zu spät kommt, so dass zumindest zeitweise ein ungeregelter, aber regelungsbedürftiger Zustand herrscht. Als Beispiel für

64 BVerfGE 69, 315, 372; 82, 1, 12; 116, 69, 84; BGHZ 155, 380, 389 f.
65 *Kramer*, S. 182; *Würdinger/Bergmeister*, Jura 2007, 15, 17; *Schwacke*, S. 99.
66 *Schwintowski*, S. 83; *Schmidt*, VerwArch 97 (2006), 139, 143.
67 *Bitter/Rauhut*, JuS 2009, 289, 298.
68 *Rüthers/Fischer*, Rn. 869; *Schmidt*, VerwArch 97 (2006), 139, 143; *Schwintowski*, S. 83.
69 *Röhl/Röhl*, S. 634; *Rüthers*, S. 118 f.
70 *Bitter/Rauhut*, JuS 2009, 289, 298; vertiefend *Schmidt*, JZ 2009, 10, 13 ff.

das Übersehen eines regelungsbedürftigen Sachverhalts soll auf die Verwaltungsgerichtsordnung verwiesen werden. Die Normen der VwGO sehen keine vorbeugende Unterlassungsklage vor. Es sind indessen Situationen vorstellbar, wie etwa bei einer drohenden Rodungsgenehmigung, deren zügige Umsetzung zu erwarten ist, in denen Rechtsschutz i.S.d. Art. 19 Abs. 4 GG nur mit Hilfe einer solchen Klage realisiert werden kann[71]. Bei den genannten Beispielen handelt es sich um planwidrige Lücken. Eine Analogie ist möglich.

Nachdem Sie festgestellt haben, dass eine planwidrige Lücke vorliegt, müssen Sie untersuchen, ob zwischen dem gesetzlich geregelten Fall, den Sie analog anwenden wollen, und dem von Ihnen zu entscheidenden Fall eine wesentliche Ähnlichkeit besteht. **280**

c) Die wesentliche Ähnlichkeit

Bereits die Feststellung einer Lücke und ihrer Planwidrigkeit sind Auslegungsfragen und erfordern damit Werturteile[72]. Dies gilt erst recht für den letzten Schritt der Prüfung eines Analogieschlusses, für die Frage der wesentlichen Ähnlichkeit der ungeregelten Situation mit den geregelten Fällen[73]. **281**

Man kann diese Frage in drei Schritten abarbeiten: **282**

- Als erstes müssen die Tatbestandsmerkmale und der Zweck der Norm ermittelt werden, die analog angewandt werden soll[74]. Hierbei kann die Beantwortung der folgenden Fragen hilfreich sein: Welche Interessenlage liegt der Norm zugrunde? Wie hat der Gesetzgeber sie bewertet? Welchem Interesse hat er den Vorrang eingeräumt? Warum hat der Gesetzgeber diese Bewertung so vorgenommen?
- Sodann müssen die tragenden Merkmale und die Interessenlage des zu entscheidenden Falles, für den keine Norm unmittelbar eingreift, ermittelt werden.
- Nunmehr sind die kennzeichnenden Elemente und der Zweck der Norm, die analog angewandt werden soll, mit der Interessenlage und den Charakteristika des konkret zu entscheidenden Falles zu vergleichen[75]. Wenn der Vergleich ergibt, dass wesentliche Unterschiede bestehen, also eine wesentliche Ähnlichkeit nicht vorliegt, ist eine analoge Anwendung der Norm nicht begründbar. Wenn der Vergleich ergibt, dass in den maßgeblichen Aspekten keine wesentlichen Unterschiede bestehen, eine wesentliche Ähnlichkeit also zu bejahen ist, kann die Norm analog angewandt werden[76].

---

71 *Kudlich/Christensen*, JZ 2009, 943, 946; *Christensen/Pötters*, JA 2010, 566, 570; *Kopp/Schenke*, VwGO, vor § 40, Rn. 33 f.

72 BVerfGE 82, 1, 13; *Röhl/Röhl*, S. 635; *Gusy*, DÖV 1992, 461, 462; *Rüthers*, S. 123 f.

73 *Schwacke*, S. 109; *Rüthers/Fischer*, Rn. 889; *Würdinger/Bergmeister*, Jura 2007, 15, 17.

74 *Schwacke*, S. 108; *Schmidt*, VerwArch 97 (2006), 139, 145; *Würdinger/Bergmeister*, Jura 2007, 15, 17; *Rüthers/Fischer*, Rn. 889.

75 *Schwacke*, S. 109; *Koch/Rüssmann*, S. 260; *Schmalz*, Rn. 389; *Bitter/Rauhut*, JuS 2009, 289, 297; *Schmidt*, VerwArch 97 (2006), 139, 144.

76 *Würdinger/Bergmeister*, Jura 2007, 15, 17.

283 Als Kontrollüberlegung kann man anschließend den Umkehrtest machen[77]: Wenn der geregelte Fall ungeregelt gewesen wäre und der ungeregelte geregelt, wie hätte es dann mit der Übertragbarkeit ausgesehen?

284 Als Beispiel für einen etablierten Analogieschluss, sei die Ausdehnung der Klagebefugnis des § 42 Abs. 2 VwGO vorgestellt. Die Norm lautet: „Soweit gesetzlich nichts anderes bestimmt ist, ist die Klage nur zulässig, wenn der Kläger geltend macht, durch den Verwaltungsakt oder seine Ablehnung oder Unterlassung in seinen Rechten verletzt zu sein." Ähnliche Regelungen fehlen sowohl beim Widerspruchsverfahren als auch im einstweiligen Rechtsschutz. Obwohl § 42 Abs. 2 VwGO sich seinem Wortlaut nach nur auf die Klage bezieht, wendet die h.M. die Bestimmung analog sowohl im Widerspruchsverfahren als auch im einstweiligen Rechtsschutz an[78]. Der Grund besteht darin, dass in allen Rechtsschutzverfahren die Notwendigkeit besteht zu verhindern, dass jedermann sich gegen jede Verwaltungsentscheidung wehren kann. Der Grundgedanke der Verhinderung der Popularklage gilt für jedes Rechtsschutzmittel. Die analoge Erweiterung des § 42 Abs. 2 VwGO steht auch in Einklang mit Art. 19 Abs. 4 GG, der ebenfalls eine Verletzung in eigenen Rechten fordert.

285 Nun die Umkehrüberlegung: Gäbe es für das Widerspruchsverfahren eine Norm, nach der der Widersprechende nur dann Widerspruch einlegen kann, wenn er geltend macht, durch den Verwaltungsakt in seinen Rechten verletzt zu sein und fehlte für die Klage eine entsprechende Vorschrift, so würde man für die Klage wegen der wesentlichen Ähnlichkeit die Vorschrift für das Widerspruchsverfahren analog anwenden. Denn auch für die Klage müsste verhindert werden, dass jedermann sich gegen jeden Verwaltungsakt wenden kann. Im Übrigen machte es wenig Sinn, nur für die Widerspruchsmöglichkeiten zu begrenzen, um dann in der folgenden Klage jedermann zum Zuge kommen zu lassen.

3. Gesetzesanalogie und Rechtsanalogie

286 Bei einer *Gesetzesanalogie* (Einzelanalogie) wird auf einen Sachverhalt nur *eine* Norm analog angewandt[79].

Beispiele

- Der eben erwähnte § 42 Abs. 2 VwGO, der auf Widersprüche analog angewandt wird.
- In § 80 Abs. 2 VwGO sind die Fälle aufgezählt, in denen Widerspruch und Anfechtungsklage ausnahmsweise keine aufschiebende Wirkung haben. § 80 Abs. 2 Nr. 2 VwGO nennt unaufschiebbare Anordnungen und Maßnahmen von Polizeivollzugsbeamten als einen Beispielsfall. Fraglich war, ob diese Bestimmung analog auf Verkehrsschilder angewandt werden soll, denn ihrem Wortlaut nach sind nur Polizeivollzugsbeamte gemeint. Die h.M. bejaht dies mit der Überlegung, dass statt eines Verkehrsschildes auch ein Polizeivollzugsbeamter die Anordnung des Verkehrsschildes treffen könnte. Überdies besteht ein ähnliches Gefahrenpotential

77 *Schmidt*, VerwArch 97 (2006), 139, 146.
78 *Schmidt*, VerwArch 97 (2006), 139, 144; *Tettinger/Mann*, S. 161; *Kopp/Schenke*, VwGO, vor § 68, Rn. 12 u. § 42, Rn. 64 m.w.N.
79 *Würdinger/Bergmeister*, Jura 2007, 15, 17; *Röhl/Röhl*, S. 634; *Schmalz*, Rn. 397; *Kramer*, S. 197 f.; *Schwacke*, S. 107; *Tettinger/Mann*, S. 159; *Rüthers/Fischer*, Rn. 891.

wie bei den Anordnungen eines Polizeibeamten, insbesondere dann, wenn sich manche an das Verkehrsschild halten, andere – nachdem sie Widerspruch eingelegt haben – aber nicht mehr. Folglich hat in analoger Anwendung des § 80 Abs. 2 Nr. 2 VwGO ein Widerspruch gegen ein Verkehrsschild keine aufschiebende Wirkung[80].

- § 181 BGB verbietet dem Vertreter grundsätzlich den Selbsteintritt und die Mehrfachvertretung. Die Vorschrift schweigt aber zu der Frage, ob ein Vertreter einen Untervertreter bestellen und dann mit diesem ein Rechtsgeschäft abschließen darf. Die Parallele zu den geregelten Fällen besteht darin, dass erneut Interessenkonflikte auftreten können und der Vertreter dann die Interessen des Vertretenen hintanstellt. Weil § 181 BGB dieses Resultat verhindern will, ist eine analoge Anwendung der Bestimmung auf die Bestellung eines Untervertreters angezeigt[81].
- Nach § 935 BGB tritt kein gutgläubiger Erwerb an Sachen ein, die dem Eigentümer abhanden gekommen sind, also etwa gestohlen wurden. Ungeregelt blieb aber der Fall, dass jemandem nur ein Pfandrecht an einer gestohlenen Sache zustand. § 936 Abs. 1 BGB erfasst diesen Fall ebenfalls nicht, weil diese Norm nur den Rechtsuntergang bei veräußerten Sachen regelt, nicht bei gestohlenen. Der Gedanke, dass ungewolltes Abhandenkommen den Rechtserwerb hindern soll, wird vom Eigentum auf das Pfandrecht übertragen. § 935 wird deshalb analog auf das Pfandrecht angewandt, sodass der Erwerber nur belastetes Eigentum erhält[82].

Die – seltenere – *Rechtsanalogie* (Gesamtanalogie) liegt vor, wenn ein Rechtsgedanke aus *mehreren* Vorschriften entwickelt und dieser anschließend auf einen ungeregelten aber vergleichbaren Sachverhalt übertragen wird[83]. **287**

So stützen z.B. manche den öffentlich-rechtlichen Folgenbeseitigungsanspruch auf eine Gesamtanalogie zu den §§ 12, 862 und 1004 BGB[84]. Vor Einführung des § 314 BGB wurde ein außerordentliches Kündigungsrecht bei Dauerschuldverhältnissen aus einer Gesamtanalogie der diesbezüglichen Normen aus dem Mietvertragsrecht, Dienstvertragsrecht und Gesellschaftsrecht abgeleitet, die alle eine fristlose Kündigung aus wichtigem Grund erlauben[85]. **288**

Testen Sie Ihr Talent zur Analogiebildung an den folgenden beiden Konstellationen[86]: **289**

- Lässt sich die Rechtsfolge des § 1362 BGB auf die nichteheliche Lebensgemeinschaft übertragen?
- Kann die Heilungsregelung des § 45 Abs. 1 VwVfG auf weitere, im Katalog nicht genannte Verfahrensfehler entsprechend angewandt werden?

---

80 BVerwG NJW 1978, 656 f.; BVerwG NVwZ 1988, 623, 624; BVerwG NJW 2004, 698; *Kopp/Schenke*, VwGO, 16. Aufl. 2009, § 80, Rn. 64.
81 *Heinrichs*, in: Palandt, BGB, § 181, Rn. 12; *Würdinger/Bergmeister*, Jura 2007, 15, 21.
82 *Bassenge*, in: Palandt, BGB, § 936, Rn. 3; *Würdinger/Bergmeister*, Jura 2007, 15, 22.
83 *Rüthers/Fischer*, Rn. 892; *Schwacke*, S. 107; *Würdinger/Bergmeister*, Jura 2007, 15, 22; *Kramer*, S. 198 f.; *Schmalz*, Rn. 397; *Röhl/Röhl*, S. 634; *Tettinger/Mann*, S. 159; die Differenzierung ablehnend Schmidt, VerwArch 97 (2006), 139, 150 ff.
84 *Tettinger/Mann*, S. 160; *Schmidt*, VerwArch 97 (2006), 139, 150.
85 *Schmalz*, Rn. 397; *Schwacke*, S. 107.
86 Lösungen siehe unten S. 86 f.

IV. Die teleologische Reduktion

290 Beim Analogieschluss ging es darum, den Anwendungsbereich einer zu eng formulierten Norm auf weitere Fallkonstellationen auszudehnen, für die der Zweck der Norm ebenfalls zutraf. Die – seltenere – teleologische Reduktion bildet insoweit ein Gegenstück. Sie verfolgt das Anliegen, den zu weit formulierten Anwendungsbereich einer Vorschrift zu begrenzen, um ihren Sinn zu wahren[87]. Der Gesetzgeber hat sozusagen vergessen, eine sinnvolle Ausnahme einzufügen. Deswegen spricht man auch von einer Ausnahmelücke[88] oder einer verdeckten Regelungslücke[89], die man dadurch schließt, dass eine Bestimmung teleologisch reduziert wird. Man kann auch sagen, dass der Gesetzgeber zu viel geregelt hat, während er – wenn man einen Analogieschluss für nötig hält – zu wenig geregelt hat. Die teleologische Reduktion weist ebenfalls einen engen Bezug zu Art. 3 Abs. 1 GG auf, denn sie verhindert ungerechtfertigte Gleichbehandlungen[90].

291 Im Unterschied zur restriktiven Auslegung schließt die teleologische Reduktion Fälle vom Anwendungsbereich der Norm aus, die nicht zweifelhaft sind, sondern klar vom Wortlaut der Norm erfasst werden[91].

292 Als klassisches Beispiel für die teleologische Reduktion gilt § 181 BGB etwa in der Konstellation, dass Eltern ihrem minderjährigen Kind ein Grundstück schenken wollen. Nimmt man die Vorschrift beim Wort, dürfen die Eltern nicht selbst und gleichzeitig als Vertreter ihres Kindes das Rechtsgeschäft abschließen. § 181 BGB will Interessenkollisionen verhindern, die entstehen, wenn jemand sowohl Vertreter als auch Vertragspartei ist. Der von der Vorschrift vorausgesetzte Konflikt tritt jedoch nicht ein, wenn der Vertretene nur rechtliche Vorteile aus dem Geschäft zieht. Diese Wertung, die sich auch auf § 107 BGB stützen kann, bewegt die h.M. dazu, den § 181 BGB – trotz passenden Wortlauts – nicht anzuwenden, wenn das vom Vertreter abgeschlossene In-sich-Geschäft nur Vorteile für den Vertretenen bringt[92].

293 Ein weiteres Beispiel liefert § 12 Abs. 3 Nr. 3 StVO. Diese Bestimmung untersagt generell das Halten und Parken vor Grundstücksein- oder -ausfahrten. Sie verfolgt den Zweck, den Grundstückseigentümern bzw. -besitzern die Zufahrt zu sichern. Deshalb kann sie auf diesen Personenkreis keine Anwendung finden, sonst dürfte auch der Grundstückseigentümer nicht vor seiner eigenen Zufahrt parken. Auch hier ist deshalb

87 BVerfGE 88, 145, 167; *Röhl/Röhl*, S. 621; *Sauer*, in: Krüper, S. 183; *Zippelius*, S. 69; *Schwacke*, S. 113 f.; *Bitter/Rauhut*, JuS 2009, 289, 294; *Säcker*, in: Münchner Kommentar, Band 1, Einleitung, Rn. 135; *Heinrichs*, in: Palandt, BGB, Einleitung, Rn. 49; *Kramer*, S. 213; *Schmalz*, Rn. 402.
88 *Rüthers/Fischer*, Rn. 848 u. 903; *Bitter/Rauhut*, JuS 2009, 289, 295; *Kramer*, S. 214; *Schwacke*, S. 114.
89 BVerfGE 88, 145, 167; ähnlich BVerfGE 35, 263, 279 f.
90 *Schwacke*, S. 114; *Zippelius*, S. 65; *Jarass/Pieroth*, GG, Einleitung, Rn. 7a.
91 *Rüthers/Fischer*, Rn. 903; *Schwacke*, S. 114; *Schmalz*, Rn. 402.
92 BGHZ 59, 236, 240; 94, 232, 235; *Schmalz*, Rn. 405 ff.; *Sauer*, in: Krüper, S. 183; *Schwacke*, S. 114; *Kramer*, S. 214; *Rüthers/Fischer*, Rn. 903; *Heinrichs*, in: Palandt, BGB, Einleitung, Rn. 49; *Schwintowski*, S. 82.

entgegen dem Wortlaut eine teleologische Reduktion angebracht, um den Sinn der Vorschrift besser zur Geltung zu bringen[93].

Als letztes Beispiel sei § 164 BGB in der Sonderkonstellation des „Geschäftes für den, den es angeht" erläutert. Die Norm verlangt für Geschäfte des Vertreters Offenkundigkeit, d.h. ein ausdrückliches Handeln im Namen des Vertretenen. Ihr Sinn besteht darin, dass der Vertragspartner darüber informiert wird, mit wem er einen Vertrag abschließt. Das ist z.B. für die Beurteilung der Bonität des Vertragspartners relevant. Bei Bargeschäften des täglichen Lebens, etwa dem Einkauf von Lebensmitteln oder Büchern, ist es dem Geschäftsinhaber jedoch nicht wichtig, ob der Kunde für sich selbst oder für einen anderen einkauft. Denn er erhält den Kaufpreis sofort und hat keinen Anlass für eine Bonitätsprüfung. Wenn also Freund A für B ein Buch kauft, kommt ein Vertrag zwischen B und dem Buchhändler zustande, auch wenn A die Vertretungssituation nicht offenlegt. Der Anwendungsbereich des § 164 BGB wird hier teleologisch eingeschränkt, weil die ansonsten erforderliche Information über den Vertragspartner bei den Bargeschäften des täglichen Lebens keine Relevanz hat[94]. **294**

V. Redaktionsversehen

Was man sich unter diesem Begriff vorzustellen hat, macht am besten ein Blick auf die Vorschriften § 42 S. 1 VwVfG und § 319 Abs. 1 ZPO klar. Die Normen lauten: **295**

Die Behörde kann Schreibfehler, Rechenfehler und ähnliche offenbare Unrichtigkeiten in einem Verwaltungsakt jederzeit berichtigen. ... Schreibfehler, Rechenfehler und ähnliche offenbare Unrichtigkeiten, die in dem Urteil vorkommen, sind jederzeit von dem Gericht auch von Amts wegen zu berichtigen.

Was für Urteile und Verwaltungsakte erlaubt ist, macht auch bei Gesetzestexten Sinn. Wenn der Gesetzestext offensichtliche Fehler ausweist, die dem Zweck des Gesetzes zuwiderlaufen, ist der Rechtsanwenderin bzw. dem Rechtsanwender ebenfalls eine Korrektur gestattet[95]. Denkbar ist hier ein Verschreiben des Gesetzgebers, der etwa als Höchstsatz zum Lebensunterhalt nicht 351 €, sondern 3510 € in das Gesetz aufnimmt. Bei Reformen können auch Verweisfehler auftreten, indem übersehen wird, dass die Vorschrift, auf die verwiesen wird, mittlerweile eine neue Paragraphennummer erhalten hat[96]. **296**

93 *Röhl/Röhl*, S. 621.
94 BGHZ 46, 198, 202; 114, 74, 80; *Rüthers/Fischer*, Rn. 903; *Ellenberger*, in: Palandt, BGB, § 164, Rn. 8.
95 BVerfGE 11, 139, 149; *Schmalz*, Rn. 438; *Kramer*, S. 141 f.; *Schlehofer*, JuS 1992, 572, 574 f.; *Röhl/Röhl*, S. 615; *Schwacke*, S. 67; *Säcker*, in: Münchner Kommentar, Band 1, Einleitung, Rn. 130; *Jarass/Pieroth*, GG, Einleitung, Rn. 7; *Rüthers/Fischer*, Rn. 950.
96 *Schmalz*, Rn. 438.

VI. Weitere juristische Schlüsse

1. Einführung

297 Bestimmte Argumentationsweisen finden sich bei rechtlichen Problemfragen so häufig, dass sie als juristische Schlüsse bezeichnet werden[97]. Hier werden im Einzelnen der Umkehrschluss (2.), die Erst-Recht-Schlüsse (3.) und der Schluss vom absurden Ergebnis her (4.) näher betrachtet.

298 Juristische Schlüsse der Rechtsfortbildung zuzuordnen, erscheint plausibel, weil mit ihrer Hilfe ebenfalls Gesetzes- bzw. Regelungslücken gefüllt werden.

299 Nicht zu den juristischen Schlüssen zählt die Argumentation mit der sogenannten Natur der Sache. Zwar trifft es zu, dass das Recht stark von den natürlichen und sozialen Verhältnissen bestimmt wird, die zu regeln sind[98]. Eine realitätsblinde Rechtsordnung, würde von der Gesellschaft nicht akzeptiert werden[99]. Dennoch fördert die Natur der Sache keine neuen Argumente zu Tage, sondern birgt eher die Gefahr, dass Rechtsanwenderinnen und Rechtsanwender unreflektiert ihre Vorstellungen von dem, was richtig und angemessen ist, als Natur der Sache ausgeben um die eigentliche Motivation ihrer Entscheidung zu verschleiern[100]. So könnte man sich von der Beobachtung, dass sich in der Natur der Stärkere durchsetzt, zu dem (Fehl)-Schluss gelangen, das müsse auch im Recht so sein[101]. Wenn man von der Sachgerechtigkeit seiner Auslegungsvariante überzeugt ist, sollte man dies im Zusammenhang mit der teleologischen Auslegung im einzelnen begründen, aber nicht pauschal behaupten, sie entspreche der Natur der Sache[102].

2. Der Umkehrschluss (argumentum e contrario)

300 Tatbestände von Normen legen fest, welche konkreten Lebenssachverhalte ihnen zugeordnet werden sollen. Aus dieser Festlegung ergibt sich gleichzeitig, welche Lebenssachverhalte nicht unter den Tatbestand fallen. Der Umkehrschluss argumentiert nun von den Unterschieden zwischen den Sachverhalten auf eine rechtliche Ungleichbehandlung[103]. Er behandelt den Tatbestand – nach entsprechender Auslegung – als abschließend und verneint seine Anwendbarkeit auf andere Sachverhalte[104]. Der Tat-

---

97 *Schwintowski*, S. 80 f.; *Bitter/Rauhut*, JuS 2009, 289, 296; *Koch/Rüssmann*, S. 258 ff.; *Schmalz*, Rn. 181.

98 *Schwacke*, S. 84; *Schmalz*, Rn. 148; *Kramer*, S. 167; *Rüthers/Fischer*, Rn. 921;

99 *Petersen*, Der Staat 2010, 435, 439.

100 *Röhl/Röhl*, S. 74; *Säcker*, in: Münchner Kommentar, Band 1, Einleitung, Rn. 94 f.; *Rüthers/Fischer*, Rn. 923 ff.; *Kramer*, S. 168; *Rüthers*, S. 126; A.A. *Schmalz*, Rn. 426; *Schwacke*, S. 118.

101 Beispiel nach *Petersen*, Der Staat 2010, 435, 436 f.

102 Ähnlich *Kramer*, S. 169.

103 *Mastronardi*, S. 193.

104 *Tettinger/Mann*, S. 161; *Würdinger/Bergmeister*, Jura 2007, 15, 23; *Diederichsen/Wagner*, S. 183; *Kramer*, S. 201 f.; *Schwacke*, S. 111; *Rüthers/Fischer*, Rn. 899; *Bitter/Rauhut*, JuS 2009, 289, 296.

bestand wird – vor allem von seinem Sinn und Zweck her – so interpretiert, als ob er ein „nur" enthielte[105]. Das Gegenstück des Umkehrschlusses ist der bereits vorgestellte Analogieschluss[106], der die Rechtsfolge der Norm analog auf den nicht erfassten Fall ausdehnt. Wer analog schließen will, muss die wesentlichen Ähnlichkeiten der geregelten mit der nicht geregelten Konstellation herausarbeiten. Weil viele Situationen sowohl Ähnlichkeiten als auch Unähnlichkeiten aufweisen, wenn auch in unterschiedlichem Ausmaß, erfordert die Entscheidung darüber ob Ähnlichkeiten oder Unterschiede überwiegen, ein Werturteil, welches von Rechtsanwender zu Rechtsanwender anders getroffen werden kann[107].

Eine Norm lautet z.B.: „Das Ankleben von Plakaten ist verboten." Wenn A ein Plakat anklebt, fällt dieser Sachverhalt eindeutig unter die Norm. Was gilt, wenn A das Plakat *annagelt*? Dieser Lebenssachverhalt fällt nicht unter die Norm. Kann die Norm analog angewandt werden mit der Rechtsfolge, dass A das Plakat nicht annageln darf? Oder lässt sich hier im Umkehrschluss sagen, dass „Annageln" erlaubt ist, weil nur das „Ankleben" verboten ist? Weil annageln und ankleben für die betroffene Wand ähnliche Resultate haben ist der Analogieschluss hier dem Umkehrschluss vorzuziehen. Das „Annageln" ist deshalb in analoger Anwendung der Norm verboten. **301**

Weitere Beispiele

- § 43 Abs. 3 VwVfG besagt, dass ein nichtiger Verwaltungsakt unwirksam ist. Im Umkehrschluss bedeutet dies, dass ein bloß rechtswidriger Verwaltungsakt wirksam bleibt. **302**
- Nach § 17 VwGO können bei den Verwaltungsgerichten Richter auf Probe oder Richter kraft Auftrags verwendet werden. Der Umkehrschluss ergibt, dass solche Richter bei den Oberverwaltungsgerichten und beim Bundesverwaltungsgericht nicht eingesetzt werden dürfen.
- Nach § 12 Abs. 1 Nr. 2 BBG ist eine Ernennung zurückzunehmen, wenn nicht bekannt war, dass der Ernannte ein Verbrechen oder Vergehen begangen hatte, das ihn der Berufung in das Beamtenverhältnis unwürdig erscheinen lässt, und er deswegen rechtskräftig zu einer Strafe verurteilt war oder wird. Im Umkehrschluss kann daraus gefolgert werden, dass die Verurteilung wegen einer Ordnungswidrigkeit nicht ausreicht, um die Ernennung zurücknehmen.
- Nach § 107 BGB bedarf der Minderjährige zu einer Willenserklärung, durch die er nicht lediglich einen rechtlichen Vorteil erlangt, der Einwilligung seines gesetzlichen Vertreters. Im Umkehrschluss lässt sich daraus folgern, dass Minderjährige Willenserklärungen, die ihnen nur rechtliche Vorteile bringen, ohne Einwilligung ihrer gesetzlichen Vertreter abgeben dürfen.
- § 816 Abs. 1 S. 1 BGB gilt nur für Verfügungen, die auf einem entgeltlichen Grundgeschäft beruhen. Dies wird im Umkehrschluss aus § 816 Abs. 1 S. 2 BGB abgeleitet, der sich ausdrücklich mit unentgeltlichen Verfügungen befasst[108].

105 *Diederichsen/Wagner*, S. 183; *Würdinger/Bergmeister*, Jura 2007, 15, 23; *Schmalz*, Rn. 183.
106 *Rüthers/Fischer*, Rn. 899; *Würdinger/Bergmeister*, Jura 2007, 15, 23; *Kramer*, S. 201; *Diederichsen/Wagner*, S. 183; *Röhl/Röhl*, S. 633; *Heinrichs*, in: Palandt, BGB, Einleitung, Rn. 50; *Schmalz*, Rn. 183.
107 *Kaufmann*, S. 77; *Kramer*, S. 202 f.; *Würdinger/Bergmeister*, Jura 2007, 15, 23 f.
108 *Würdinger/Bergmeister*, Jura 2007, 15, 24.

3. Die Erst-Recht-Schlüsse (argumentum a fortiori)

303 Bei den Erst-Recht-Schlüssen werden der Schluss vom Kleineren auf das Größere (argumentum a minore ad maius) und der Schluss vom Größeren auf das Kleinere unterschieden (argumentum a maiore ad minus)[109]. Beide weisen eine enge Verbindung mit dem Analogieschluss auf, weil sie aus einem Vergleich zweier Konstellationen die Anwendung einer Vorschrift ableiten[110].

a) Der Schluss vom Kleineren auf das Größere (argumentum a minore ad maius)

304 Der Schluss vom Kleineren auf das Größere besagt, dass eine Rechtsfolge, die ein Tatbestand für einen nach dem Gesetzeszweck weniger gewichtigen Sachverhalt anordnet, um so mehr (erst recht) für einen gewichtigeren Fall gelten muss[111], auch wenn dieser nicht geregelt wurde. Wenn man schon keine Hunde und Katzen in seiner Mietwohnung halten darf, dann erst recht keine Bären und Elefanten!

305 **Weitere Beispiele**

- Wenn eine Prüfung bei einem Täuschungs*versuch* für nicht bestanden erklärt werden kann, dann erst recht bei einer *vollendeten* Täuschung.
- Wenn der Tatbestand des besonders schweren Betruges (§ 263 Abs. 3 Nr. 2 StGB) bereits bei einem Vermögensschaden von 50 000 € bejaht wird, so ist der Straftatbestand erst recht erfüllt, wenn der Schaden 80 000 € beträgt.
- § 904 BGB bestimmt: *Der Eigentümer einer Sache ist nicht berechtigt, die Einwirkung eines anderen auf die Sache zu verbieten, wenn die Einwirkung zur Abwendung einer gegenwärtigen Gefahr notwendig und der drohende Schaden gegenüber dem aus der Einwirkung dem Eigentümer entstehenden Schaden unverhältnismäßig groß ist. Der Eigentümer kann Ersatz des ihm entstehenden Schadens verlangen.* Das Argument vom Kleineren auf das Größere ergibt nun folgendes: Eine Entschädigung (analog) § 904 Satz 2 BGB kann auch dann verlangt werden, wenn jemand in einer Notsituation in *nichtvermögenswerte* Rechtsgüter eines anderen (Körper und Freiheit) eingreift, denn wenn schon der Inhaber von bloßen *Sachwerten* als Ausgleich für die Verpflichtung, einen Eingriff zu dulden, einen Ersatzanspruch gegen den Begünstigten hat, muss dies erst recht für denjenigen gelten, dessen Körper oder Gesundheit verletzt wurde[112].
- In Art. 14 Abs. 3 GG heißt es: „Eine Enteignung ist nur zum Wohle der Allgemeinheit zulässig. Sie darf nur durch Gesetz oder aufgrund eines Gesetzes erfolgen, das Art und Ausmaß der Entschädigung regelt." Wenn der Staat also gemäß Art. 14 Abs. 3 GG schon bei einem *rechtmäßigen* enteignenden Eingriff Entschädigung leisten muss, so ergibt sich diese Verpflichtung erst recht bei einem *rechtswidrig* enteignenden (enteignungsgleichen) Eingriff[113].

---

109 *Rüthers/Fischer*, Rn. 897; *Koch/Rüssmann*, S. 259; *Tettinger/Mann*, S. 162.
110 *Schmalz*, Rn. 181; *Kramer*, S. 200; *Koch/Rüssmann*, S. 260; *Schwacke*, S. 111; *Rüthers/Fischer*, Rn. 898; *Schmidt*, VerwArch 97 (2006), 139, 148 f.; *Bitter/Rauhut*, JuS 2009, 289, 297.
111 *Kramer*, S. 200; *Schwacke*, S. 111; *Rüthers/Fischer*, Rn. 898; *Zippelius*, S. 68 f.; *Mastronardi*, S. 193; *Tettinger/Mann*, S. 162 f.
112 *Bassenge*, in: Palandt, BGB, § 904, Rn. 1; *Rüthers/Fischer*, Rn. 898.
113 BGHZ 6, 270, 290; 90, 17, 29 ff.; *Rüthers/Fischer*, Rn. 898; *Schwintowski*, S. 81; *Diederichsen/Wagner*, S. 184.

b) Der Schluss vom Größeren auf das Kleinere (argumentum a maiore ad minus)

Dieser Schluss geht davon aus, dass die weitreichendere Regelung eine weniger weitreichende mit umfasst[114]. Vereinfacht gesagt: Wenn vier Liter in einen Krug passen, so gehen auch drei Liter hinein. So kann die Verwaltung, die nach ihrem Ermessen über die Ablehnung eines Verwaltungsakts entscheiden darf (das Größere), erst recht eine Genehmigung mit Nebenbestimmungen nach § 36 Abs. 2 VwVfG (das Kleinere) als mildere Maßnahme auswählen[115]. **306**

Weitere Beispiele

- Nach § 626 Abs. 1 BGB kann ein Dienstvertrag von jedem Vertragsteil aus wichtigem Grund ohne Einhaltung einer Kündigungsfrist gekündigt werden, wenn dem Kündigenden aufgrund bestimmter Tatsachen die Fortsetzung des Dienstverhältnisses bis zum Ablauf der Kündigungsfrist oder bis zu der vereinbarten Beendigung des Dienstverhältnisses nicht zugemutet werden kann. Liegen die Voraussetzungen für eine *fristlose* Kündigung vor, so ist der Kündigende auch berechtigt, die Kündigung unter Einhaltung der Fristen der §§ 621, 622 BGB auszusprechen[116]. Verallgemeinert lautet das argumentum a maiore ad minus in diesem Fall: Wenn jemand das Recht hat, ein Dauerschuldverhältnis fristlos zu kündigen, so ist er erst recht berechtigt, es unter Einhaltung einer Frist zu kündigen. **307**
- Wenn ein Beamter die Entfernung von Teilen aus seiner Personalakte verlangen kann, die der Sache nach nicht in diese Akten gehören, so darf er erst recht fordern, dass diese Dokumente anderen Behörden nicht übersandt werden.
- Da die eigenverantwortliche Selbsttötung straflos ist, kann auch die Beteiligung an einer solchen Tat nicht strafbar sein.

Das argumentum a maiore ad minus kann sich auch auf die Tatbestandsseite der Norm beziehen: Wenn nach dem Gesetz nicht einmal der gewichtigere Sachverhalt eine bestimmte Rechtsfolge auslöst, so erst recht nicht der weniger gewichtige Sachverhalt[117]. Wenn schon ein Gutgläubiger eine bestimmte Rechtsfolge *nicht* geltend machen kann, so erst recht nicht ein Bösgläubiger. **308**

4. Der Schluss vom absurden Ergebnis (argumentum ad absurdum)

Dieser Schluss knüpft an die im Zusammenhang mit der teleologischen Auslegung bereits vorgestellte Folgenbetrachtung an[118]. Er bemüht sich darum, eine Auslegungsvariante zu widerlegen, indem er nachweist, dass diese zu untragbaren Ergebnissen führt[119]. **309**

---

114 *Tettinger/Mann*, S. 162; *Bitter/Rauhut*, JuS 2009, 289, 297; *Diederichsen/Wagner*, S. 184; *Schmalz*, Rn. 182; *Schwacke*, S. 111.
115 *Schmalz*, Rn. 182.
116 *Weidenkaff*, in: Palandt, BGB, § 626, Rn. 33; *Rüthers/Fischer*, Rn. 898; *Schwacke*, S. 111; *Bitter/Rauhut*, JuS 2009, 289, 297.
117 *Kramer*, S. 200 f.
118 S.o. C. II. 4.
119 *Schmalz*, Rn. 289; *Kramer*, S. 165 f.; *Schwacke*, S. 90; *Heinrichs*, in: Palandt, BGB, Einleitung, Rn. 52; *Bitter/Rauhut*, JuS 2009, 289, 296.

310 Beispiele

- Bei rückwirkend in Kraft tretenden Gesetzen stellte sich die Frage, ob die Jahresfrist des § 93 Abs. 2 Bundesverfassungsgerichtsgesetz (BVerfGG) zur Erhebung der Verfassungsbeschwerde mit der Verkündung des Gesetzes oder mit seinem (in der Vergangenheit liegenden) Inkrafttreten zu laufen beginnt. Das Bundesverfassungsgericht entschied u.a. mit Hilfe des argumentum ad absurdum für die erstere Alternative[120]: „Es wäre dann sogar möglich, dass Gesetze, deren Geltungsbeginn um 1 Jahr oder einen noch längeren Zeitraum vor der Verkündung rückverlegt wird, überhaupt nicht mehr mit der Verfassungsbeschwerde angefochten werden könnten. Solche Möglichkeiten würden einer sinnvollen Auslegung und Anwendung des § 93 Abs. 2 BVerfGG nicht entsprechen".
- F hat ihrem Mann M gedroht, sie werde sich töten, wenn M sie verlasse. Als M eines Abends nicht nach Hause kommt, begeht F Selbstmord. Könnte M wegen fahrlässiger Tötung seiner Frau F bestraft werden? Das argumentum ad absurdum ergibt folgendes: Würde man das bejahen, so hätte dies zur Folge, dass M gezwungen wäre, in einer zerrütteten Ehe auszuharren, bis die Selbstmordgefahr nicht mehr besteht und dass ihm bei Zuwiderhandlung eine erhebliche Freiheitsstrafe droht. Dies ist ein offenbar absurdes Ergebnis[121].

VII. Rechtsergänzung

311 Ähnlich wie beim Analogieschluss tritt das Erfordernis, das Recht zu ergänzen, nur dann auf, wenn eine regelungsbedürftige Lücke in der Rechtsordnung festgestellt werden konnte[122]. Im Unterschied zur Situation beim Analogieschluss fehlt es jedoch an Vorschriften, die analog herangezogen werden können[123]. Diese Situation kann eintreten, wenn zu neuen technischen Entwicklungen, z.B. neuen Medien, oder neuen wirtschaftlichen Entwicklungen, z.B. einem neuen Typus Wertpapier, noch überhaupt keine Regelungen erlassen wurden[124]. Es gibt überdies Gebietslücken, das sind ganze Teilrechtsgebiete, in denen keine oder nur rudimentäre gesetzliche Regeln existieren wie z.B. im Arbeitskampfrecht[125] oder im Staatshaftungsrecht[126]. Mangels Anhaltspunkten wird es bei Rechtsergänzungen im Gegensatz zu Analogieschlüssen in der Regel nicht möglich sein, sich an einem Regelungsplan des Gesetzgebers auszurichten[127].

312 Hingewiesen sei noch darauf, dass die Unterscheidung zwischen gesetzesnaher Rechtsfortbildung und Rechtsergänzung nicht immer eindeutig zu treffen ist[128]. Insbesondere im Bereich der Rechtsanalogie ist der Übergang fließend.

313 Manche verwenden an Stelle des Begriffs Rechtsergänzung den Ausdruck „gesetzesübersteigendes Richterrecht"[129]. In Anlehnung an *Bernd Rüthers* und *Christian Fischer* wird dieser Wortwahl hier allerdings bewusst nicht gefolgt. Denn sie suggeriert, dass

120 BVerfGE 1, 415, 417.
121 BGHSt 7, 268, 271; *Schmalz*, Rn. 289.
122 *Schwacke*, S. 112 u. 117; *Schmalz*, Rn. 421; *Sauer*, in: Krüper, S. 184.
123 *Schmalz*, Rn. 416; *Schwacke*, S. 112; *Kramer*, S. 175; *Rüthers/Fischer*, Rn. 908.
124 *Rüthers/Fischer*, Rn. 906.
125 *Hillgruber*, JZ 1996, 118, 124; *Rüthers/Fischer*, Rn. 906 f.; *Säcker*, in: Münchner Kommentar, Band 1, Einleitung, Rn. 67; *Schmalz*, Rn. 416; *Rüthers*, S. 117.
126 S. beispielhaft BGHZ 90, 17, 29 ff.; generell *Grzeszick*, in: Erichsen/Ehlers, S. 933.
127 *Schmalz*, Rn. 421; *Gusy*, DÖV 1992, 461, 463.
128 *Kramer*, S. 176; *Zippelius*, S. 79.
129 *Schwacke*, S. 117; *Kramer*, S. 175 u. 227 ff. m.w.N.

entgegen Art. 20 Abs. 3 GG eine Abkoppelung von der vorhandenen Rechtsordnung zulässig sei[130]. Dann bestünde die Gefahr, dass es zu verfassungswidrigen Rechtsergänzungen contra legem kommt[131].

Stattdessen ist bei Rechtsergänzungen Anschluss an die vorhandenen verfassungsrechtlichen Wertmaßstäbe und die einschlägigen allgemeinen Rechtsgrundsätze zu suchen[132]. Die geplante Rechtsergänzung muss ferner verallgemeinerbar sein[133] und die rechtsstaatliche Gewaltenteilung beachten, darf also nicht Rechtspolitik via Urteil betreiben[134]. Die Gründe, die für die vorgesehene Rechtsergänzung sprechen, sind mit möglichen Gegengründen abzuwägen[135]. Als gegenläufige Prinzipien sind insbesondere die Rechtssicherheit und der Vertrauensschutz relevant[136]. **314**

Beispiele für akzeptierte Rechtsergänzungen bieten die Rechtsprechung des Bundesverfassungsgerichts zur Zulässigkeit der echten bzw. unechten Rückwirkung von Gesetzen[137] oder die Einführung neuer Freiheitsgrundrechte, wie etwa des Rechts auf informationelle Selbstbestimmung[138] oder des Rechts auf Integrität und Vertraulichkeit informationstechnischer Systeme[139]. **315**

Aus dem Straf- und Ordnungswidrigkeitenrecht lässt sich der ungeschriebene Rechtfertigungsgrund der Pflichtenkollision nennen[140]. Im Unterschied zu § 34 StGB ist dieser dadurch gekennzeichnet, dass das geschützte Rechtsgut nicht wertvoller ist, als das beeinträchtigte Rechtsgut, sondern dass beide die gleiche Bedeutung haben. Dennoch entfällt bei einer Pflichtenkollision die Rechtswidrigkeit. **316**

Aus dem Bürgerlichen Recht kommen die Anscheinsvollmacht[141] oder der Vertrag mit Schutzwirkung für Dritte als Beispiele in Frage[142]. Abweichend von dem Grundsatz, dass Verträge nur die jeweiligen Vertragspartner treffen[143], hat die Rechtsprechung mit dieser Neuschöpfung etwa die Schutzpflichten aus einem Mietvertrag auf die Familienangehörigen und die Bediensteten des Mieters ausgedehnt[144]. **317**

---

130 *Rüthers/Fischer*, Rn. 912.
131 Hiervor warnt auch *Schmalz*, Rn. 423.
132 BVerfG, JZ 2010, 1177, 1179; BGHZ 108, 305, 309 f.; BVerwGE 101, 51, 54; *Rüthers/Fischer*, Rn. 911 f.; *Schmalz*, Rn. 424; *Schwacke*, S. 112; *Kramer*, S. 236 f. u. 247 ff.; *von Arnim/Brink*, S. 268; *Zippelius*, S. 85; *Sprau*, in: Palandt, BGB, Einl., Rn. 57.
133 *Kramer*, S. 237 f.; *Koch/Rüssmann*, S. 370; *Zippelius*, S. 80.
134 *Schmalz*, Rn. 424; *Rüthers/Fischer*, Rn. 910; *Schwacke*, S. 117; *Rüthers*, S. 122 f.; *Kramer*, S. 285.
135 *Schmalz*, Rn. 424 f.; *Zippelius*, S. 71 u. 84; *Rüthers/Fischer*, Rn. 961.
136 *Schmalz*, Rn. 424; *Schwacke*, S. 117; *Rüthers/Fischer*, Rn. 961.
137 Vergl. z.B. BVerfGE 11, 139, 145 f.; 30, 367, 385 ff.; 114, 258, 300; *Schwacke*, S. 118; *Schnappauf*, in: Hömig, GG, vor Art. 70, Rn. 12; *Leisner*, in: Sodan, GG, Art. 20, Rn. 60 ff.
138 BVerfGE 65, 1, 42 ff.; *Kranenpohl*, Der Staat 2009, 387, 398.
139 BVerfGE 120, 274, 302 ff.
140 RGSt 59, 404, 406 f.; *Mitsch*, S. 87 f.; *Lackner/Kühl*, StGB, § 34, Rn. 15 mit zahlreichen w.N.
141 *Säcker*, in: Münchner Kommentar, Band 1, Einleitung, Rn. 67.
142 *Schmalz*, Rn. 430; *Sprau*, in: Palandt, BGB, Einl., Rn. 57; *Säcker*, in: Münchner Kommentar, Band 1, Einleitung, Rn. 67.
143 *Medicus/Petersen*, Rn. 202.
144 Vergl. z.B. BGHZ 56, 269, 273; 145, 187, 197; BGH, NJW 2004, 3035, 3036; *Medicus/Petersen*, Rn. 839; *Musielak*, Rn. 888 ff.

318 Als unzulässige Rechtsergänzung wurde z.B. die Begründung einer persönlichen Schadensersatzpflicht eines Studierendenvertreters aus allgemeinen Rechtsgrundsätzen beurteilt[145]. Ebenso abgelehnt wurde der Versuch, den Katalog der privilegierten Forderungen im Konkurs um die nicht dort aufgeführten Forderungen aus dem Sozialplan zu erweitern[146].

319 Zusammenfassend lässt sich sagen, dass eine Rechtsergänzung eher selten ist und folgende Voraussetzungen hat:

- Es gibt eine Regelungslücke, die gefüllt werden muss, um eine Rechtsverweigerung zu vermeiden;
- Dies kann weder durch Auslegung noch durch Analogie geschehen, weil es keine passenden Vorschriften gibt;
- Die erforderliche Interessenabwägung ergibt ein klares Übergewicht der für die Rechtsergänzung sprechenden Aspekte.

Lösungen zu den Analogietestfällen:

320 § 1362 Abs. 1 BGB: *Zugunsten der Gläubiger des Mannes und der Gläubiger der Frau wird vermutet, dass die im Besitz eines Ehegatten oder beider Ehegatten befindlichen beweglichen Sachen dem Schuldner gehören. (...).* § 1362 BGB bezieht sich seinem Wortlaut nach nur auf Ehegatten. Das Oberlandesgericht Köln[147] hat die analoge Anwendung des § 1362 BGB auf die nichteheliche Lebensgemeinschaft verneint. Begründet wurde dies u.a. damit, dass keine wesentliche Ähnlichkeit der Ehe mit der nichtehelichen Lebensgemeinschaft bestehe, weil letztere nicht auf lebenslange Dauer angelegt sei und eine Vermischung der Eigentumsgegenstände nicht unbedingt erfolge. Dieses Beispiel zeigt die Bedeutung von Wertungen bei der Analogie deutlich.

321 Die analoge Anwendung des § 45 Abs. 1 VwVfG (Heilung von Verfahrens- und Formfehlern) auf nicht ausdrücklich genannte, aber verwandte Fallgruppen wird kontrovers diskutiert. Der Wortlaut der Vorschrift ist insoweit wenig hilfreich. Während etwa die Aufzählung der Ausnahmen in § 28 Abs. 2 VwVfG durch die Verwendung des Wortes „insbesondere" deutlich macht, dass weitere Fälle denkbar sind, in denen eine Anhörung entfallen kann und die Aufzählung des § 49 Abs. 2 VwVfG durch die Verwendung des Wortes „nur" indiziert, dass sie abschließend gemeint ist, fehlen solche Hinweise im Text des § 45 Abs. 1 VwVfG. Dennoch hat die Rechtsprechung mit Zustimmung eines Teils der Lehre[148] eine entsprechende Anwendung der Heilungsnorm z.B. auf eine unterbliebene mündliche Verhandlung (§ 67 Abs. 1 VwVfG)[149] oder eine zu Unrecht verweigerte Akteneinsicht (§ 29 VwVfG)[150] akzeptiert. Diese Linie erscheint aus

145 BVerwGE 101, 51, 55 ff.
146 BVerfGE 65, 182, 190 ff.; *Röhl/Röhl*, S. 636.
147 OLG Köln, NJW 1989, 1737 m.w.N. zu anderen Wertungsmöglichkeiten.
148 OVG Münster, NVwZ-RR 1995, 314; VGH München, NVwZ-RR 1999, 119, 120; *Kopp/Ramsauer*, VwVfG, § 45, Rn. 16 u. 24; für eine restriktive analoge Anwendung plädiert *Meyer*, in: Knack, VwVfG, § 45, Rn. 21.
149 BVerwG, NVwZ 1984, 578, 579.
150 VGH München, BayVBl 1990, 370, 371.

drei Gründen fragwürdig. Zum einen ist es aus systematischer Perspektive nicht überzeugend den Anwendungsbereich des § 45 VwVfG auszudehnen, obwohl mit § 46 VwVfG eine – laut Gesetzesbegründung „ergänzende"[151] – Bestimmung zur Verfügung steht, die nahezu alle formellen Fehler erfasst und bei weniger gravierenden Schnitzern den Belangen der Verfahrensökonomie ausreichend Rechnung trägt. Zum anderen wird der Grundsatz der Gesetzmäßigkeit der Verwaltung unterlaufen, wenn man ungeschriebene Ausnahmen von Verfahrensregeln zulässt. Eine großzügige analoge Anwendung des § 45 Abs. 1 VwVfG mag zwar aus der Sicht der Verwaltung praktisch sein, entwertet aber die nicht in den Katalog der Norm aufgenommenen formellen Aspekte und lädt auf lange Sicht zur Nachlässigkeit ein[152], insbesondere wenn man die sehr lange Heilungsfrist des § 45 Abs. 2 VwVfG in Rechnung stellt. Drittens soll das Verfahrensrecht einen auch verfassungsrechtlich gebotenen fairen Umgang mit dem Bürger[153] und ein sachlich richtiges Ergebnis sichern[154]. Beide Grundgedanken werden missachtet, wenn man beliebige formelle Mängel im Nachhinein heilen kann. Im Ergebnis muss deshalb eine analoge Anwendung der Heilungsvorschrift auf weitere, dort nicht ausdrücklich genannte Verfahrensfehler grundsätzlich abgelehnt werden[155]. Ausnahmen von diesem Grundsatz erscheinen nach dem Rechtsgedanken „volenti non fit iniuria"[156], der sich auch in § 67 Abs. 2 Nr. 4 VwVfG wiederfindet, immerhin dann vertretbar, wenn der betroffene Bürger mit der Nachholung der versäumten Verfahrenshandlung einverstanden ist.

151 BT-Drucks. 7/910, S. 65.
152 *Sodan*, DVBl 1999, 729, 737; *Meyer*, in: Knack, VwVfG, § 46, Rn. 8.
153 BT-Drucks. 7/910, S. 29; *Maurer*, § 5, Rn. 8; *Sodan*, DVBl 1999, 729, 737 f.
154 *Maurer*, § 10, Rn. 42.
155 *Hufen*, Fehler im Verwaltungsverfahren, S. 365; *Sodan*, DVBl 1999, 729, 732.
156 Dem Zustimmenden (wörtlich: Wollenden) geschieht kein Unrecht.

G. Rechtsquellenlehre

I. Was ist eine Rechtsquelle?

322 Rechtsprechung und Verwaltung sind nach Art. 20 Abs. 3 GG an Gesetz und Recht gebunden. Die Rechtsquellenlehre versucht, die Frage zu beantworten, wonach genau diese beiden Staatsgewalten sich richten müssen[1]. Welche Regeln müssen sie als Recht akzeptieren und anwenden, welche nicht? Die Rechtsquellenlehre legt also die Entstehungsgründe verbindlicher Rechtssätze fest[2]. Erst eine genaue Erfassung dieser Rechtssätze garantiert eine rechtmäßige Entscheidung.

323 Im Folgenden wird ein juristisch geprägter Rechtsquellenbegriff zu Grunde gelegt, der als Rechtsquelle nur solche Regeln anerkennt, die verbindliche Rechtssätze i.S.d. Art. 20 Abs. 3 und 97 Abs. 1 GG erzeugen[3]. Hingewiesen sei darauf, dass auch ein soziologisch orientierter Rechtsquellenbegriff existiert, der als Rechtsquelle jeden Einflussfaktor auf die Entstehung einer rechtlichen Entscheidung akzeptiert und beschreibt[4]. Nach diesem Begriff wären etwa Medienberichte, die öffentliche Meinung oder sogar ein Bestechungsgeld ebenfalls Rechtsquellen.

324 In Anlehnung an Art. 19 Abs. 1 Satz 1 GG, der grundrechtsbeschränkende Einzelfallgesetze grundsätzlich untersagt, ist von einer Rechtsquelle zu fordern, dass sie allgemein gilt[5]. Diese Forderung begrenzt die Durchsetzung von Partikularinteressen und fördert damit die Gleichbehandlung aller Bürger; überdies schaffen Normen, die für eine Vielzahl von Fällen und eine unbestimmte Anzahl von Personen gelten, Berechenbarkeit und Rechtssicherheit[6]. Der Rechtsquellenbegriff umfasst deshalb nicht konkret-individuelle Einzelfallentscheidungen, wie etwa Verwaltungsakte oder Verträge[7]. Allgemeine Geschäftsbedingungen (AGB) gehören ebenfalls nicht zu den Rechtsquellen[8]. Denn sie gelten nicht ohne weiteres, sondern müssen wie andere Vereinbarungen zwischen den Parteien nach § 305 BGB in den Vertrag einbezogen werden.

325 Nicht zu den Rechtsquellen gehört das Juristenrecht. So schön es auch für Juraprofessoren wäre, wenn ihre gelehrten Abhandlungen als Rechtsquelle verstanden würden, so bleiben sie doch auf eine – häufig allerdings einflussreiche – Beratungsfunktion beschränkt[9]. Denn Rechtswissenschaftlerinnen und Rechtswissenschaftlern fehlt die demokratische Legitimation zur Rechtssetzung und sie brauchen ihre Vorschläge auch nicht politisch zu verantworten[10].

---

1 *Rüthers/Fischer*, Rn. 217; *Röhl/Röhl*, S. 519; *Gusy*, DÖV 1992, 461, 466.
2 *Rüthers*, S. 127.
3 *Rüthers/Fischer*, Rn. 217; *Röhl/Röhl*, S. 519 f.
4 *Röhl/Röhl*, S. 519; *Rüthers/Fischer*, Rn. 217; *Schweitzer*, Rn. 98; ähnlich *Adomeit/Hähnchen*, S. 7.
5 *Rüthers/Fischer*, Rn. 219.
6 *Rüthers/Fischer*, Rn. 219; *Röhl/Röhl*, S. 299.
7 *Rüthers/Fischer*, Rn. 219; *Röhl/Röhl*, S. 553; *Schmalz*, Rn. 50; a.A. für Verträge *Schwintowski*, S. 13.
8 *Röhl/Röhl*, S. 554.
9 *Rüthers/Fischer*, Rn. 261; *Röhl/Röhl*, S. 570; *Säcker*, in: Münchner Kommentar, Band 1, Einleitung, Rn. 93; *Kramer*, S. 243 f.; *Sauer*, in: Krüper, S. 174.
10 *Rüthers/Fischer*, Rn. 260; *Säcker*, in: Münchner Kommentar, Band 1, Einleitung, Rn. 93.

Ebenfalls nicht als Rechtsquelle anzuerkennen ist das Naturrecht, hier verstanden als dem Recht vorausliegende Grundsätze von Menschenwürde und Gerechtigkeit[11]. Denn es lässt sich inhaltlich kaum sicher fassen[12] und hat keinen anderen Geltungsgrund als die Behauptung des jeweiligen Rechtsanwenders, dass es eben so sein müsse[13]. Das ist für eine Rechtsquelle zu wenig[14]. Im Übrigen hat das Grundgesetz viele naturrechtliche Positionen in positives Recht umgesetzt[15], so dass kein ernsthafter Bedarf für naturrechtliche Lösungen mehr besteht. **326**

Rechtsquellen können unterschiedliche Formen[16] und Urheber, unterschiedliche Reichweite und einen unterschiedlichen Rang aufweisen[17]. Die meisten – aber nicht alle – sind schriftlich fixiert[18]. Die unterschiedlichen Rechtsquellenarten werden unter II. näher vorgestellt. Vorweg lässt sich festhalten, dass für die deutsche Rechtsordnung das Unionsrecht, die Verfassung und die staatlichen Gesetze die wichtigsten Rechtsquellen darstellen. Die Rangordnung der Rechtsquellen wird unter III. erörtert. **327**

II. Die Rechtsquellen im Einzelnen

Zu den in Deutschland generell akzeptierten Standardrechtsquellen zählen internationale und supranationale Regeln, die Verfassung, die staatlichen Gesetze, Rechtsverordnungen, Satzungen, Tarifverträge und Betriebsvereinbarungen sowie das Gewohnheitsrecht[19]. Unter 1.-8. werden diese Rechtsquellen der Reihe nach vorgestellt. Unklarheit herrscht über die Rechtsquellenqualität von Verwaltungsvorschriften, Streit darüber, ob auch Richterrecht unter gewissen Bedingungen als Rechtsquelle anzuerkennen ist. Diese beiden Problemfragen werden unter 9. und 10. näher erörtert. **328**

329

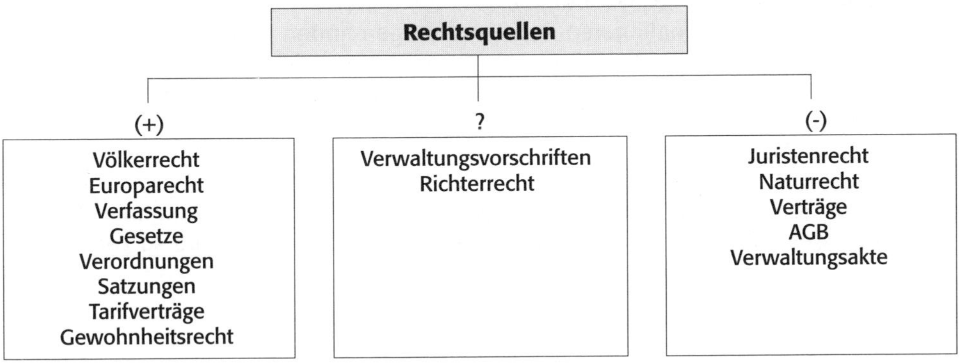

11 *Rüthers/Fischer*, Rn. 263; vertiefend m.w.N. *Röhl/Röhl*, S. 291 f. u. 294.
12 *Schmalz*, Rn. 152; *Rüthers/Fischer*, Rn. 265; *Adomeit/Hähnchen*, S. 16.
13 *Adomeit/Hähnchen*, S. 16; *Rüthers/Fischer*, Rn. 266.
14 *Rüthers/Fischer*, Rn. 267; *Röhl/Röhl*, S. 545 f.; *Schmalz*, Rn. 152.
15 *Rüthers/Fischer*, Rn. 267; *Ehlers*, in: Erichsen/Ehlers, § 2, Rn. 5; *Schmalz*, Rn. 152.
16 *Rüthers/Fischer*, Rn. 217.
17 *Schweitzer*, Rn. 97; *Schwintowski*, S. 13.
18 *Schwacke*, S. 9; *Schwintowski*, S. 13.
19 *Schwacke*, S. 9 f.; *Röhl/Röhl*, S. 532 ff.; *Rüthers/Fischer*, Rn. 220 ff.; *Schmalz*, Rn. 42 ff.; *Rüthers*, S. 127 f.

1. Völkerrecht

330 Völkerrecht regelt die Rechtsbeziehungen zwischen souveränen Staaten und zwischen Staaten und Staatenverbindungen (UN, EU)[20]. Zu den Völkerrechtsquellen gehören nach Art. 38 Abs. 1a-c des Statuts des Internationalen Gerichtshofs völkerrechtliche Verträge, das Völkergewohnheitsrecht und die allgemeinen Rechtsgrundsätze des Völkerrechts.

331 Wenn die Bundesrepublik Deutschland einen völkerrechtlichen Vertrag abschließt, wird dieser gemäß Art. 59 GG in nationales Recht transformiert und zusammen mit dem Zustimmungsgesetz im Bundesgesetzblatt II veröffentlicht. Sobald der Vertrag völkerrechtlich in Kraft getreten ist, gilt er dann wie ein Bundesgesetz[21]. Beispiele für solche Verträge sind Wirtschaftsförderungs- und Investitionsschutzabkommen mit fast allen Ländern der Welt, Abkommen zur Vermeidung der Doppelbesteuerung, UN-Konventionen über die Rechte des Kindes, über den Klimaschutz, die Biodiversität etc.

332 Völkergewohnheitsrecht und die allgemeinen Rechtsgrundsätze des Völkerrechts werden über Art. 25 GG Teil der deutschen Rechtsordnung[22]. Völkergewohnheitsrecht liegt vor, wenn zahlreiche Staaten dauerhaft eine bestimmte Übung in der Überzeugung praktizieren, hierzu völkerrechtlich verpflichtet zu sein[23]. So wird z.B. der Rechtfertigungsgrund des Notstandes, der die Rechtswidrigkeit eines staatlichen Verhaltens entfallen lässt, gewohnheitsrechtlich anerkannt[24]. Weitere Beispiele für Völkergewohnheitsrecht bieten die Voraussetzungen für die Staatsqualität – Staatsgebiet, Staatsvolk, Staatsgewalt – oder die Regeln über die Anerkennung von Staaten[25].

333 Unter Allgemeinen Rechtsgrundsätzen, die vom Bundesverfassungsgericht ebenfalls zu den allgemeinen Regeln des Völkerrechts gerechnet werden[26], versteht man Grundsätze, die sich in fast allen nationalen Rechtsordnungen finden und die deshalb auf das Völkerrecht übertragen werden können[27]. Beispiele für solche Rechtsgrundsätze, die meist nur grobe Richtlinien für das Verhalten der Staaten geben[28], sind die Prinzipien der Verjährung und der Verwirkung oder das Prinzip, Verpflichtungen nach Treu und Glauben zu erfüllen[29].

334 Art. 25 S. 2 GG legt fest, dass Völkergewohnheitsrecht und die allgemeinen Rechtsgrundsätze des Völkerrechts den Bundesgesetzen vorgehen. Dies wird so verstanden,

---

20 *Ehlers*, in: Erichsen/Ehlers, § 2, Rn. 20.
21 *Röhl/Röhl*, S. 541; *Rüthers/Fischer*, Rn. 221.
22 *Röhl/Röhl*, S. 541; *Schmahl*, in: Sodan, Art. 25, Rn. 2 ff.; *Schweitzer*, Rn. 254.
23 BVerfGE 46, 342, 367; 96, 68, 86 f.; *Schmahl*, in: Sodan, Art. 25, Rn. 4; *Ehlers*, in: Erichsen/Ehlers, § 2, Rn. 24; *Herdegen*, Völkerrecht, § 16, Rn. 1; *Schweitzer*, Rn. 237 f.
24 BVerfGE 118, 124, 144.
25 *Herdegen*, Völkerrecht, § 16, Rn. 1.
26 BVerfGE 31, 145, 177 f.; 96, 68, 86; a.A. *Schweitzer*, Rn. 472.
27 BVerfGE 118, 124, 145 f.; *Herdegen*, Völkerrecht, § 17, Rn. 1; *Schweitzer*, Rn. 260; *Schmahl*, in: Sodan, Art. 25, Rn. 5; *Ehlers*, in: Erichsen/Ehlers, § 2, Rn. 25.
28 *Schweitzer*, Rn. 258.
29 *Schmahl*, in: Sodan, Art. 25, Rn. 5; *Herdegen*, Völkerrecht, § 17, Rn. 2 f.; *Schweitzer*, Rn. 260.

dass diese Regeln über den Bundesgesetzen, aber unter der Verfassung einzuordnen sind[30].

Erinnert sei noch einmal daran, dass bei einem Widerspruch zwischen Völkergewohnheitsrecht und einfachem Bundesrecht zunächst der Versuch der völkerrechtskonformen Auslegung zu unternehmen ist, bevor die Bundesnorm für ungültig erklärt wird. 335

2. Europarecht

Ein Rechtsmethodikbuch ist nicht der Ort, um die Entwicklung und die Details des Unionsrechts im Verhältnis zum nationalen Recht darzustellen. Geboten werden kann hier nur ein kleiner Ausschnitt, beschränkt auf die aktuelle Rechtslage, also den Rechtsstand nach Inkrafttreten des Vertrages von Lissabon am 1. Dezember 2009, und die Rechtsquellenfrage. 336

Europäische Rechtsvorschriften ergeben sich zunächst aus dem Primärrecht, dem Vertrag über die Europäische Union (EUV), dem Vertrag über die Arbeitsweise der Europäischen Union (AEUV), der durch Art. 6 Abs. 1 EUV gleichgestellten Grundrechtecharta sowie diversen Anhängen und Protokollen zu den Verträgen (Art. 51 EUV)[31]. Hinzu tritt das Sekundärrecht, das sind im Wesentlichen Verordnungen, Richtlinien und Beschlüsse, die auf der Basis des Art. 288 AEUV von den Organen der Europäischen Union erlassen werden[32]. Das Primärrecht in Gestalt der Verträge beinhaltet die Organisation der EU und ihre Kompetenzen, selten nur enthält es verbindliche Normen für die Unionsbürger (z.B. Art. 101, 102 AEUV Beihilfenkontrolle)[33]. 337

Von den sekundärrechtlichen Normen entspricht die Verordnung dem nationalen Gesetz und ist in ihren Einzelheiten unmittelbar verbindlich[34]. Der Beschluss behandelt meistens einen Einzelfall und lässt sich insoweit mit dem deutschen Verwaltungsakt vergleichen[35]. Beschlüsse können indes auch an einen allgemeinen Personenkreis gerichtet sein und wirken dann wie Verordnungen[36]. Insoweit ähneln sie den Allgemeinverfügungen des § 35 S. 2 VwVfG[37]. 338

Die komplizierteste und gleichzeitig am häufigsten eingesetzte Rechtsquelle des Europarechts stellt die Richtlinie dar. Der nationale Gesetzgeber muss ihre Ziele verwirklichen, hat aber Spielraum bei den Umsetzungsmitteln[38]. 339

30 BVerfGE 6, 309, 363; 37, 271, 279; 111, 307, 318 f.; 112, 1, 25 f.; *Ehlers*, in: Erichsen/Ehlers, § 2, Rn. 97; *Schmahl*, in: Sodan, Art. 25, Rn. 12; *Schweitzer*, Rn. 479.
31 *Schweitzer*, Rn. 322; *Herdegen*, Europarecht, § 8, Rn. 1 u. 5.
32 Weitergehende Einzelheiten zum Sekundärrecht etwa bei *Schweitzer*, Rn. 337 a ff.
33 *Rüthers/Fischer*, Rn. 222; *Herdegen*, Europarecht, § 8, Rn. 13 f.
34 *Herdegen*, Europarecht, § 8, Rn. 35; *Schweitzer*, Rn. 340 ff.; *Arndt/Fischer/Fetzer*, Rn. 166 ff.
35 *Schweitzer*, Rn. 353; *Arndt/Fischer/Fetzer*, Rn. 205; *Herdegen*, Europarecht, § 8, Rn. 53.
36 *Schweitzer*, Rn. 354.
37 *Arndt/Fischer/Fetzer*, Rn. 205.
38 *Rüthers/Fischer*, Rn. 222; *Arndt/Fischer/Fetzer*, Rn. 171 ff.; *Schweitzer*, Rn. 344 ff.

340 Richtlinien wenden sich an die EU-Mitgliedsländer und gewähren typischerweise einen Umsetzungszeitraum von zwei bis drei Jahren. Sie müssen normativ umgesetzt werden, d.h. durch Gesetz oder Verordnung, Verwaltungsvorschriften reichen nicht aus[39]. Richtlinien können unter gewissen Bedingungen sogar dann als Rechtsquelle herangezogen werden, wenn es der nationale Gesetzgeber versäumt hat, die Richtlinie rechtzeitig in nationales Recht zu transformieren. Der Europäische Gerichtshof (EuGH) nimmt dies in ständiger Rechtsprechung an, wenn die Richtlinie dem Einzelnen gegenüber dem Staat Rechte einräumt und so genau formuliert ist, dass der Einzelne unmittelbar aus der Richtlinie ein konkretes Recht ableiten kann[40].

341 Gibt es Auslegungsstreitigkeiten in Hinsicht auf die nationale Vorschrift, die eine Richtlinie der EU umsetzt, ist das nationale Recht im Lichte des Wortlauts und des Zwecks der übergeordneten Richtlinie auszulegen (richtlinienkonforme Auslegung)[41].

3. Die Verfassung

342 Für die nationale Rechtsordnung sind das Grundgesetz und die Landesverfassungen Leuchttürme, an denen sich die Setzung, Anwendung und Auslegung des einfachen Rechts zu orientieren haben[42]. Dies folgt aus Art. 1 Abs. 3 und Art. 20 Abs. 3 GG. Die herausgehobene Bedeutung der Verfassung erkennt man auch daran, dass sie sich nur mit einer Zweidrittel-Mehrheit ändern lässt (Art. 79 Abs. 2 GG). Erinnert sei an die Ausstrahlungswirkung der Grundrechtsordnung in das Privatrecht hinein, die das Bundesverfassungsgericht über dessen Generalklauseln verwirklicht[43]. Erinnert sei ferner an die Pflicht zur verfassungskonformen Auslegung[44].

4. Gesetze

343 Unter dem Begriff des Gesetzes wird im Rahmen der Rechtsquellenlehre nur das Gesetz im formellen oder engeren Sinn verstanden, welches vom Bundestag oder einem Landesparlament erlassen wurde[45]. Maßgeblich für diesen Gesetzesbegriff ist also der Urheber der Norm. Entsteht eine Regelung nicht in dem durch die Verfassung vorgesehenen Gesetzgebungsverfahren und durch die Entscheidung des Parlaments,

---

39 EuGH, Slg. 1991, I-2567,2602 f.; *Herdegen*, Europarecht, § 8, Rn. 39; *Ehlers*, in: Erichsen/Ehlers, § 2, Rn. 69 u. § 5, Rn. 13; *Arndt/Fischer/Fetzer*, Rn. 176 f.

40 EuGH, Slg. 1982, 53, Rn. 21 ff.; EuGH Slg 1991, I-5357, Rn. 11 ff.; EuGH, EuZW 1996, 654, 655 f.; EuGH, EuZW 1996, 695, 698; *Arndt/Fischer/Fetzer*, Rn. 190 ff.; *Herdegen*, Europarecht, § 8, Rn. 45 f; *Schweitzer*, Rn. 348 hier auch zur Kritik an dieser Rechtsprechung.

41 EuGH Slg 2004, I-8835, Rn. 115; EuGH, Slg. 2006, I-6057, Rn. 111 ff.; *Herdegen*, Europarecht, § 8, Rn. 41; *Schweitzer*, Rn. 352 d.

42 *Rüthers/Fischer*, Rn. 223; *Schwacke*, S. 9; *Röhl/Röhl*, S. 544.

43 S.o. A. III.

44 S.o. C. II. 2.

45 *Schmalz*, Rn. 42; *Schwacke*, S. 9; *Ehlers*, in: Erichsen/Ehlers, § 2, Rn. 35; *Röhl/Röhl*, S. 545; *Rüthers/Fischer*, Rn. 224.

sondern wird sie, wie beispielsweise eine Verordnung, von einem Ministerium beschlossen oder wie eine Satzung von der Gemeindevertretung, spricht man von einem Gesetz im materiellen oder weiteren Sinne[46].

Dieser weite Gesetzesbegriff ist in Art. 2 EGBGB gemeint, wo es heißt: *Gesetz im Sinne des Bürgerlichen Gesetzbuchs und dieses Gesetzes ist jede Rechtsnorm.* **344**

Die Bezeichnung einer Rechtsnorm mit dem Titel „Gesetz" wird nur für formelle Gesetze gebraucht. Sie ist allerdings nicht zwingend zu verwenden. Auch die Landesbauordnungen, die Abgabenordnung oder die Strafprozessordnung sind formelle Gesetze. **345**

Soweit in einer Norm selbst der Begriff Gesetz als Tatbestandsmerkmal genannt ist, ist durch Auslegung zu prüfen, ob damit nur ein formelles oder auch ein materielles Gesetz gemeint ist. Als Beispiele seien genannt: **346**

Beispiele

Art. 2 Abs. 2 S. 3 GG: *In diese Rechte darf nur auf Grund eines Gesetzes eingegriffen werden.* Gemeint sind nur formelle Gesetze.

Art. 3 Abs. 1 GG: *Alle Menschen sind vor dem Gesetz gleich.* Gemeint sind formelle und materielle Gesetze.

Art. 100 Abs. 1 S. 1 GG: *Hält ein Gericht ein Gesetz, auf dessen Gültigkeit es bei der Entscheidung ankommt, für verfassungswidrig, so ist das Verfahren auszusetzen und, wenn es sich um die Verletzung der Verfassung eines Landes handelt, die Entscheidung des für Verfassungsstreitigkeiten zuständigen Gerichts des Landes, wenn es sich um die Verletzung dieses Grundgesetzes handelt, die Entscheidung des Bundesverfassungsgerichts einzuholen.* Gemeint sind formelle Gesetze.

5. Verordnungen

Wegen Art. 80 Abs. 1 GG können Bundesverordnungen nur auf der Basis eines Gesetzes erlassen werden, welches Inhalt, Zweck und Ausmaß der Verordnungsermächtigung festlegt. Die Landesverfassungen weisen insoweit parallele Regelungen auf[47]. Hiermit soll die Durchbrechung der Gewaltenteilung unter Kontrolle gehalten werden, die darin besteht, dass Exekutivorgane wie Regierungen oder Minister Recht setzen dürfen[48]. **347**

Die praktische Bedeutung von Rechtsverordnungen steht der von Gesetzen kaum nach[49]. Denken Sie an die alltagsrelevante Regelung des Straßenverkehrs durch die Straßenverkehrsordnung und die Straßenverkehrszulassungsordnung. Auch das Immissionsschutzrecht wäre nur mit dem Bundes-Immissionsschutzgesetz und ohne die dazugehörigen fast 40 Verordnungen ein zahnloser Tiger. Es wird geschätzt, dass ca. viermal so viele Verordnungen existieren wie Gesetze[50]. **348**

46 *Röhl/Röhl*, S. 544 f.; *Schmalz*, Rn. 94; *Schwacke*, S. 9; *Rüthers/Fischer*, Rn. 226.
47 S. z.B. Art. 53 HambVerf; Art. 57 Verf MV.
48 *Rüthers/Fischer*, Rn. 226; *Röhl/Röhl*, S. 549; *Schwacke*, S. 9; *Schmalz*, Rn. 43.
49 *Röhl/Röhl*, S. 549; *Ehlers*, in: Erichsen/Ehlers, § 2, Rn. 49.
50 *Röhl/Röhl*, S. 549.

349 Im Vergleich zum formellen Gesetz haben Rechtsverordnungen den Vorteil, dass sie schneller zu erlassen, zu ändern oder aufzuheben sind und so eine flexible Reaktion auf technischen oder sozialen Wandel erlauben[51]. Das Gesetz wird überdies von Einzelheiten entlastet[52].

350 Um eine inhaltlich zu weitgehende Delegation der Rechtssetzung an die Exekutive zu verhindern, fordert das Bundesverfassungsgericht in ständiger Rechtsprechung, dass alle wesentlichen Entscheidungen dem Parlamentsgesetz vorbehalten bleiben[53]. Dieser Vorbehalt des Gesetzes gilt für Eingriffe in Freiheit und Eigentum der Bürgerinnen und Bürger, aber auch bei anderen für das Gemeinwesen wesentlichen Entscheidungen, etwa der Entscheidung über die Nutzung der Kernenergie.

6. Satzungen

351 Im Unterschied zu den Verordnungen werden Satzungen nicht von der Exekutivspitze erlassen, sondern von eigenständigen juristischen Personen des öffentlichen Rechts, die sich selbst verwalten dürfen[54]. Die sogenannte Satzungsautonomie ergibt sich in aller Regel aus einem Gesetz oder der Verfassung[55].

352 Das Paradebeispiel für die Selbstverwaltung durch Satzungen bieten Gemeinden und Kreise, deren Selbstverwaltung auf Art. 28 Abs. 2 GG beruht. Als Beispiele für Gemeindesatzungen lassen sich Bebauungspläne (§ 10 Abs. 1 BauGB), Gebührensatzungen oder Baumschutzsatzungen nennen. Andere Verwaltungsträger mit Satzungsbefugnis sind etwa die Sozialversicherungsträger oder die Hochschulen, die aufgrund einer Ermächtigung in den jeweiligen Hochschulgesetzen etwa Zulassungsordnungen, Prüfungsordnungen oder Promotionsordnungen erlassen dürfen.

353 Eine dem unter 5. erwähnten Art. 80 Abs. 1 GG entsprechende Vorschrift gibt es für Satzungen nicht. Zum einen beschränkt sich die Geltung von Satzungen auf einen kleineren räumlichen (Gemeinde) oder personellen Bereich (Hochschulmitglieder). Verordnungen gelten dagegen bundes- oder landesweit. Zum anderen sind die selbst verwalteten Einrichtungen binnendemokratisch legitimiert[56]. Diejenigen, an die sich Satzungen wenden, haben also durch die Wahl von Gemeindevertretern oder Mitgliedern des Fakultätsrats die Möglichkeit, auf den Inhalt der Satzung einzuwirken. Das Bundesverfassungsgericht drückt dies wie folgt aus[57]:

---

51 *Rüthers/Fischer*, Rn. 227; *Ehlers*, in: Erichsen/Ehlers, § 2, Rn. 49; *Bull/Mehde*, Rn. 218.
52 *Ehlers*, in: Erichsen/Ehlers, § 2, Rn. 49.
53 BVerfGE 49, 89, 126 f.; 84, 212, 226; 95, 267, 307 f.; 98, 218, 251 f.; 108, 282, 311 ff; 111, 191, 216 ff.; *Rüthers/Fischer*, Rn. 226; *Röhl/Röhl*, S. 548; *Ehlers*, in: Erichsen/Ehlers, § 2, Rn. 41 f.; *Jarass/Pieroth*, GG, Art. 20, Rn. 46 ff.
54 *Schwacke*, S. 10; *Bull/Mehde*, Rn. 220; *Schmalz*, Rn. 43; *Röhl/Röhl*, S. 549 f.; *Rüthers/Fischer*, Rn. 228.
55 *Ehlers*, in: Erichsen/Ehlers, § 2, Rn. 57; *Bull/Mehde*, Rn. 220.
56 *Rüthers/Fischer*, Rn. 228; *Ehlers*, in: Erichsen/Ehlers, § 2, Rn. 57.
57 BVerfGE 33, 125, 157 f.

„Denn es macht einen erheblichen Unterschied aus, ob der Gesetzgeber seine – der Materie nach prinzipiell unbeschränkte und allen Bürgern gegenüber wirksame – Normsetzungsbefugnis an eine Stelle der bürokratisch-hierarchisch organisierten staatlichen Exekutive abgibt oder ob er innerhalb eines von vornherein durch Wesen und Aufgabenstellung der Körperschaft begrenzten Bereichs einen bestimmten Kreis von Bürgern ermächtigt, durch demokratisch gebildete Organe ihre eigenen Angelegenheiten zu regeln. Das Bedürfnis, eine Macht zu zügeln, die versucht sein könnte, praktisch-effiziente Regelungen auf Kosten der Freiheit der Bürger durchzusetzen, ist, wie die geschichtliche Erfahrung bestätigt, im ersterwähnten Fall ungleich fühlbarer. Ihm trägt Art. 80 Abs. 1 Satz 2 GG Rechnung; für eine Erweiterung des Geltungsbereichs der Bestimmung auf eine Rechtsetzungsdelegation der hier vorliegenden Art gibt es keinen zulänglichen Grund."

7. Tarifverträge und Betriebsvereinbarungen

Speziell im Arbeitsrecht enthalten Tarifverträge und Betriebsvereinbarungen rechtlich verbindliche Normen[58]. Die Wirkung von Tarifverträgen, deren rechtliche Relevanz auf der Koalitionsfreiheit des Art. 9 Abs. 3 GG beruht, wird in § 4 Abs. 1 des Tarifvertragsgesetzes (TVG) dahingehend beschrieben, dass die Rechtsnormen des Tarifvertrags, die den Inhalt, den Abschluss oder die Beendigung von Arbeitsverhältnissen ordnen, unmittelbar und zwingend zwischen den Tarifparteien gelten. Noch weitergehend ermöglicht es § 5 TVG der Bundesministerin für Arbeit und Soziales, unter bestimmten Voraussetzungen einen Tarifvertrag für allgemeinverbindlich zu erklären. Dies bedeutet, dass der Vertrag auch für solche Arbeitgeber und Arbeitnehmer gilt, die nicht den Verbänden bzw. Gewerkschaften angehören, die den Vertrag abgeschlossen haben. **354**

Betriebsvereinbarungen schließt der Betriebsrat eines Unternehmens mit dem konkreten Arbeitgeber über betriebliche Fragen[59]. Für sie regelt § 77 Abs. 4 Betriebsverfassungsgesetz: *Betriebsvereinbarungen gelten unmittelbar und zwingend. Werden Arbeitnehmern durch die Betriebsvereinbarung Rechte eingeräumt, so ist ein Verzicht auf sie nur mit Zustimmung des Betriebsrats zulässig. Die Verwirkung dieser Rechte ist ausgeschlossen. Ausschlussfristen für ihre Geltendmachung sind nur insoweit zulässig, als sie in einem Tarifvertrag oder einer Betriebsvereinbarung vereinbart werden; dasselbe gilt für die Abkürzung der Verjährungsfristen.* **355**

8. Gewohnheitsrecht

Im Gegensatz zu allen bislang vorgestellten Rechtsquellen ist das Gewohnheitsrecht ungeschrieben[60]. Wegen der immer weiter zunehmenden Rechtssetzungstätigkeit hat es heute, anders als zu früheren Zeiten, keine besonders große Bedeutung mehr[61]. Ihm kommt eher eine ausnahmsweise lückenfüllende Rolle zu. **356**

58 *Schmalz*, Rn. 45; *Röhl/Röhl*, S. 554; *Schwacke*, S. 10; *Rüthers/Fischer*, Rn. 231.
59 *Rüthers/Fischer*, Rn. 230.
60 *Schwacke*, S. 10; *Rüthers/Fischer*, Rn. 233.
61 *Schwacke*, S. 10; *Schmalz*, Rn. 44; *Ehlers*, in: Erichsen/Ehlers, § 2, Rn. 60; *Rüthers/Fischer*, Rn. 232.

357 Dass die Rechtsordnung dennoch bisweilen auf Gewohnheitsrecht als Rechtsquelle zurückgreift, zeigen das oben bereits beschriebene Völkergewohnheitsrecht[62] und die Erwähnung in § 293 ZPO: *Das in einem anderen Staat geltende Recht, die Gewohnheitsrechte und Statuten bedürfen des Beweises nur insofern, als sie dem Gericht unbekannt sind.*

358 Gewohnheitsrecht kann auf allen Rechtsebenen entstehen. Neben dem Völkergewohnheitsrecht gibt es also Unionsgewohnheitsrecht, Verfassungsgewohnheitsrecht auf Bundes- und Landesebene, Gewohnheitsrecht auf der Ebene des Gesetzes und örtlich gebundenes Gewohnheitsrecht auf Satzungsebene (Observanz)[63].

359 Im Straf- und Ordnungswidrigkeitenrecht ist wegen Art. 103 Abs. 2 GG die Heranziehung gewohnheitsrechtlicher Regeln nicht zulässig[64].

360 Eine Regel wird als gewohnheitsrechtlich fundiert anerkannt, wenn sie zwei Bedingungen erfüllt[65]:

- Sie muss seit langer Zeit allgemein befolgt werden (andauernde Übung, Gewohnheit);
- die Beteiligten müssen davon überzeugt sein, an diese Übung rechtlich – nicht nur aus Traditions- oder Höflichkeitsgründen – gebunden zu sein.

361 Das Vorliegen dieser objektiven und subjektiven Bedingungen wird z.B. für das Rechtsinstitut der Sicherungsübereignung anerkannt, das nicht ausdrücklich im BGB geregelt ist[66]. Im Öffentlichen Recht werden der Erstattungsanspruch[67] und der Folgenbeseitigungsanspruch von manchen als Gewohnheitsrecht angesehen[68]. § 346 HGB verweist ausdrücklich auf die im Handelsverkehr geltenden Gewohnheiten und Gebräuche.

362 In der Praxis weist Gewohnheitsrecht eine enge Beziehung zum Richterrecht auf, weil es häufig Richterinnen und Richter sind, die darüber entscheiden, ob eine Regel als Gewohnheitsrecht anzuerkennen ist[69].

9. Verwaltungsvorschriften

363 Allgemeine Verwaltungsvorschriften, die auch als Erlasse, Dienstanweisungen, Auslegungs- oder Ermessensrichtlinien bezeichnet werden[70], stellen abstrakt-generelle Anweisungen der Verwaltungsspitze an die Mitarbeiter dar[71]. Sie existieren beispielsweise

62 S.o. 1.
63 *Ehlers*, in: Erichsen/Ehlers, § 2, Rn. 61.
64 *Röhl/Röhl*, S. 556; *Ehlers*, in: Erichsen/Ehlers, § 2, Rn. 61.
65 *Schwacke*, S. 10; *Röhl/Röhl*, S. 554; *Rüthers/Fischer*, Rn. 232; *Schmalz*, Rn. 44; *Haratsch*, in: Sodan, GG, Art. 70, Rn. 6; *Ehlers*, in: Erichsen/Ehlers, § 2, Rn. 60.
66 *Röhl/Röhl*, S. 556; *Schmalz*, Rn. 44.
67 *Schmalz*, Rn. 44.
68 *Ehlers*, in: Erichsen/Ehlers, § 2, Rn. 62; *Grzeszick*, in: Erichsen/Ehlers, § 45, Rn. 114.
69 *Ehlers*, in: Erichsen/Ehlers, § 2, Rn. 61; *Röhl/Röhl*, S. 557; *Rüthers/Fischer*, Rn. 233.
70 *Röhl/Röhl*, S. 550; *Ehlers*, in: Erichsen/Ehlers, § 2, Rn. 65; *Möstl*, in: Erichsen/Ehlers, § 20, Rn. 16.
71 *Ehlers*, in: Erichsen/Ehlers, § 2, Rn. 65; *Bull/Mehde*, Rn. 226.

zu den Normen der Straßenverkehrsordnung, vielen Steuerrechtsnormen oder als Zentrale Dienstvorschriften der Bundeswehr. Allgemeine Verwaltungsvorschriften dienen dazu, die internen Verwaltungsabläufe zu organisieren und den Vollzug der Gesetze zu steuern und zu vereinheitlichen[72]. Ausdrücklich erwähnt werden sie z.B. in Art. 84 Abs. 2 und Art. 85 Abs. 2 GG. Sie wirken grundsätzlich nur verwaltungsintern, haben also weder für den Bürger noch für die Gerichte Bindungswirkung[73]. Deswegen werden sie zu Recht überwiegend nicht als Rechtsquelle anerkannt[74]. Würde man dies anders sehen, so würde der Verwaltung Rechtssetzungsmacht eingeräumt, ohne dass eine inhaltliche Kontrolle über eine Delegationsvorschrift – wie bei den Verordnungen – oder zumindest eine binnendemokratische Kontrolle – wie bei den Satzungen – vorhanden wäre. Der EuGH hat ebenfalls entschieden, dass Verwaltungsvorschriften nicht dazu geeignet sind, Richtlinien des Europarechts in nationales Recht umzusetzen[75].

Die Rechtsprechung des Bundesverwaltungsgerichts macht hiervon allerdings eine **364** Ausnahme für die sogenannten normkonkretisierenden Verwaltungsvorschriften[76]. Diese finden sich überwiegend im Umwelt- und Technikrecht, z.B. in Gestalt der Technischen Anleitung Lärm und der Technischen Anleitung Luft, die auf § 48 BImSchG beruhen. Das Gericht interpretiert die ausdrückliche Ermächtigung zum Erlass von Verwaltungsvorschriften, die eine gesetzliche Regelung erst anwendbar machen, dahingehend, dass das Gesetz der Verwaltung einen Beurteilungsspielraum einräume. Die gerichtliche Kontrolle dieses Beurteilungsspielraums beschränkt sich dann darauf, ob die der Verwaltungsvorschrift zugrundeliegenden Fakten noch nicht überholt sind oder ob ein atypischer Einzelfall vorliegt, der nicht nach den Regeln der Verwaltungsvorschrift gelöst werden kann[77].

Diese Sonderform der Verwaltungsvorschrift bindet folglich die Gerichte im Normal- **365** fall[78]. Drittbetroffene Bürgerinnen und Bürger können ebenfalls die Nichteinhaltung dieser Verwaltungsvorschriften rügen[79]. Angesichts dieser beiden Wirkungen kommen die normkonkretisierenden Verwaltungsvorschriften einer Rechtsquelle doch sehr nahe.

Obwohl Verwaltungsvorschriften – abgesehen von dem Sonderfall der normkonkre- **366** tisierenden – keine Rechtsquellen darstellen und damit für die Bürgerinnen und Bürger keine Rechte oder Pflichten begründen, können sich Bürger für den Fall, dass die Verwaltung zu ihren Ungunsten von einer Verwaltungsvorschrift abweicht, auf die

72 *Möstl*, in: Erichsen/Ehlers, § 20, Rn. 17.
73 BVerfGE 78, 214, 229; BVerwGE 116, 332, 333; *Ehlers*, in: Erichsen/Ehlers, § 2, Rn. 67; *Möstl*, in: Erichsen/Ehlers, § 20, Rn. 16 u. 19.
74 *Schwacke*, S. 9 f.; *Schmalz*, Rn. 43; *Bull/Mehde*, Rn. 237; *Röhl/Röhl*, S. 550 f.; *Jarass/Pieroth*, GG, Art. 31, Rn. 2.
75 EuGH, Slg. 1991, I-2567,2602 f.; *Herdegen*, Europarecht, § 8, Rn. 39; *Arndt/Fischer/Fetzer*, Rn. 176 f.; *Ehlers*, in: Erichsen/Ehlers, § 2, Rn. 69 u. § 5, Rn. 13.
76 BVerwGE 72, 300, 320 f.; 107, 338, 341; 114, 342, 344; 129, 209, 211; *Röhl/Röhl*, S. 551; kritisch hierzu m.w.N. *Bull/Mehde*, Rn. 239.
77 BVerwGE 107, 338, 341; *Möstl*, in: Erichsen/Ehlers, § 20, Rn. 20; *Bull/Mehde*, Rn. 239.
78 BVerwGE 72, 300, 320 f.; 129, 209, 211.
79 BVerwG, NuR 1996, 522, 523.

Missachtung der Verwaltungsvorschrift berufen. Die Rechtswidrigkeit eines solchen Vorgehens ergibt sich aus einem Verstoß gegen Art. 3 Abs. 1 GG: Die Verwaltungsvorschriften dienen u.a. dazu, das Verhalten der öffentlichen Mitarbeiter dahingehend zu lenken, dass gleichgelagerte Fälle auch gleich entschieden werden. Die Verwaltungsvorschrift spiegelt also in aller Regel die Entscheidungspraxis der Verwaltung wider. Wird gegen eine solche Verwaltungspraxis verstoßen, also ein gleichgelagerter Fall abweichend von früheren Fällen entschieden, liegt auch ein Verstoß gegen Art. 3 Abs. 1 GG vor, es sei denn, es handelt sich um einen atypischen Ausnahmefall[80].

10. Richterrecht

367 Gerichtsurteile betreffen in der Regel konkrete Einzelfälle. Ihnen fehlt zumeist die Allgemeinverbindlichkeit und sie sind nicht generell als Rechtsquelle anzusehen[81]. Ausnahmen von diesem Grundsatz stellen Entscheidungen des Bundesverfassungsgerichts und Normenkontrollentscheidungen der Oberverwaltungsgerichte dar. Die diesbezüglichen Vorschriften lauten:

368 ▪ § 31 BVerfGG:

(1) Die Entscheidungen des Bundesverfassungsgerichts binden die Verfassungsorgane des Bundes und der Länder sowie alle Gerichte und Behörden.

(2) In den Fällen des § 13 Nr. 6, 6a, 11, 12 und 14 hat die Entscheidung des Bundesverfassungsgerichts Gesetzeskraft. Dies gilt auch in den Fällen des § 13 Nr. 8a, wenn das Bundesverfassungsgericht ein Gesetz als mit dem Grundgesetz vereinbar oder unvereinbar oder für nichtig erklärt. Soweit ein Gesetz als mit dem Grundgesetz oder sonstigem Bundesrecht vereinbar oder unvereinbar oder für nichtig erklärt wird, ist die Entscheidungsformel durch das Bundesministerium der Justiz im Bundesgesetzblatt zu veröffentlichen. Entsprechendes gilt für die Entscheidungsformel in den Fällen des § 23 Nr. 12 und 14.

369 ▪ § 47 Abs. 5 VwGO

Das Oberverwaltungsgericht entscheidet durch Urteil oder, wenn es eine mündliche Verhandlung nicht für erforderlich hält, durch Beschluß. Kommt das Oberverwaltungsgericht zu der Überzeugung, daß die Rechtsvorschrift ungültig ist, so erklärt es sie für unwirksam; in diesem Fall ist die Entscheidung allgemein verbindlich und die Entscheidungsformel vom Antragsgegner ebenso zu veröffentlichen wie die Rechtsvorschrift bekanntzumachen wäre. Für die Wirkung der Entscheidung gilt § 183 entsprechend.

370 Seit Jahren umstritten ist die Frage, ob auch rechtsfortbildende Entscheidungen der Obergerichte als Rechtsquellen anzusehen sind. Dass Richterinnen und Richter das vorhandene Recht fortbilden und ergänzen dürfen, wurde bereits oben erläutert[82]. Die

80 Einzelheiten insoweit etwa bei *Röhl/Röhl*, S. 551; Gusy, DÖV 1992, 461, 468; *Bull/Mehde*, Rn. 233; *Ehlers*, in: Erichsen/Ehlers, § 2, Rn. 67 jeweils m.w.N.

81 *Schmalz*, Rn. 56; Gusy, DÖV 1992, 461, 466; *Rüthers/Fischer*, Rn. 239.

82 S.o. F. II.

Leitsätze solcher rechtsfortbildender Entscheidungen haben oft über den Einzelfall hinausweisenden allgemeinen Charakter[83].

Als Argument für die Anerkennung des Richterrechts als Rechtsquelle wird seine unbestritten hohe praktische Bedeutung für die Rechtsanwendung angeführt[84]. Eine höchstrichterliche Entscheidung zu einem Problem wirke ähnlich wie ein Gesetz[85]. Ein Anwalt, der bei einer Beratung eine wichtige höchstrichterliche Entscheidung ignoriert, muss mit Schadensersatzforderungen seiner Mandanten rechnen[86]. Auch sehen die Verfahrensgesetze vor, dass Berufungen und Revisionen zuzulassen sind, wenn ein Urteil von den Entscheidungen der übergeordneten Instanzen abweicht und auf dieser Abweichung beruht[87]. Zudem lässt sich geltend machen, dass andere Rechtsordnungen, wie etwa die britische oder die US-amerikanische, Richterrecht stets als maßgebliche Rechtsquelle akzeptiert haben[88]. Schließlich überträgt der Gesetzgeber nicht selten richterrechtlich entwickelte Grundsätze in ein Gesetz, etwa in Gestalt der Regelungen zu den Allgemeinen Geschäftsbedingungen (heute §§ 305 ff. BGB) oder in Form der 2002 eingeführten Vorschriften zum Wegfall der Geschäftsgrundlage (§ 313 BGB) oder zum Verschulden bei Vertragsschluss (culpa in contrahendo § 311 Abs. 2 BGB). 371

Dennoch erkennt die wohl herrschende Meinung Richterrecht nicht als Rechtsquelle an[89]. Dies liegt in erster Linie daran, dass es – wie Art. 20 Abs. 2 S. 2 (Gewaltenteilung) und 20 Abs. 3 (Bindung an Gesetz und Recht) GG erkennen lassen – nicht die Aufgabe von Richtern ist, Recht zu setzen, sondern es anzuwenden[90]. Außerdem entfalten die Entscheidungen der obersten Gerichte zwar eine faktische, aber keine rechtliche Verbindlichkeit. Denn eine Amtsrichterin und ein Amtsrichter haben aufgrund ihrer durch Art. 97 Abs. 1 GG garantierten Unabhängigkeit immer die Möglichkeit, gegen eine Rechtsprechung des Bundesgerichtshofs zu entscheiden[91]. Auch die obersten Gerichte selbst können ihre Rechtsprechung ändern[92]. Überdies lassen sich die Existenz und der Inhalt von Richterrecht nicht sicher feststellen. Würde man es als Rechtsquelle anerkennen, führt dies zu einer aus rechtsstaatlicher Sicht bedenklichen Rechtsunsicherheit[93]. 372

83 *Rüthers/Fischer*, Rn. 238; *Schmalz*, Rn. 58.
84 *Schmalz*, Rn. 61; *Schwacke*, S. 11; *Adomeit/Hähnchen*, S. 41; *Rüthers*, S. 128 f.; *Bull/Mehde*, Rn. 208; *Rüthers/Fischer*, Rn. 238 f. u. 243 ff.
85 *Rüthers*, S. 128 f. u. 133; *Röhl/Röhl*, S. 572.
86 BGHZ 97, 372, 380 f.; *Rüthers*, S. 133; *Bull/Mehde*, Rn. 209; *Knauer*, Rechtstheorie 2009, 379, 380.
87 §§ 124 Abs. 2 Nr. 4, 132 Abs. 2 Nr. 2 VwGO; § 543 ZPO; § 121 Abs. 2 GVG; *Rüthers/Fischer*, Rn. 245.
88 *Röhl/Röhl*, S. 568 f.; *Adomeit/Hähnchen*, S. 41; *Rüthers/Fischer*, Rn. 255 f.
89 BVerfGE 84, 212, 227; 122, 248, 277; BGHZ 132, 6, 11; BGH, NJW 1994, 1663, 1669 f.; BAGE 33, 140, 159 f.; *Schwacke*, S. 10 f.; *Schmalz*, Rn. 59; *Bull/Mehde*, Rn. 209; *Jarass/Pieroth*, GG, Art. 31, Rn. 2; *Sauer*, in: Krüper, S. 174; *Röhl/Röhl*, S. 572. *Schwintowski*, S. 82; a.A. *Rüthers*, S. 133 f.
90 *Schwacke*, S. 10 f.; *Ehlers*, in: Erichsen/Ehlers, § 2, Rn. 63 f.; *Röhl/Röhl*, S. 571.
91 *Schmalz*, Rn. 60; *Röhl/Röhl*, S. 562 u. 572.
92 BVerfGE 84, 212, 227.
93 BAGE 33, 140, 178; *Schmalz*, Rn. 60; dies sehen auch *Rüthers* S. 132 u. *Rüthers/Fischer*, Rn. 249 ff.

Immerhin kann eine ständige Rechtsprechung der Obergerichte, die von der Rechtslehre gebilligt wird, eine gewohnheitsrechtliche Rechtsquelle bilden[94]. Zu Recht wird ferner darauf hingewiesen, dass eine Art Selbstbindung der Gerichte, wie bei den oben erläuterten Verwaltungsvorschriften, an frühere Entscheidungen gleichgelagerter Sachverhalte aus Art. 3 Abs. 1 GG abgeleitet werden kann[95].

III. Die Rangordnung der Rechtsquellen

1. Vereinfachte Übersicht[96]

373

2. Erläuterungen

374 Aus der Darstellung der Rechtsquellen im vorausgehenden Abschnitt haben sich schon einige Informationen zum Stufenbau der Rechtsordnung ergeben. Wir wissen bereits, dass die Verfassung über dem Gesetz und letzteres über Verordnungen und Satzungen steht. Innerhalb der Verfassung hat Art. 79 Abs. 3 GG einen herausgehobenen Rang, weil selbst der verfassungsändernde Gesetzgeber diesen Kernbestand der Verfassung nicht antasten darf[97].

94 BAGE 33, 140, 159; BGH, NJW 1994, 1663, 1669 f.; *Schwacke*, S. 11; *Röhl/Röhl*, S. 571 f.; *Rüthers/Fischer*, Rn. 238; *Bull/Mehde*, Rn. 207; *Rüthers*, S. 128.

95 Vertiefend insoweit *Gusy*, DÖV 1992, 461, 467 ff.; s. hierzu auch BVerfGE 38, 386, 396 f.; 84, 212, 227 f.; BGHZ 132, 6, 11.

96 Ähnlich *Stein/Frank*, S. 32; *Rüthers/Fischer*, Rn. 273; *Schwacke*, S. 11; *Ehlers*, in: Erichsen/Ehlers, § 2, Rn. 95 ff.

97 *Ehlers*, in: Erichsen/Ehlers, § 2, Rn. 114; *Jarass/Pieroth*, GG, Art. 79, Rn. 6; s. hierzu auch *Haratsch*, in: Sodan, GG, Art. 79, Rn. 18 ff.

Innerhalb des EU-Rechts steht den Verträgen als Primärrecht im Vergleich zu den Verordnungen, Richtlinien und Beschlüssen (Sekundärrecht) der höhere Rang zu[98]. 375

Die Einordnung der Allgemeinen Regeln des Völkerrechts zwischen Grundgesetz und Bundesgesetzen folgt aus Art. 25 S. 2 GG, der gleiche Rang von Bundesgesetzen und durch Bundesgesetz umgesetzten völkerrechtlichen Verträgen lässt sich aus Art. 59 Abs. 2 GG ableiten. 376

Oben wurde auch schon erläutert, dass Art. 31 GG so zu verstehen ist, dass jedes Bundesrecht jedes Landesrecht bricht[99]. Deshalb steht das komplette Landesrecht im Rang unter den Bundesverordnungen und -satzungen. 377

Das nicht in der Übersicht erscheinende Gewohnheitsrecht hat den Rang der Ebene, auf der es sich gebildet hat[100]. Also hat Verfassungsgewohnheitsrecht den gleichen Rang wie das Grundgesetz, Gewohnheitsrecht auf der Ebene eines Landesgesetzes dessen Rang. 378

Dass Tarifverträge und Betriebsvereinbarungen den niedrigsten Rang einnehmen, erklärt sich daraus, dass die Tarifparteien staatlich gesetztes Recht akzeptieren müssen, solange es sich nicht selbst für dispositiv erklärt[101]. 379

Im Kollisionsfall ist das niederrangige Recht regelmäßig ungültig[102]. So werden Landesverordnungen zur Bekämpfung bodennahen Ozons nichtig, wenn der Bund eine diesbezügliche Regelung trifft. Eine Ausnahme von diesem Grundsatz gilt für einen Widerspruch zwischen Unionsrecht und nationalem Recht. Insoweit spricht die h.M. von einem Anwendungsvorrang[103], d.h. das nationale Recht tritt im Kollisionsfall zurück, wird aber nicht generell unwirksam. Es kann z.B. auf rein nationale Sachverhalte oder auf Staatsangehörige aus Ländern, die nicht zur EU gehören, weiterhin angewandt werden[104]. 380

Das Recht der Europäischen Union hat in aller Regel auch Anwendungsvorrang vor den nationalen Verfassungen[105]. Dieser Vorrang ist allerdings nicht umfassend, sondern 381

98 *Arndt/Fischer/Fetzer*, Rn. 153; *Ehlers*, in: Erichsen/Ehlers, § 2, Rn. 98; *Herdegen*, Europarecht, § 8, Rn. 4.

99 S.o. E.; *Schmalz*, Rn. 64; *Ehlers*, in: Erichsen/Ehlers, § 2, Rn. 114; *Jarass/Pieroth*, GG, Art. 31, Rn. 5; *Schwacke*, S. 13; *Leisner*, in: Sodan, GG, Art. 31, Rn. 1.

100 *Schwacke*, S. 12; *Schmalz*, Rn. 64; *Haratsch*, in: Sodan, GG, Art. 70, Rn. 6; *Ehlers*, in: Erichsen/Ehlers, § 2, Rn. 114; *Jarass/Pieroth*, GG, Art. 70, Rn. 4.

101 *Rüthers/Fischer*, Rn. 273.

102 *Ehlers*, in: Erichsen/Ehlers, § 2, Rn. 94 u. 115; *Schmalz*, Rn. 66; *Röhl/Röhl*, S. 588.

103 BVerfGE 73, 339, 375; 85, 191, 204; 123, 267, 402; BVerfG, JZ 2010, 1177, 1178 f.; *Jarass/Pieroth*, GG, Art. 23, Rn. 34; *Schmalz*, Rn. 67; *Röhl/Röhl*, S. 594; *Herdegen*, Europarecht, § 10, Rn. 3; *Schweitzer*, Rn. 49 a ff. u. 68 a; *Ehlers*, in: Erichsen/Ehlers, § 2, Rn. 109; *Rüthers/Fischer*, Rn. 222; *Schmahl*, in: Sodan, GG, Art. 23, Rn. 15; *Arndt/Fischer/Fetzer*, Rn. 348; *Schwacke*, S. 13 f.

104 *Röhl/Röhl*, S. 594; *Herdegen*, Europarecht, § 10, Rn. 3; *Schmalz*, Rn. 67; *Arndt/Fischer/Fetzer*, Rn. 348; *Jarass/Pieroth*, GG, Art. 23, Rn. 34; *Ehlers*, in: Erichsen/Ehlers, § 2, Rn. 110.

105 EuGH, Slg. 1970, 1125, 1135; EuGH, Slg. 2000, I-69, 104; *Schweitzer*, Rn. 49a; *Jarass/Pieroth*, GG, Art. 23, Rn. 34; *Herdegen*, Europarecht, § 10, Rn. 1 f.; *Arndt/Fischer/Fetzer*, Rn. 349.

reicht nur soweit, wie Hoheitsrechte nach Art. 23 Abs. 1 S. 2 GG wirksam übertragen wurden und auch übertragen werden durften[106].

382 Eine Grenze zieht insoweit Art. 23 Abs. 1 S. 1 GG. Sollten Rechtsakte der Europäischen Union unter den Verdacht geraten, die dort benannten demokratischen, rechtsstaatlichen, sozialen und föderativen Grundsätze (Strukturprinzipien) sowie den Grundsatz der Subsidiarität und einen im wesentlichen vergleichbaren Grundrechtsstandard nicht wahren, kann dies vom Bundesverfassungsgericht überprüft werden[107]. Es geht hier m.a.W. um die Wahrung der Verfassungsidentität i.S.d. Art. 79 Abs. 3 GG[108]. Ein EU-Rechtsakt, der als eine Verletzung der deutschen Verfassungsidentität bewertet wird, kann vom Bundesverfassungsgericht für unanwendbar erklärt werden[109].

383 In Bezug auf Grundrechte erscheint dieser Fall allerdings unwahrscheinlich, weil die Grundrechtscharta der EU durch den 2009 neu gefassten Art. 6 Abs. 1 EUV Bestandteil der EU-Rechtsordnung geworden ist[110]. In Hinblick auf das Demokratieprinzip hat das Bundesverfassungsgericht im Jahr 2009 ebenfalls entschieden, dass die Europäische Union in der Gestalt des Lissabonner Vertrages dieses ausreichend wahrt[111].

384 Eine ähnliche begrenzende Kontrolle behält sich das Bundesverfassungsgericht für solche EU-Rechtsakte vor, die offensichtlich und in gravierendem Ausmaß außerhalb der den EU-Organen zugestandenen Zuständigkeiten liegen (sogenannte Ultra-vires-Kontrolle)[112]. Insoweit enthält der EU-Vertrag in Art. 5 Abs. 1 und 2 die Regelung, dass die Union nur auf solchen Gebieten tätig werden darf, die ihr von den Mitgliedstaaten vertraglich übertragen wurden. Die Untersuchung der sogenannten ausbrechenden Rechtsakte soll allerdings europarechtsfreundlich gehandhabt werden[113]. Konkret bedeutet dies, dass vor einer Verwerfung eines EU-Rechtakts wegen Kompetenzüberschreitung dem EuGH die Gelegenheit zu geben ist, im Rahmen des Vorabentscheidungsverfahrens (Art. 267 AEUV) zur Gültigkeit und zur Auslegung des strittigen Rechtsakts Stellung zu nehmen[114].

385 Zur Erinnerung sei darauf hingewiesen, dass bei einem Konflikt zweier rangverschiedener Normen zunächst der Versuch der „konformen" Auslegung zu unternehmen ist[115].

106 BVerfGE 123, 267, 402; BVerfG, JZ 2010, 1177, 1178; *Jarass/Pieroth*, GG, Art. 23, Rn. 35; *Ehlers*, in: Erichsen/Ehlers, § 2, Rn. 103.
107 *Herdegen*, Europarecht, § 10, Rn. 21 u. 28; *Schmahl*, in: Sodan, GG, Art. 23, Rn. 3; *Röhl/Röhl*, S. 533; *Ehlers*, in: Erichsen/Ehlers, § 2, Rn. 103; *Schweitzer*, Rn. 90 ff.
108 BVerfGE 113, 273, 296; 123, 267, 340, 343 f., 348 u. 353 f.; *Herdegen*, Europarecht, § 10, Rn. 28; *Jarass/Pieroth*, GG, Art. 23, Rn. 7.
109 BVerfGE 113, 273, 296; 123, 267, 354 f.
110 *Schweitzer*, Rn. 89 a ff.; s insoweit schon BVerfGE 102, 147, 161 ff.
111 BVerfGE 123, 267, 370 ff.
112 BVerfGE 75, 223, 242; 89, 155, 188 u. 210; 123, 267, 353 f.; BVerfG, JZ 2010, 1177, 1178 f. m.w.N. aus der Literatur; s.a. *Classen*, JZ 2010, 1186; *Jarass/Pieroth*, GG, Art. 23, Rn. 35; *Arndt/Fischer/Fetzer*, Rn. 346; *Ehlers*, in: Erichsen/Ehlers, § 2, Rn. 103; *Schweitzer*, Rn. 95; *Schmahl*, in: Sodan, GG, Art. 23, Rn. 15 f.; *Röhl/Röhl*, S. 534; *Herdegen*, Europarecht, § 10, Rn. 28.
113 BVerfGE 123, 267, 354; BVerfG, JZ 2010, 1177, 1179; *Arndt/Fischer/Fetzer*, Rn.346.
114 BVerfG, JZ 2010, 1177, 1179; *Herdegen*, Europarecht, § 10, Rn. 28.
115 S.o. C. II. 2.; *Jarass/Pieroth*, GG, Art. 20, Rn. 34 u. Art. 23, Rn. 35; *Ehlers*, in: Erichsen/Ehlers, § 2, Rn. 108.

Wenn eine gesetzes-, verfassungs- oder europarechtskonforme Auslegung gelingt, bleiben beide Normen gültig. Erst wenn diese Bemühung scheitert, kommt es zur Nichtigkeit der niederrangigen Vorschrift.

3. Zusammenfassung

Es gelten folgende Vorrangregeln:

Völkerrecht: 386

- allgemeine Regeln des Völkerrechts nach Grundgesetz und vor Bundesgesetzen,
- innerstaatlich transformiertes Völkervertragsrecht auf derselben Stufe wie Bundesgesetze bzw. Landesgesetze.

Europarecht: 387

- primäres Gemeinschaftsrecht vor sekundärem Gemeinschaftsrecht,
- das gesamte Europarecht grundsätzlich vor allem nationalen Recht.

Nationales Recht:

Bundesrecht 388

- Grundgesetz vor Bundesgesetz, Bundesrechtsverordnung und Bundessatzung,
- Bundesgesetz vor Bundesrechtsverordnung und Bundessatzung,
- Bundesrechtsverordnung vor Bundessatzung,
- gesamtes Bundesrecht vor gesamtem Landesrecht.

Landesrecht 389

- Landesverfassung vor Landesgesetz, Landesrechtsverordnung und Landessatzung,
- Landesgesetz vor Landesrechtsverordnung und Landessatzung,
- Landesrechtsverordnung vor Landessatzung.

Tarifverträge und Betriebsvereinbarungen 390

- Bundesrecht und Landesrecht gehen vor.

Gewohnheitsrecht: 391

- nimmt jeweils den Rang ein, auf dem es sich gebildet hat.

Für alle sich **widersprechenden Normen gleicher Rangstufe** gilt in dieser Reihenfolge: 392

- spezielle Norm vor allgemeiner Norm,
- spätere Norm vor früherer Norm.

H. Technik der Rechtsanwendung

393 Rechtswissenschaftliche Studiengänge und Studiengänge mit rechtswissenschaftlichem Schwerpunkt zeichnen sich dadurch aus, dass das Lösen unbekannter bzw. kaum bekannter Fälle die häufigste Prüfungsaufgabe bildet. So soll die Arbeitssituation von Richterinnen, Anwälten, Verwaltungsmitarbeitern oder sonstigen Rechtsanwendern simuliert werden, die ebenfalls häufig mit neuen Sachverhaltskonstellationen konfrontiert sind, für die sie eine sinnvolle und rechtlich vertretbare Lösung finden müssen[1]. Im Unterschied zur Praxis brauchen sich die Studierenden allerdings nicht um die Ermittlung der Fakten (= des Sachverhalts) zu kümmern, die sie ihrer rechtlichen Beurteilung zugrunde legen. Diese werden ihnen durch den Aufgabentext vorgegeben. Umso wichtiger – und darauf werden wir zurückkommen – ist deshalb die genaue Lektüre des Prüfungsfalles.

394 Die Aufgabe, einen Fall nach den Regeln der Kunst zu lösen, kann zum einen Gegenstand einer Aufsichtsarbeit sein (I.), zum anderen aber auch Gegenstand einer Hausarbeit (II.), für die je nach Studienordnung mehrere Wochen bzw. Monate Bearbeitungszeit vorgesehen sind. Abschließend soll noch ein Blick auf Themenarbeiten, wie etwa Seminararbeiten, Schwerpunktbereichsarbeiten[2] oder Bachelor-Arbeiten geworfen werden (III.).

I. Klausuren

395 Niemand schreibt gern Klausuren. Unter Zeitdruck komplexe Aufgaben zu lösen und dabei den heißen Atem der Bewertung im Nacken zu spüren, stellt kein Vergnügen dar. Respekt vor dieser Prüfungsform ist deshalb gut verständlich und für viele auch Lernmotivation. Angst vor Klausuren braucht man jedoch nicht zu haben, wenn man

- sich die für das jeweilige Rechtsgebiet erforderlichen Begriffe, Strukturen und Zusammenhänge angeeignet hat (Fachwissen);
- über anwendungsbereite Kenntnisse der Rechtsmethodik verfügt, also etwa in der Lage ist, Normen auszulegen, Normenkonflikte aufzulösen oder Analogieschlüsse zu ziehen;
- und die Arbeitsregeln beherrscht, die für die Klausurvorbereitung, das Lösen und das Niederschreiben von Klausuren sinnvoll sind (Klausurtechnik).

1 Ähnlich *Diederichsen/Wagner*, S. 1.
2 § 5 d Abs. 2 S. 3 DRiG legt insoweit fest, dass in der universitären Schwerpunktbereichsprüfung mindestens eine schriftliche Leistung zu erbringen ist.

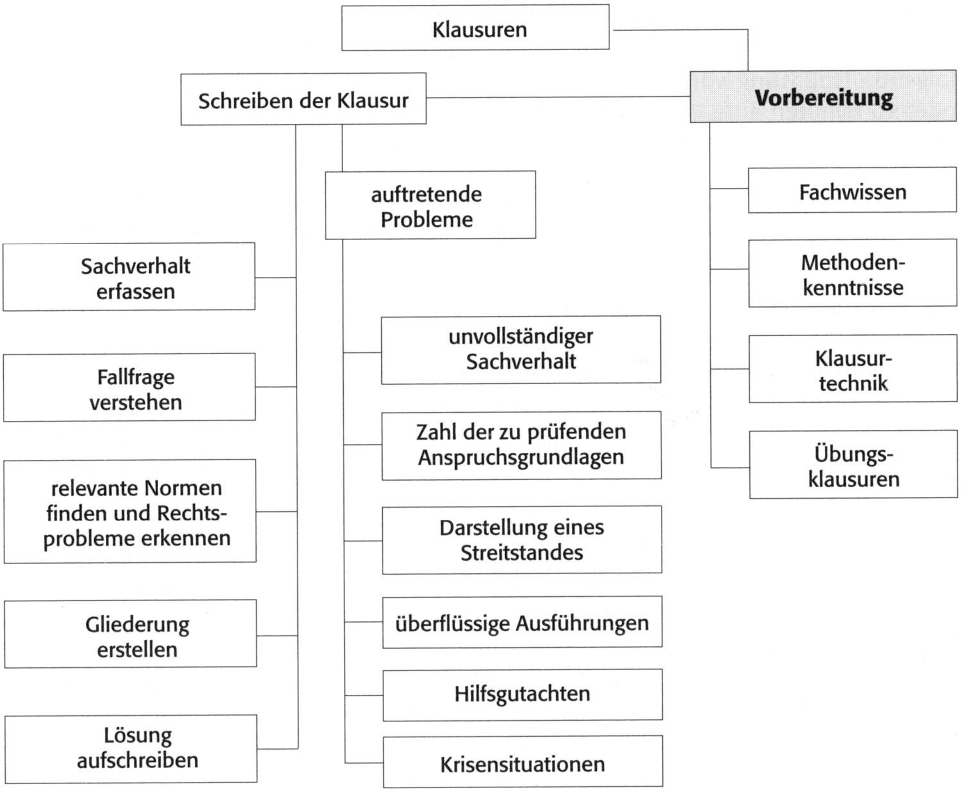

396

Die folgenden Ausführungen konzentrieren sich auf die letztgenannte Klausurtechnik. 397
Hinreichende rechtsmethodische Kenntnisse hoffen wir durch die vorangehenden Ausführungen des Buches vermittelt zu haben. Fachkenntnisse muss sich jeder Studierende durch den Besuch von Lehrveranstaltungen und/oder die Lektüre spezifischer Lehrbücher oder Skripten verschaffen.

1. Tipps zur Klausurvorbereitung

Wenn Übungsklausuren angeboten werden, sollten Sie diese mitschreiben[3]. Nur so 398
bekommen Sie eine realistische Antwort auf die Frage, was Sie schon können und auf die Frage, wie viel Zeit Sie für eine ausformulierte Lösung brauchen. Bestehen Sie die Übungsklausuren, stärkt das Ihr Selbstvertrauen für den Ernstfall. Außerdem üben Sie den juristischen Stil. Juristisches Formulieren gelingt niemandem aus dem Stand. Man kann hier den Vergleich mit dem Schreiben eines fremdsprachlichen Textes anstellen. Auch hier tun sich Anfänger schwer und Übung macht den Meister.

3 *Tettinger/Mann*, S. 90; *Schwacke*, S. 125.

399 Manchem ist das immer wieder neue Antreten zu (Examens)-Übungsklausuren ein Gräuel. Bevor Sie jedoch alles Klausurentraining sausen lassen, schlagen wir Ihnen folgende Notlösung vor: Besorgen Sie sich den Klausurtext und schreiben Sie in 60 oder 90 Minuten eine Lösungsskizze nieder. Gehen Sie dann zur Klausurbesprechung und überprüfen Sie, wo Sie richtig und wo Sie falsch lagen.

400 Ergänzend zu den Übungsklausuren kann in privaten Arbeitsgruppen Klausurvorbereitung gelingen, indem Themen und Fälle gründlich besprochen werden. So lernen Sie juristisches Argumentieren und prägen sich den Stoff gut ein.

401 Die Klausurtermine sind in aller Regel einige Wochen bzw. Monate vorher bekannt. Nutzen Sie diese Zeitspanne zur kontinuierlichen Vorbereitung, vor allem, wenn Sie mehrere Klausuren mit unterschiedlicher Thematik kurz hintereinander schreiben müssen. Wenn Sie versuchen, in den zwei Tagen vor der Klausur in Tag- und Nachtsitzungen das abgefragte Gebiet zu begreifen, kann es passieren, dass Sie zwar einen Wust von Informationen aufnehmen, sich aber danach nicht gut vorbereitet, sondern gründlich verwirrt fühlen.

402 Wenn Sie sich kontinuierlich vorbereitet haben, raten wir davon ab, in den letzten beiden Tagen vor dem Klausurtermin neuen Stoff, etwa eine ganz aktuelle Entscheidung oder einen neuen Aufsatz zu der Thematik, lernen zu wollen. Kurz vor dem Ernstfall sollten Sie nur die jeweils relevanten Grundlagen wiederholen, um hier keine Fehler zu machen und um Sicherheit für die Klausur zu gewinnen. Dies setzt natürlich voraus, dass Sie über zusammenfassende Aufzeichnungen oder Karteikarten mit den zentralen Inhalten des jeweiligen Rechtsgebiets verfügen.

2. Schritte zur Klausurlösung

403 Um eine Klausur erfolgreich zu bearbeiten, wird ein Vorgehen in den folgenden Schritten empfohlen[4]:

- den Sachverhalt erfassen (a)
- die Fallfrage verstehen (b);
- die relevanten Normen finden und die wesentlichen Rechtsprobleme erkennen (c);
- eine plausible Gliederung aufstellen (d);
- die Lösung aufschreiben (e).

404 Am Ende dieses Abschnittes wird noch knapp auf die Notwendigkeit von Hilfsgutachten eingegangen (f).

405 Aus der obigen Aufzählung sind die ersten drei Punkte am wichtigsten. Prüferinnen und Prüfer verzeihen eventuell eine unplausible Gliederung und eine wenig professionelle Ausdrucksweise, wenn der Sachverhalt und die Fallfrage richtig erfasst sowie die

4 Vergl. mit Abweichungen im Einzelnen *Schmalz*, Rn. 461 ff.; *Tettinger/Mann*, S. 90 f.; *Schwacke*, S. 126 ff.; *Diederichsen/Wagner*, S. 19; *Wessels/Beulke*, Rn. 854 ff.; *Schwerdtfeger*, Rn. 772.

Rechtsprobleme, die der Fall aufwirft, dennoch gelöst werden[5]. Fehler, die man bei den ersten Schritten macht, lassen sich – selbst wenn man sie noch bemerkt – bei der Niederschrift kaum mehr korrigieren. Eine Bearbeitung, die auf halber Strecke noch umsteuert, wird häufig unübersichtlich und überzeugt den Leser nicht. Gründliches Lesen und Nachdenken muss am Anfang jeder Klausur stehen. Man darf für die ersten drei Punkte durchaus ein Drittel der zur Verfügung stehenden Zeit einsetzen[6], vorausgesetzt dass man zum Schreiben nicht erfahrungsgemäß mehr als zwei Drittel der Zeit benötigt.

a) Den Sachverhalt erfassen

Zu Beginn der Klausur sollte man den Aufgabentext mehrfach und genau lesen. Ideen **406**
zu möglichen Rechtsproblemen sollte man sich dabei sofort notieren, damit sie nicht in Vergessenheit geraten[7]. Handelt es sich um einen Sachverhalt mit mehreren Beteiligten, ist eine Skizze der Beziehungen zwischen den Personen oft nützlich[8]. Pfeile können verdeutlichen, wer von wem etwas verlangt. Kommen im Klausurtext viele Datumsangaben vor, empfiehlt sich eine chronologische Aufstellung dieser Daten in einer Zeitleiste[9].

Beispiel

B stiehlt am 1.5. das Fahrrad des A und verkauft es am 3.5. an C, der gleich bezahlt, aber das Fahrrad noch nicht erhält. Kurz nach dem Verkauf an C verkauft B das Fahrrad am 4.5. an D, der ebenfalls gleich bezahlt und das Fahrrad auch erhält. Bei einem Unfall am 6.5. wird das Fahrrad bei D schuldhaft durch E zerstört.

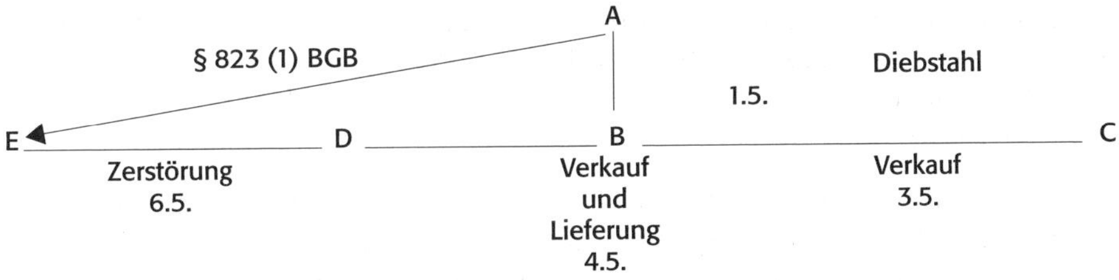

Der Aufgabentext lässt sich mit einem Rätsel vergleichen, welches die Bearbeiter lösen **407**
sollen. Die gründliche Lektüre dieses Textes verhindert, dass ein wichtiger Lösungshinweis übersehen oder falsch verstanden wird. Je mehr Sachverhaltsangaben Sie sinnvoll in Ihre Lösung einbauen können, desto sicherer sind Sie auf einem guten Weg zum Klausurerfolg[10]. Fallsteller sind grundsätzlich keine Fallensteller und werden selten sinnlose Informationen in den Aufgabentext aufnehmen[11]. Die vorhandenen Informationen geben vielmehr Hinweise auf mögliche Rechtsprobleme. Lässt man bei seiner

5 *Diederichsen/Wagner*, S. 166.
6 *Schwacke*, S. 140; *Schmalz*, Rn. 460.
7 *Tettinger/Mann*, S. 97; *Schwacke*, S. 126; *Putzke*, S. 4; *Hartmann*, in: Pieroth, S. 4; *Wessels/Beulke*, Rn. 865; *Diederichsen/Wagner*, S. 21.
8 *Tettinger/Mann*, S. 99 f.; *Schwacke*, S. 126.
9 *Tettinger/Mann*, S. 99.
10 *Diederichsen/Wagner*, S. 20 f. u. 160; *Putzke*, S. 3.
11 *Schwerdtfeger*, Rn. 804; *Schwacke*, S. 127 f.; *Tettinger/Mann*, S. 101 f.

Lösung viele Sachverhaltshinweise unbeachtet, sollte man diese Lösung überdenken[12]. Ohne genaues Studium des Aufgabentextes verliert man diese Kontrollmöglichkeit.

408 Beispiel für eine zu oberflächliche Lektüre eines Sachverhalts:

Beispiel

Gastwirt G betreibt in seiner Gaststätte einen schwungvollen Handel mit Diebesgut. Die zuständige Behörde will die Gaststätte wegen Unzuverlässigkeit des G sofort schließen und erlässt die entsprechende Verfügung, ohne G vorher anzuhören. Der Sachverhalt teilt indes mit, dass die Gaststätte zur Zeit wegen Umbau für drei Wochen geschlossen ist. Viele Bearbeiter überlasen die letztgenannte Information und nahmen Gefahr im Verzug i.S.d. § 28 Abs. 2 Nr. 1 VwVfG an. Diese Ausnahme von der Anhörungspflicht des § 28 Abs. 1 VwVfG wäre jedoch nur dann einschlägig, wenn die Gaststätte weiter geöffnet gewesen wäre.

409 Bearbeiterinnen und Bearbeiter sollten sich davor hüten, die Informationen des Aufgabentextes in Frage zu stellen oder ihnen etwas hinzuzufügen[13]. Die sogenannte Sachverhaltsquetsche bringt die Gefahr mit sich, dass ein anderer als der gestellte Fall bearbeitet wird. Dafür gibt es jedoch keine Punkte! Als Falllöser müssen Sie mit den vorhandenen Informationen arbeiten.

410 Es kommt nicht selten vor, dass der Sachverhalt zu gewissen Formalien oder Randfragen schweigt. So enthalten z.B. viele BGB-Fälle keine Angaben zum Alter oder zum Geisteszustand der Parteien. In Fällen, die ihren Schwerpunkt bei den Leistungsstörungen haben, wird zu Beginn oft lapidar mitgeteilt, dass A und B einen Vertrag geschlossen haben, ohne dass genaue Angaben dazu erfolgen, wer das Angebot abgegeben und wer die Annahme erklärt hat. Manche Strafrechtsfälle sagen nicht ausdrücklich, ob die zu prüfenden Straftaten im Inland oder im Ausland begangen wurden. Schließlich fehlen in vielen verwaltungsrechtlichen Fällen genaue Informationen darüber, ob die handelnden Behörden zuständig waren oder ob die Form und die Frist des eingelegten Rechtsmittels gewahrt wurden.

411 Was tun? Sie können in solchen Situationen vom Normalfall ausgehen[14]. D.h., dass alle handelnden Personen volljährig und geistig gesund sind, dass es ein Angebot und eine Annahme gegeben hat, dass die zu prüfenden Delikte in Deutschland begangen wurden, dass die handelnden Behörden zuständig waren und dass die Frist- und Formerfordernisse eingehalten wurden. Zwei Überlegungen stützen diese Vorgehensweise. Zum einen würden Sie mangels Sachverhaltsangaben ins Leere prüfen, wenn Sie etwa die Einhaltung von Fristen untersuchen, obwohl der Sachverhalt keine diesbezüglichen Daten enthält. Nehmen Sie zum anderen die Perspektive des Fallentwicklers ein und machen Sie sich klar, dass es diesem darauf ankommt, dass Sie bestimmte Rechtsfragen beantworten, aber nicht alles ansprechen, was man an Rechtsfragen mit einem Fall verknüpfen kann. Deshalb werden gewisse Details bewusst nicht mitgeteilt. Die relevanten Rechtsfragen aus dem Sachverhalt zu extrahieren, ist Teil der Leistung. Fehlt es an Angaben, weist dies darauf hin, dass die diesbezügliche Rechtsfrage nicht ge-

12 *Tettinger/Mann*, S. 104; *Schmalz*, Rn. 468; *Schwacke*, S. 127.
13 *Schwerdtfeger*, Rn. 777; *Diederichsen/Wagner*, S. 23 u. 164; *Tettinger/Mann*, S. 92 ff.; *Schwacke*, S. 127; *Hartmann*, in: Pieroth, S. 2.
14 *Schmalz*, Rn. 465; *Wessels/Beulke*, Rn. 854; *Schwacke*, S. 128; *Diederichsen/Wagner*, S. 162; *Schwerdtfeger*, Rn. 814; *Tettinger/Mann*, S. 106.

nauer untersucht werden soll. Umgekehrt gilt, dass zahlreiche oder detaillierte Angaben zu einem Teil des Sachverhalts das Signal für eine gründliche Untersuchung der entsprechenden Einzelfrage geben.

Im Vergleich zu diesen vermeintlichen Unvollständigkeiten sind echte Lücken in Sachverhalten selten. Um solche handelt es sich, wenn im Sachverhalt versehentlich Angaben fehlen, die für die Lösung erforderlich sind. Sollte Ihnen eine solche Lücke begegnen, müssen Sie den gewählten Lösungsweg zunächst noch einmal überdenken[15]. Bleibt es bei der Überzeugung, auf dem richtigen Weg zu sein, kann eine Unklarheit im Sachverhalt eventuell über Beweislastregeln beseitigt werden[16]. Im Prinzip hat jede Partei die für sie günstigen Tatsachen nachzuweisen. Hilft auch der Rückgriff auf die Beweislastregeln nicht, bleibt nur noch die Möglichkeit, den Sachverhalt lebensnah auszulegen, d.h. eine vernünftige Annahme zu setzen, die den Interessen der Beteiligten gerecht wird[17]. Dieses Vorgehen muss offengelegt und begründet werden. **412**

b) Die Fallfrage verstehen

Fast alle Fälle enden mit einer oder mehreren Fragen an die Bearbeiterinnen und Bearbeiter. Fortgeschrittenen machen die meisten Fallfragen keine Schwierigkeiten mehr. Sie wissen z.B., dass bei der Frage „Hat die Verfassungsbeschwerde Aussicht auf Erfolg?" die Zulässigkeit und die Begründetheit der Verfassungsbeschwerde zu untersuchen sind. Lautet die Frage in einem verwaltungsrechtlichen Fall dagegen „Hat der Widerspruch in der Sache Erfolg?", so dürfen sich die Bearbeiter auf eine Begründetheitsprüfung beschränken. **413**

Testen Sie sich selbst und versuchen Sie, anhand der folgenden Fallfragen das jeweilige Prüfungsprogramm zu bestimmen: **414**

Aus dem öffentlichen Recht: **415**

(1) Ist die geplante Verfassungsänderung möglich?
(2) Ist das verabschiedete Gesetz verfassungsgemäß?
(3) Sind die Grundrechte des B durch die staatlichen Maßnahmen verletzt?
(4) Wie wird das Verwaltungsgericht über die Klage des A entscheiden?
(5) Wird C mit seinem Antrag auf Wiederherstellung der aufschiebenden Wirkung seines Widerspruches Erfolg haben?

Aus dem Zivilrecht: **416**

(6) Kann A von B Schadensersatz verlangen?
(7) Welche Ansprüche hat C gegen D?
(8) Kann E den F auf Erfüllung des Vertrages in Anspruch nehmen?
(9) Ist die Kündigung wirksam?

---

15 *Diederichsen/Wagner*, S. 21 u. 162; *Tettinger/Mann*, S. 105.
16 *Tettinger/Mann*, S. 109; *Schwerdtfeger*, Rn. 817.
17 *Tettinger/Mann*, S. 106; *Schwacke*, S. 128.

417 **Aus dem Strafrecht:**

(10) Wie haben sich A und B strafbar gemacht?
(11) Kann dem C Untreue vorgeworfen werden?
(12) Ist der Strafbefehl gegen D zu Recht ergangen?

418 Die Fallfragen (4), (5) und (12) verlangen prozessuale und inhaltliche Ausführungen. Im Einzelnen ist zu untersuchen, ob die Klage (4) und der Antrag nach § 80 Abs. 5 VwGO (5) zulässig und begründet sind. Bei (12) muss überprüft werden, ob die prozessualen und inhaltlichen Voraussetzungen für den Erlass eines Strafbefehls vorlagen (§§ 407 ff. StPO).

419 Für die anderen Fallfragen sind prozessrechtliche Ausführungen nicht erforderlich. Art. 79 GG liefert das Prüfungsprogramm für (1). Frage (2) verlangt eine Untersuchung der formellen und materiellen Verfassungsmäßigkeit des verabschiedeten Gesetzes. Für (3) ist der Grundrechtskatalog durchzumustern und anschließend eine Prüfung der einschlägigen Grundrechte durchzuführen.

420 Für Frage (6) sind alle fallrelevanten Anspruchsgrundlagen zu ermitteln, die als Rechtsfolge Schadensersatz vorsehen. (7) fragt noch weitergehend nach allen Ansprüchen, die C gegen D geltend machen kann, also kommen neben Schadensersatz z.B. auch Aufwendungsersatz, Herausgabe, Beseitigung, Unterlassung oder Vertragserfüllung grundsätzlich in Betracht. Für die Beantwortung von Frage (8) haben Sie zu prüfen, ob zwischen den Parteien ein Vertrag zustande gekommen ist und ob dieser noch besteht. (9) verlangt zu untersuchen, ob die formellen und materiellen Voraussetzungen einer ordentlichen oder außerordentlichen Kündigung vorlagen.

421 Mit Frage (10) will der Fallsteller erreichen, dass alle möglichen Straftatbestände, die A und B verwirklicht haben könnten, behandelt werden. Bei Frage (11) hingegen ist nur § 266 StGB genau zu untersuchen.

422 Wie für den Sachverhalt, gilt auch für die Fallfrage, dass genaues und mehrfaches Lesen Fehler vermeidet. Tauchen z.B. in einem Strafrechtsfall die Personen A, B, C und D auf, bezieht sich die Fallfrage aber nur auf die Strafbarkeit von C und D, erhalten Sie für Ausführungen zu den möglichen Straftaten von A und B keinerlei Anerkennung. Dies Beispiel mag abstrus klingen, dennoch begegnet es uns in ähnlicher Form immer wieder bei den Klausurkorrekturen.

423 Sollte ein Sachverhalt mehrere Fallfragen enthalten, sind diese in eine sinnvolle Reihenfolge zu bringen. Meistens wird aber der Anordnung der Fragen durch die Fallentwickler zu folgen sein[18].

424 Die bislang behandelten Beispielsfragen haben gemeinsam, dass sie das Untersuchungsprogramm mehr oder minder genau vorgeben. Dies ist bei offenen Fallfragen anders. Offene Fragen können z.B. folgendermaßen aussehen:

18 *Schwerdtfeger*, Rn. 830; *Tettinger/Mann*, S. 112.

- Wie ist die Rechtslage?
- Wer hat Recht?
- Wer kann was von wem verlangen?
- Was kann die Behörde unternehmen?
- Was ist dem Betroffenen zu raten?

Diese Fragen überlassen es den Bearbeitern, ein sinnvolles Prüfungsprogramm zusammenzustellen. Sie müssen den Sachverhalt daraufhin untersuchen, welche rechtlichen Interessen die handelnden Personen verfolgen und welche rechtlichen Beziehungen zwischen den Personen oder zwischen den Personen und Sachen bestehen. Sodann müssen alle insoweit rechtlich relevanten Aspekte erörtert werden. Es ist bei diesen schwierigen Fallfragen Teil der Leistung, die offene Frage in einzelne geschlossene Fragen umzuwandeln[19]. Ist nach der Rechtslage gefragt, so wird zumindest in öffentlich-rechtlichen Fällen erwartet, dass auch die prozessualen Aspekte geklärt werden[20], also etwa die Zulässigkeit einer Klage. **425**

c) Die relevanten Normen finden und die wesentlichen Rechtsprobleme erkennen

Das Auffinden der fallrelevanten Vorschriften entscheidet maßgeblich über den Erfolg einer Klausur. Im Strafrecht muss es gelingen, möglichst alle einschlägigen Delikte zu finden. Im BGB-Fall wird es regelmäßig darauf ankommen, die Anspruchsgrundlagen zu ermitteln, die die gewünschte Rechtsfolge anordnen[21]. Es sind aber auch Fälle denkbar, in denen der Anspruch eindeutig gegeben ist und der Schwerpunkt auf den Einwendungen und Einreden liegt[22], so dass andere Vorschriften, z.B. die Verjährungsregeln, zu behandeln sind. Geht es um Allgemeine Geschäftsbedingungen, bilden wiederum die §§ 305 ff. BGB den Maßstab. **426**

Im Verwaltungsrecht ist das Finden der Ermächtigungsgrundlage häufig die wichtigste Weichenstellung[23]. Ähnlich wie im Bürgerlichen Recht kommen jedoch auch Fälle vor, in denen der Bürger etwas von der Verwaltung verlangt, so dass nach möglichen Anspruchsgrundlagen zu suchen ist[24]. Wenn nicht nach Grundrechten gefragt wird, ist das Auffinden der fallrelevanten Normen im Staatsrecht bisweilen schwierig. Hier gibt es Fallkonstellationen, in denen es auf einzelne, wenig bekannte Grundgesetznormen ankommt. **427**

Für das Finden der fallrelevanten Normen in allen Rechtsgebieten gilt: Hier sind gute Rechtskenntnisse gefragt[25], sonst dauert der Suchvorgang zu lange oder wichtige Normen werden übersehen! **428**

19 *Schmalz*, Rn. 476; *Tettinger/Mann*, S. 112; *Schwacke*, S. 130; *Stein/Frank*, S. 33; *Medicus/Petersen*, Rn. 6.
20 *Tettinger/Mann*, S. 116.
21 *Diederichsen/Wagner*, S. 40; *Adomeit/Hähnchen*, S. 56; *Bitter/Rauhut*, JuS 2009, 289, 291.
22 *Diederichsen/Wagner*, S. 91 ff.
23 *Adomeit/Hähnchen*, S. 56.
24 *Tettinger/Mann*, S. 117.
25 *Diederichsen/Wagner*, S. 42; *Schwacke*, S. 133.

429 In einem ersten Schritt sollten Sie die Suche breit anlegen und alle möglicherweise auf Ihren Fall passenden Regelungen studieren[26]. Fällt Ihnen ausnahmsweise keine lösungsrelevante Vorschrift ein, hilft manchmal ein Blick in das Sachverzeichnis des Gesetzestextes[27]. Bei der Durchsicht dieser ersten Sammlung werden Sie vermutlich einige Vorschriften rasch wieder ausschließen können, weil deren Voraussetzungen eindeutig nicht gegeben sind oder deren Rechtsfolge doch nicht passt[28]. Die übrig gebliebenen Normen sind jetzt genau durchzulesen und auf den Sachverhalt zu beziehen. So können Sie feststellen, welche Tatbestandsmerkmale der fallrelevanten Vorschrift vorliegen und bei welchen Tatbestandsmerkmalen es Probleme gibt.

430 Achten Sie in diesem Klausurstadium darauf, nicht nur die Ihnen zentral erscheinende Vorschrift zu lesen, sondern auch die umgebenden Regeln, um eventuelle Spezialnormen, Ausnahmen und Gegenausnahmen nicht zu übersehen[29]. Denken Sie auch daran, die einschlägigen Gegen- und Hilfsnormen heranzuziehen. In der Regel löst ein Normengefüge und nicht eine Einzelnorm den Fall.

431 Wenn Sie Zweifel daran haben, ob ein Tatbestandsmerkmal gegeben ist oder nicht, müssen Sie das zweifelhafte Merkmal auslegen und anhand grammatikalischer, systematischer oder teleologischer Argumente ein vertretbares Resultat erzielen[30]. Wer über kritische Tatbestandsmerkmale mit einer Behauptung hinweggeht, verfehlt eventuell den rechtlichen Schwerpunkt des Falles.

432 Ein Beispiel aus dem Straßenverkehrsrecht:

Beispiel

Die vielbeschäftigte Anwältin D fährt mit ihrem Auto zu einem Gerichtstermin und bedient dabei mit der rechten Hand ihren „Palm-Organizer“, um ihre Termine zu kontrollieren und ihre neuen E-mails zu lesen. Der Organizer hat auch eine Mobilfunkkarte, die zum Zeitpunkt der Fahrt zum Gericht aber deaktiviert war. Ein vorbeifahrender Streifenwagen stoppt D. Hat Sie gegen § 23 Abs. 1a StVO verstoßen?

433 Die anzuwendende Vorschrift lautet: *Dem Fahrzeugführer ist die Benutzung eines Mobil- oder Autotelefons untersagt, wenn er hierfür das Mobiltelefon oder den Hörer des Autotelefons aufnimmt oder hält. Das gilt nicht, wenn das Fahrzeug steht und bei Kraftfahrzeugen der Motor ausgestellt ist.*

434 D ist Fahrzeugführerin und befindet sich auf der Fahrt zum Gericht, so dass ihr Fahrzeugmotor läuft. Problematisch ist allerdings das Tatbestandsmerkmal der Benutzung eines Mobil- oder Autotelefons. Viele Bearbeiter schrieben hierzu nur den Satz, dass der Palm-Organizer ein Mobiltelefon darstelle. Hier lag allerdings das Problem des Falles. Bei enger Auslegung des Wortlauts fällt ein Organizer nicht unter den Begriff des Mobiltelefons. Betrachtet man jedoch den Sinn und Zweck der Vorschrift, die Konzentration auf den Straßenverkehr zu gewährleisten und sicherzustellen, dass beide Hände

26 *Schwacke*, S. 134; *Tettinger/Mann*, S. 120.
27 *Schmalz*, Rn. 529; *Schwacke*, S. 133.
28 *Diederichsen/Wagner*, S. 95.
29 *Schwacke*, S. 136; *Tettinger/Mann*, S. 119.
30 S. i.E. zur Auslegung oben C. II.

hierfür freibleiben, lässt sich eine weite Auslegung ebenfalls rechtfertigen[31]. Gute Bearbeitungen könnten noch das Bestimmtheitsgebot des Art. 103 Abs. 2 GG ins Spiel bringen. Denn die Subsumtion des Palm-Organizers unter den Begriff des Mobiltelefons stellt eine weite Auslegung dar, die in Konflikt mit dem Bestimmtheitsgebot geraten könnte.

Den Schwerpunkt einer Klausur richtig zu setzen ist leider nicht immer so einfach, wie in dem eben geschilderten Beispiel. Trotzdem sollten Sie gründlich darüber nachdenken, wo genau die Probleme des Falles liegen. In diesem Punkt unterscheiden sich nämlich die guten von den mittelmäßigen Arbeiten[32]. Manchmal geben im Sachverhalt mitgeteilte Rechtsansichten der Beteiligten Hinweise auf ein wesentliches Rechtsproblem[33]. Häufig muss man das umstrittene Rechtsproblem jedoch bereits kennen, um es in einer Sachverhaltseinkleidung wiederzuerkennen. In jedem Fall ist eine genaue Lektüre des Sachverhalts hilfreich und mit wachsender Erfahrung findet man die dort versteckten Rechtsprobleme sicherer[34]. **435**

d) Eine plausible Gliederung aufstellen

Als Grobgliederung der Klausur kommt ein chronologischer Aufbau, ein Aufbau nach Personen oder nach Sachverhaltskomplexen in Betracht[35]. Die erstgenannte Variante empfiehlt sich, wenn es im Zivilrecht um die Frage geht, wer Eigentümer einer Sache ist[36]. Die Ordnung der Darstellung nach Personen ist sinnvoll, wenn etwa nach den Ansprüchen zweier Personen oder der Strafbarkeit mehrerer Täter gefragt wird. Die Gliederung nach Ereignissen passt auf Fälle, die mehrere klar getrennte Abschnitte enthalten. Z.B. im Strafrecht: a) Der Wortwechsel in der Gaststätte b) Die (spätere) Schlägerei am S-Bahnhof. Oder im Polizeirecht: a) Das Filmen der Demonstranten b) Die Ingewahrsamnahme c) Die Behandlung auf dem Polizeirevier. **436**

Die Feingliederung der Klausur hängt stark vom jeweiligen Rechtsgebiet, der konkreten Fallfrage und der jeweiligen Fallkonstellation ab und kann deshalb nicht in den Einzelheiten dargestellt werden. Immerhin sei an zentrale Grundregeln erinnert. **437**

- Für das öffentliche Recht: Sind Ausführungen zur Zulässigkeit gefordert müssen diese vor den Überlegungen zur materiellen Rechtslage stehen[37]. Ferner erwarten die Fallentwicklerinnen und -entwickler, dass die Trias aus Zuständigkeit, Verfahren und Form, die sowohl bei der Behandlung der formellen Verfassungsmäßigkeit von Gesetzen, als auch bei der Überprüfung der formellen Rechtmäßigkeit von Verordnungen oder Verwaltungsakten eingesetzt werden kann, allen Studierenden be- **438**

31 So OLG Karlsruhe, NJW 2007, 240 f.
32 *Schmalz*, Rn. 627 f.; ähnlich *Wessels/Beulke*, Rn. 855.
33 *Tettinger/Mann*, S. 100; *Schmalz*, Rn. 471; *Diederichsen/Wagner*, S. 160 u. 210; *Schwacke*, S. 127.
34 *Diederichsen/Wagner*, S. 33.
35 *Wessels/Beulke*, Rn. 866 ff.
36 *Medicus/Petersen*, Rn. 18.
37 Diese Regel gilt generell, obwohl im Strafrecht und im Bürgerlichen Recht eher selten nach der prozessualen Seite gefragt wird vergl. für das Zivilrecht *Diederichsen/Wagner*, S. 113 f.; *Medicus/Petersen*, Rn. 20.

kannt ist. Gleiches gilt für die wesentlichen Elemente der Zulässigkeitsprüfung, etwa einer Verfassungsbeschwerde oder einer Anfechtungsklage.

439 ▪ Für das Straf- und Ordnungswidrigkeitenrecht[38]: Die einschlägigen Delikte werden in den drei Schritten Tatbestandsmäßigkeit, Rechtswidrigkeit, Schuld bzw. Vorwerfbarkeit behandelt. Bevor ein Versuch geprüft wird, muss das Vorliegen des vollendeten Delikts verneint[39] und die Strafbarkeit des Versuchs bejaht werden. In der eigentlichen Versuchsprüfung ist mit dem Vorsatz zu beginnen und anschließend das unmittelbare Ansetzen zur Verwirklichung des Tatbestandes zu prüfen. Teilnahmefragen sind erst nach der Erörterung der Haupttat zu beantworten[40].

440 ▪ Für das bürgerliche Recht: Am Anfang jedes Gutachtens steht die zu prüfende Anspruchsgrundlage (Merksatz: Wer will was von wem woraus?)[41]. Es gibt zudem allgemein anerkannte Vorgaben für die Prüfung mehrerer Anspruchsziele und die Behandlung mehrerer Anspruchsgrundlagen. So gehen z.B. vertragliche den gesetzlichen Anspruchsgrundlagen vor und dingliche Ansprüche sind vor den deliktischen und bereicherungsrechtlichen zu prüfen[42].

441 Als Erinnerungsstütze nützlich sind insoweit die Aufbauschemata, die zusammen mit den inhaltlichen Rechtskenntnissen vermittelt werden.

442 Die nächste Gliederungsstufe besteht aus der Prüfung der einzelnen tatbestandlichen Voraussetzungen der relevanten Vorschriften. Um die erforderlichen Definitions- und Subsumtionsschritte fehlerfrei zu absolvieren, brauchen Sie jetzt präsente Rechts- und Methodikkenntnisse. Die einschlägigen Hilfsnormen sind ebenso heranzuziehen wie eventuelle Gegennormen[43]. Für die problematischen Rechtsfragen sollten Sie sich stichwortartig die wesentlichen Argumente für und gegen bestimmte Auslegungsvarianten notieren.

443 Nach Fertigstellung der ausführlichen Gliederung ist es sinnvoll, den Sachverhalt erneut zur Kontrolle durchzulesen[44]. Jetzt können Sie auch noch einmal auf ihren ersten Notizzettel zu möglichen Rechtsproblemen zurückgreifen[45]. Stellen Sie sich dann die folgenden Kontrollfragen: Habe ich alle wesentlichen Sachverhaltsdaten rechtlich verarbeitet? Kommen auch die im Sachverhalt eventuell mitgeteilten Rechtsansichten der beteiligten Personen in meiner Lösungsskizze vor? Auf die ausdrücklich formulierten Rechtsansichten müssen Sie immer eingehen, weil ihr Gutachten die Beteiligten überzeugen soll[46]. Sollten hinsichtlich dieser Fragen noch größere Lücken bestehen, ist die Lösungsskizze vermutlich noch einmal zu überarbeiten[47].

---

38 Einzelheiten z.B. bei *Wessels/Beulke*, Rn. 872 ff.
39 *Wessels/Beulke*, Rn. 857.
40 *Wessels/Beulke*, Rn. 858.
41 *Medicus/Petersen*, Rn. 2.
42 *Schmalz*, Rn. 519; s. zu den Details etwa *Diederichsen/Wagner*, S. 44 ff. u. 104 ff. oder *Medicus/Petersen*, Rn. 8 ff.
43 S. hierzu oben B. II. 6.
44 *Schmalz*, Rn. 462; *Diederichsen/Wagner*, S. 102.
45 *Tettinger/Mann*, S. 120; s.o. a).
46 *Schwerdtfeger*, Rn. 804; ähnlich *Schmalz*, Rn. 642.
47 *Hartmann*, in: Pieroth, S. 5.

Mit dem Abschluss der Gliederungsarbeit sollten Sie Klarheit darüber gewonnen haben, wo die rechtlichen Schwerpunkte der Klausur liegen. Zu diesen Punkten müssen Sie dann genauer und ausführlicher schreiben[48]! Nummerieren Sie Ihre Gliederung, um die anschließende Niederschrift übersichtlich gestalten zu können. 444

e) Die Lösung aufschreiben

Vorweg sei darauf hingewiesen, dass Sie weder große Teile des Sachverhalts noch die einschlägigen Gesetzestexte abschreiben müssen[49]. Beides liegt den Prüferinnen und Prüfern vor. Sie brauchen zwar den Wortlaut des Gesetzes nicht zu übernehmen, trotzdem müssen Sie darauf achten, die behandelten Normen genau zu zitieren, also nach Paragraph, Absatz und eventuell auch Satz[50]. Das dient auch zur Selbstkontrolle. Sie wissen dann nämlich, welche Vorschrift Sie genau prüfen. 445

In juristischen Klausuren wird von den Bearbeiterinnen und Bearbeitern erwartet, dass sie ein Gutachten erstellen. Ein solches Rechtsgutachten verlangt zum einen eine gewisse sprachliche Form (Gutachtenstil). Zum anderen sollen Gutachten die Rechtslage möglichst umfassend darstellen, weil sie den Sinn haben, eine (fremde) Entscheidung vorzubereiten[51]. 446

Das Gutachten geht von einer Hauptfrage aus, die in Unterfragen unterteilt wird. Erst nachdem alle Unterfragen gutachterlich beantwortet wurden, steht das Ergebnis für die Hauptfrage fest. Die Begründung steht vor dem Ergebnis. 447

Beispiel eines Gutachtenbeginns aus dem Bürgerlichen Recht: 448

Beispiel

X könnte gegen Z einen Anspruch auf Herausgabe der Briefmarkensammlung aus § 985 BGB haben. Die Vorschrift setzt voraus, dass X Eigentümer und Z Besitzer der Sammlung ist. Weiterhin ist erforderlich, dass dem Z kein Recht zum Besitz zusteht (§ 986 Abs. 1 BGB).

Im Gegensatz hierzu geht ein Urteil vom Ergebnis, also der Rechtsfolge, aus. Die – meist deutlich kürzere – Begründung folgt in einem zweiten Schritt[52]. Das oben verwandte Beispiel würde im Urteilsstil lauten: 449

Beispiel

X hat gegen Z einen Anspruch auf Herausgabe der Briefmarkensammlung aus § 985 BGB. Denn X war ursprünglich Eigentümer der Sammlung. Z ist zwar Besitzer der Briefmarken, weil sie sich in seinem Herrschaftsbereich befinden, doch fehlt ihm ein Recht zum Besitz. Z war nämlich beim Erwerb der Briefmarken von Y bösgläubig …

Versuchen Sie nun selbst, das folgende im Urteilsstil abgefasste Beispiel in ein Gutachten umzuformulieren: 450

48 *Diederichsen/Wagner*, S. 126.
49 *Schmalz*, Rn. 655.
50 *Diederichsen/Wagner*, S. 121; *Schwacke*, S. 142; *Schwerdtfeger*, Rn. 844.
51 *Schwerdtfeger*, Rn. 827.
52 *Schmalz*, Rn. 510.

Beispiel

Die Anfechtungsklage des P ist zulässig und begründet. Die Zulässigkeit der Klage scheitert insbesondere nicht an einer unzureichenden schriftlichen Form (§ 81 VwGO). Denn sie wurde per Telefax eingesandt. Telefaxe erfüllen die Schriftform[53]. Sie tragen eine Unterschrift und können so einem Absender zugeordnet werden. P hat seine Klage auch fristgemäß eingereicht. Wegen der fehlerhaften Rechtsbehelfsbelehrung galt nämlich nicht die Monatsfrist des § 74 Abs. 1 VwGO, sondern die Jahresfrist des § 58 Abs. 2 VwGO. Die Rechtsbehelfsbelehrung des Widerspruchsbescheids war unrichtig, weil die Widerspruchsbehörde ihr Formular nach Umzug des Verwaltungsgerichts in die K-Straße nicht geändert hatte. Unseren Lösungsvorschlag finden Sie am Ende dieses Abschnitts auf S. 119.

451 Um den Gutachtenstil zu erlernen und sicher zu beherrschen, wird man je nach Talent ein bis zwei Semester brauchen. Faire Prüferinnen und Prüfer werden jedoch in den Anfangssemestern allein an diesbezügliche Fehlern und Ungenauigkeiten eine Klausur nicht scheitern lassen. Zudem ist diese Stilform nicht durchgängig anzuwenden. Wenn der Sachverhalt gewisse Informationen ausdrücklich mitteilt oder eine Subsumtion unter ein Tatbestandsmerkmal einfach ist, sollte auch in Klausuren und Hausarbeiten der Urteilsstil eingesetzt werden[54].

Beispiele

1. Heißt es im Sachverhalt, dass A und B einen Kaufvertrag geschlossen haben, kann man diese Information bei der Prüfung der §§ 437 ff. BGB in der Regel einfach übernehmen. Hier ist also nicht zu formulieren: „A und B müssten einen Kaufvertrag geschlossen haben…", sondern es reicht aus: „Dass ein Kaufvertrag zwischen A und B geschlossen wurde, teilt der Sachverhalt ausdrücklich mit."

2. Wenn der Pudel des H den G gebissen hat, genügt es, die Prüfung des § 833 BGB mit den Worten einzuleiten: „Der Pudel des H ist ein Tier i.S.d. § 833 BGB …"

452 Die Prüfung einfacher Tatbestandsmerkmale im Gutachtenstil würde umständlich wirken und zu viel Zeit kosten, die man für die Behandlung der eigentlichen Fallprobleme braucht. Problematische Tatbestandsmerkmale und Meinungsstreitigkeiten sind dagegen im Gutachtenstil zu behandeln[55]. Mit der Wahl des Stils trifft man also auch eine Aussage über die Schwerpunkte der Falllösung.

453 Studierende in den Anfangssemestern sind sich häufig nicht sicher, wie sie weiter vorgehen sollen, wenn sie eine erste Antwort auf die Fallfrage ermittelt haben. So mag die erste der zwei zu prüfenden Anspruchsgrundlagen bereits die gewünschte Rechtsfolge auslösen. Muss jetzt auch noch die zweite Anspruchsgrundlage behandelt werden? Oder die Untersuchung der formellen Rechtmäßigkeit des Verwaltungsaktes ergibt seine unheilbare Rechtswidrigkeit. Sind Ausführungen zur materiellen Rechtmäßigkeit jetzt noch nötig?

454 Beide Fragen sind zu bejahen. Das Gutachten soll erstens die fallrelevante Rechtslage umfassend beleuchten und nicht nur möglichst schnell zu einem Ergebnis führen. Sie müssen sich zweitens die Situation vorstellen, dass die Leserin oder der Leser an Ihrem ersten Resultat zweifelt. Eventuell überzeugen Sie dann mit ihren folgenden Erwägun-

53 BVerfG, NJW 2001, 3473; BVerfG, NJW 2006, 829.
54 *Schwerdtfeger*, Rn. 836; *Hartmann*, in: Pieroth, S. 3; *Tettinger/Mann*, S. 129; *Schmalz*, Rn. 514; *Schwacke*, S. 151; *Wessels/Beulke*, Rn. 870; *Putzke*, S. 2; *Diederichsen/Wagner*, S. 208 f.
55 *Schwerdtfeger*, Rn. 836; *Tettinger/Mann*, S. 129.

gen[56]. Drittens ist es möglich, dass z.B. unterschiedliche Anspruchsgrundlagen unterschiedliche Verjährungsfristen haben, nur ein Anspruch einredebehaftet ist oder die Ansprüche sich in der prozessualen Durchsetzung unterscheiden.

Dass ein Gutachten die Rechtslage gründlicher darstellen muss als ein Urteil, sollte Sie allerdings nicht dazu verleiten, Rechtskenntnisse auszubreiten, die mit dem Fall nicht zu tun haben. Dieser Gefahr erliegen manchmal diejenigen Studierenden, die sich ein Prüfungsschema gut eingeprägt haben und meinen, dieses komplett abspulen zu müssen[57]. So liest man dann bei einer 08/15-Anfechtungsklage im Verwaltungsrecht bisweilen Ausführungen zur deutschen Gerichtsbarkeit, zur Prozessfähigkeit oder zum allgemeinen Rechtsschutzbedürfnis, obwohl der gestellte Fall zu diesen Zulässigkeitsaspekten kein Wort verliert. Zwar wird so gezeigt, dass man etwas gelernt hat, doch gleichzeitig wird häufig die Aufgabe verfehlt, den vorgelegten Fall zu lösen. Denn wer Überflüssiges aufschreibt, verliert oft wertvolle Zeit für die Behandlung der eigentlichen Fallprobleme. Verwenden Sie Prüfungsschemata als Erinnerungshilfe für die Gliederung, aber nicht als Schreibprogramm[58]! **455**

Überflüssige Klausurseiten können auch dadurch entstehen, dass die Verfasserinnen und Verfasser meinen, eine bestimmte Meinungsstreitigkeit aufnehmen zu müssen. Für einen Menschen mit einem Hammer sieht jedes Problem wie ein Nagel aus. Für einen Studierenden, der einen Streitstand erlernt hat, scheint es fast unausweichlich, diesen auch niederzuschreiben. Prüfen Sie vorher genau, ob die umstrittene Rechtsfrage für ihren Fall überhaupt relevant ist. Ist dies nicht der Fall, verlieren Sie kein Wort darüber[59]. Selbst wenn der wissenschaftliche Konflikt zu ihrem Fall passt, kann es sein, dass alle vertretenen Meinungen gerade für diesen Fall zu dem gleichen Ergebnis führen. Dann brauchen Sie nur dieses zu notieren und zu begründen, ohne den Meinungsstreit breit darzustellen[60]. Nur wenn die unterschiedlichen Auffassungen zu verschiedenen Resultaten führen, ist es angezeigt, die Kontroverse mit den Ihnen in der Klausur erinnerlichen Argumenten aufzuschreiben. Anschließend müssen Sie sich für eine Sichtweise entscheiden. Alternativlösungen sind in der Regel nicht erlaubt[61]. Der Entscheidungszwang bildet wieder die (spätere) praktische Seite juristischer Berufe ab[62]. Als Richterin oder Verwaltungsbeamter kann man dem Bürger nicht antworten: „Wenn man es so sieht, haben Sie Recht, wenn man es anders sieht, aber nicht. Warten wir einmal ab, wie die höchstrichterliche Rechtsprechung oder der Gesetzgeber die Sache in ca. fünf Jahren entscheidet." **456**

---

56 *Schwerdtfeger*, Rn. 826; *Schwacke*, S. 149.
57 *Schwerdtfeger*, Rn. 821 u. 835.
58 *Diederichsen/Wagner*, S. 153; *Tettinger/Mann*, S. 121; *Schmalz*, Rn. 635; *Wessels/Beulke*, Rn. 871.
59 *Schwacke*, S. 147.
60 *Diederichsen/Wagner*, S. 127; *Schwacke*, S. 148; ; *Tettinger/Mann*, S. 189; *Schmalz*, Rn. 675.
61 *Schmalz*, Rn. 616; *Tettinger/Mann*, S. 110 u. 195; Ausnahmen für Teilfragen halten *Diederichsen/ Wagner*, S. 157 für zulässig.
62 *Schmalz*, Rn. 313; *Pilniok*, JuS 2009, 394; *Tettinger/Mann*, S. 110; *Möllers*, JZ 2009, 668, 669.

457 Unabhängig von der Gutachten- oder Urteilsform ist die juristische Schreibweise nüchtern und sachlich[63]. Denken Sie an folgendes Bonmot: *Wenn ein Jurist hereinkommt, sollte die Raumtemperatur um mindestens drei Grad sinken.*

458 Sie können sich am Stil der Gesetze selbst orientieren. Sie finden hier wenig Wiederholungen und keine gut gemeinten Verstärkungen wie etwa „glasklar", „offensichtlich", „das leuchtet jedem ein", „selbstverständlich", „unzweifelhaft" etc. Ihre Gedankenführung soll die Leserin bzw. den Leser überzeugen, nicht eine übertriebene Rhetorik[64]. Man erwartet von Ihnen, dass Sie die juristische Fachsprache verwenden und beherrschen[65]. Umgangssprachliche Ausdrücke und unvollständige Sätze (+/- Prüfungen) haben ebenfalls keinen Platz in der Klausur[66]. Korrektorinnen und Korrektoren freuen sich außerdem über verständliche Sätze[67] und eine leserliche Schrift[68]! Wenn möglich, variieren Sie ihren Schreibstil. Niemand liest gern pro Klausur zwanzig Mal „Es ist zu prüfen ...".

459 Nicht selten werden Ihnen bei der Falllösung Wertentscheidungen abverlangt. Achten Sie insoweit darauf, das jeweilige Für und Wider umfassend, sachlich und möglichst nah an den Rechtsvorschriften orientiert abzuarbeiten. Eigene Ideen und Argumente können an solchen Stellen viel wert sein. Vermeiden Sie jedoch allgemeinpolitische Stellungnahmen ohne Aufgabenbezug! Wenn z.B. eine Hausarbeit zur direkten Demokratie zu erstellen ist, sollten Sie folgende Aussagen unterlassen: *„Im Übrigen würde ein stärkerer Einsatz plebiszitärer Elemente so sinnlose Maßnahmen wie den Afghanistan-Einsatz der Bundeswehr und die Verlängerung der Laufzeiten für Atomkraftwerke effektiv verhindern."*

f) Hilfsgutachten

460 Der Grundsatz, den Sie sich zu Hilfsgutachten merken sollte, lautet: Eher selten. Fallentwicklerinnen und Fallentwickler legen es in Klausuren unserer Kenntnis nach nur ganz ausnahmsweise darauf an, die Bearbeiter zu Hilfsgutachten zu zwingen[69]. Dennoch sind verunglückte Sachverhalte, d.h. solche, die ohne Hilfsgutachten nicht widerspruchsfrei zu Ende gelöst werden können, nicht völlig auszuschließen. Erwägt man ein Hilfsgutachten, sollte man seine Lösungsidee zunächst noch einmal kritisch und genau überprüfen[70]. Sind Sie weiterhin sicher, dass etwa eine Verfassungsbeschwerde unzulässig ist, darf man sein Gutachten an dieser Stelle nicht abbrechen. Denn so würde man sich selbst darum bringen, die inhaltlichen Probleme des Falles zu behandeln. Stattdessen kann man z.B. folgendermaßen fortfahren: *„Für den Fall, dass man meinen Überlegungen zur Zulässigkeit nicht folgt und die Verfassungsbeschwerde für*

63 *Schmalz*, Rn. 659; *Schwacke*, S. 141.
64 *Schwerdtfeger*, Rn. 837.
65 *Wessels/Beulke*, Rn. 870 mit Beispielen aus dem Strafrecht.
66 *Schmalz*, Rn. 660.
67 *Putzke*, S. 24.
68 *Putzke*, S. 31.
69 Ebenso *Tettinger/Mann*, S. 110 f.
70 *Diederichsen/Wagner*, S. 37.

zulässig hält, wird jetzt in einem Hilfsgutachten noch die Frage ihrer Begründetheit erörtert." Abgesehen von der geschilderten Konstellation der Unzulässigkeit des eingelegten Rechtsbehelfs kann ein Hilfsgutachten ausnahmsweise auch dann erforderlich sein, wenn der Bearbeiter das anzuwendende Gesetz für verfassungswidrig hält oder wenn die mit einem Antrag befasste Behörde unzuständig ist[71].

Lösungsvorschlag Gutachtenstil (zu S. 116) **461**

Um Erfolg zu haben, müsste die Anfechtungsklage des P zulässig und begründet sein. Die Zulässigkeit der Klage setzt u.a. voraus, dass die Klage form- und fristgerecht eingereicht wurde. Fraglich erscheint hier zunächst, ob das Telefax des P die nach § 81 Abs. 1 VwGO erforderliche Schriftform wahrt. Die Schriftform soll sicherstellen, dass die Klage einem bestimmten Kläger zugeordnet werden kann. P hat das Telefax unterschrieben und muss es sich deshalb zurechnen lassen. Somit lässt sich eine schriftliche Klageerhebung i.S.d. § 81 Abs. 1 VwGO bejahen. Zu untersuchen ist ferner, ob P mit seiner Klage die Monatsfrist des § 74 Abs. 1 VwGO eingehalten hat. P schickte seine Klage zwei Monate nach Erhalt des Widerspruchsbescheides an das Verwaltungsgericht. Folglich hat er die Monatsfrist des § 74 Abs. 1 VwGO nicht gewahrt. Dieser Fehler wäre indes unerheblich, wenn für P die Jahresfrist des § 58 Abs. 2 VwGO gelten würde. Diese Vorschrift greift ein, wenn die Rechtsbehelfsbelehrung unterblieb oder unrichtig erteilt wurde. Die Widerspruchsbehörde hat P über seine Rechte belehrt, aber dabei ein altes Formular verwandt, welches eine inzwischen falsche Adresse des Verwaltungsgerichts enthielt. Durch die falsche Sitzangabe (vergl. § 58 Abs. 1 VwGO) wurde die Rechtsbehelfsbelehrung unrichtig. Folglich hatte P ein Jahr Zeit, seine Klage anzubringen. Deshalb ist seine zwei Monate nach Erhalt des Widerspruchsbescheides eingegangene Klage nicht verfristet.

3. Krisensituationen

Trotz engagierter fachlicher Vorbereitung und soliden rechtsmethodischen Kenntnissen **462** wird es immer wieder ganze Fälle oder Teilaufgaben geben, mit denen die Kandidatinnen und Kandidaten auf den ersten Blick nichts anzufangen wissen. Vor den leeren Blättern kann dann leicht Panik aufkommen. Bevor Sie entnervt aufgeben, besinnen Sie sich darauf, dass viele Studentinnen und Studenten vor Ihnen mit ähnlich schwierigen Aufgaben fertig geworden sind. Denken Sie ferner daran, dass die Prüferinnen und Prüfer den Schwierigkeitsgrad der jeweiligen Aufgabe mit berücksichtigen und eventuell keine perfekte Lösung erwarten, sondern bereits gute Lösungsansätze honorieren. Schließlich ist bisweilen nur die Einkleidung der Klausur verwirrend; bei näherer Betrachtung kann dann eine vertraute Problemkonstellation auftauchen[72]. Kurzum: Machen Sie sich Mut und gehen Sie die Klausur dann Schritt für Schritt an.

Selten gibt es Studierende, die unter so großer Prüfungsangst leiden, dass Sie in Klau- **463** suren regelmäßig sehr schlechte oder nicht ausreichende Ergebnisse produzieren. Hier können wir insoweit nur raten, die psychologische Beratungsstelle der Hochschule aufzusuchen und sich helfen zu lassen. Anderenfalls bleiben diese Studierende ihr ganzes Studium weit hinter ihren Möglichkeiten.

71 *Schmalz*, Rn. 586 m.w.N.
72 *Diederichsen/Wagner*, S. 35.

II. Hausarbeiten

464

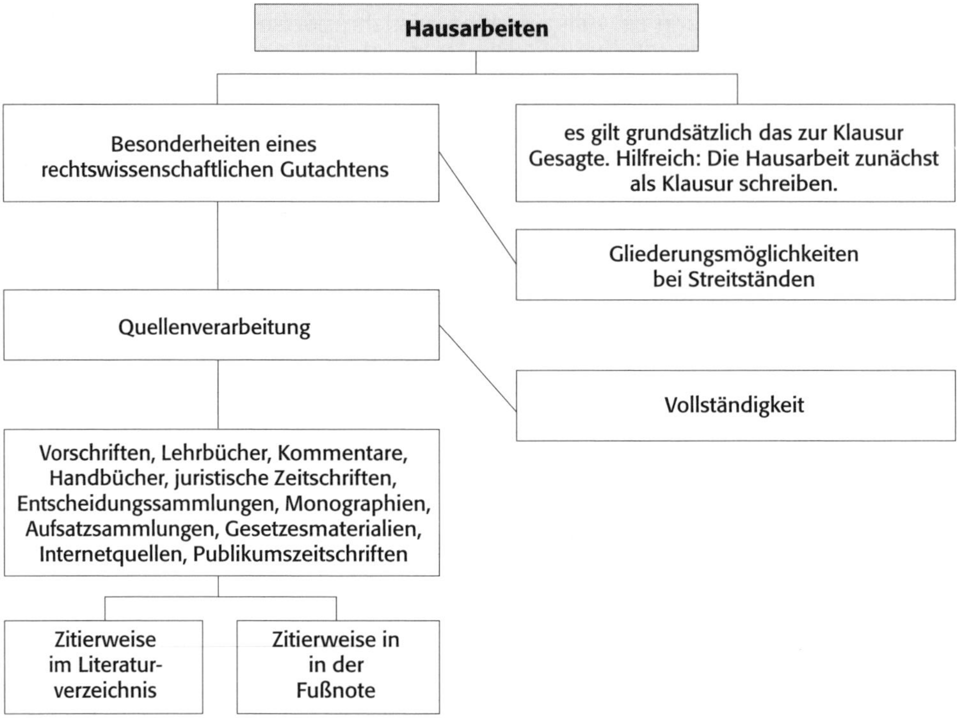

465 Wenn ein Hausarbeitsfall zu lösen ist, gelten viele Arbeitsschritte, die bei der Bearbeitung von Klausuren geschildert wurden, unverändert weiter. Erneut müssen die Bearbeiterinnen und Bearbeiter sowohl den Aufgabentext als auch die Sachverhaltsfragen gründlich studieren und verstehen. Sie haben die einschlägigen Rechtsnormen sowie die eingearbeiteten Rechtsprobleme zu finden und eine plausible Gliederung, etwa nach Personen oder Sachverhaltsabschnitten, zu entwerfen[73]. Es erscheint deshalb sinnvoll, einen Hausarbeitsfall erst einmal als Klausur anzugehen und bis zur Erstellung einer Klausurgliederung zu lösen[74]. Auf diese Weise kann man sich klarmachen, welche Abschnitte des Sachverhalts besondere rechtliche Schwierigkeiten bergen.

466 Wegen des größeren Zeitbudgets wird von Hausarbeiten, seien es Falllösungen, seien es Themenarbeiten, eine wesentlich fundiertere Bearbeitung erwartet. Klausuren erfordern dagegen nur eine plausible Entscheidung des Falles aufgrund präsenter Kenntnisse der Studierenden. Die Gliederung und die schriftliche Endfassung einer Hausarbeit können (und sollten) Sie zudem mehrfach überarbeiten und perfektionieren[75], was bei Klausuren nicht möglich ist.

73 *Hartmann*, in: Pieroth, S. 4.
74 *Diederichsen/Wagner*, S. 13; *Putzke*, S. 6 f.; *Schwerdtfeger*, Rn. 797.
75 *Diederichsen/Wagner*, S. 205; *Schwerdtfeger*, Rn. 839; *Putzke*, S. 8.

Worin bestehen die Besonderheiten des *rechtswissenschaftlichen* Gutachtens?

Zunächst erwarten die Leserinnen und Leser, dass die rechtswissenschaftliche Literatur und die Rechtsprechung, die für den Fall bzw. das Thema wichtig sind, gründlich ausgewertet werden[76]. Diese Auswertung soll aktuell sein[77], d.h. die Rechtslage des Abgabezeitpunkts erfassen und nicht etwa die Rechtslage des Jahres 1973. Deshalb ist stets auch mit den neuesten Aufsätzen, Urteilen, Lehrbüchern etc. zu arbeiten. Die Auswertung muss ferner nachvollziehbar sein, d.h. die herangezogenen Quellen sind in Fußnoten und einem Literaturverzeichnis zu dokumentieren. Aus der Literatur- und Rechtssprechungsanalyse soll weiter hervorgehen, welche wichtigen Kontroversen bei der Interpretation der fallrelevanten Vorschriften bestehen[78]. Die unterschiedlichen Ansichten sind zu referieren, die wesentlichen Argumente zusammenzustellen. Die Verfasserinnen und Verfasser einer Hausarbeit müssen sich anschließend für eine Auffassung entscheiden oder eine neue eigene Meinung entwickeln und begründen. Für die Adressaten des Gutachtens ist überdies wichtig, welche Rechtsansicht mehrheitlich und welche nur von wenigen vertreten wird[79]. Die Information über die „herrschende Meinung" (h.M.) entscheidet in der Praxis häufig darüber, ob der potentielle Kläger das Prozessrisiko eingeht oder nicht[80]. **467**

Diese knappe Skizze dessen, was eine rechtswissenschaftliche Begutachtung leisten soll, wirft für Neulinge viele Fragen auf. **468**

- Welche juristischen Quellen gibt es?
- Wie zitiere ich diese? (zu diesen zwei Fragen 1.)
- Wie finde ich sie?
- Wie viel muss ich zusammentragen? (zu diesen zwei Fragen 2.)
- Welche der vielen Streitigkeiten um die genaue Aussage von Rechtsnormen ist für mich wichtig?
- Muss ich mir immer eine eigene Meinung zu dem Rechtsproblem bilden? Wie komme ich dazu? (zu diesen zwei Fragen 3.)
- Was ist eigentlich das „Wissenschaftliche" an meiner Tätigkeit? (4.)

1. Juristische Quellen und Zitierweise

Vorweg sei gesagt, dass den im Folgenden unterbreiteten Zitiervorschlägen nur dann zu folgen ist, wenn die Richtlinien Ihrer Fakultät oder die Ihrer Betreuerin bzw. Ihres Betreuers nichts anderes von Ihnen verlangen. Wir haben eher sparsame Zitierweisen bevorzugt[81]. Sie dürfen auch immer mehr tun und etwa zu jedem Buch im Literaturverzeichnis den Verlagsort angeben. Nur: Erwarten Sie dafür keinen Fleißbienchenstempel. **469**

---

76 *Schwerdtfeger*, Rn. 773 u. 886; *Schmalz*, Rn. 323; *Pilniok*, JuS 2009, 394; *Tettinger/Mann*, S. 183; *Schwacke*, S. 157; *Diederichsen/Wagner*, S. 12.
77 *Pilniok*, JuS 2009, 394; *Tettinger/Mann*, S. 186.
78 *Hartmann*, in: Pieroth, S. 8; *Schmalz*, Rn. 665.
79 *Schwerdtfeger*, Rn. 773.
80 *Schmalz*, Rn. 324.
81 Ausführlich und mit vielen Zitiervarianten *Putzke*, S. 47 ff.

470 Generell wird geraten, wörtliche Zitate nur einzusetzen, wenn es darum geht, besonders gelungene Formulierungen oder geflügelte Worte wiederzugeben[82]. Z.B. *Ludwig Marcuse* führt aus[83]: *„Es gibt zwei Arten, an der Sprache zu scheitern, die Phrase und die Verschwierigung."* In der Regel wird erwartet, dass Sie die gelesenen Quellen zusammenfassend sinngemäß darstellen

a) Primärquelle Vorschriftentext

471 Die Primärquelle der Juristen ist der Vorschriftentext. Bei Haus- und Themenarbeiten kann es vorkommen, dass Rechtsnormen relevant werden, die nicht in den vorhandenen Gesetzessammlungen abgedruckt sind. Diese Normen sind dann entweder über das Internet oder das Bundesgesetzblatt bzw. die Gesetz- und Verordnungsblätter des Bundeslandes zu ermitteln. Selten müssen Sie im Verwaltungsrecht noch tiefer graben und Satzungen oder Verwaltungsvorschriften aus Amts- oder Ministerialblättern heraussuchen.

472 Ihr rechtswissenschaftliches Gutachten behandelt stets die aktuelle Rechtslage. Verwenden Sie veraltete Rechtsnormen, begehen Sie einen schweren Fehler. Zur Sicherheit sollten Sie deshalb in den Tagen vor der Abgabe der Arbeit noch einmal überprüfen, ob alle verwandten Normen aktuell gültig sind.

473 Im Literaturverzeichnis tauchen Gesetze, Verordnungen oder Verwaltungsvorschriften nie auf. Wenig bekannte Gesetze, das sind alle, die sich nicht in den gängigen Vorschriftensammlungen wie etwa dem Schönfelder oder dem Sartorius finden, sind bei der ersten Verwendung in der Fußnote mit ihrer Fundstelle zu benennen. Gleiches gilt für die anderen Rechtstexte, etwa Verwaltungsvorschriften oder auch für außer Kraft getretene Normen, die für einen historischen Vergleich genutzt wurden.

Beispiel (nur in Fußnote): *Gesetz über genetische Untersuchungen bei Menschen (Gendiagnostikgesetz – GenDG) vom 31.7.2009, BGBl. I, 2529 ff.*

b) Lehrbücher

474 Sie haben den Vorteil, dass sie die wichtigen Grundzüge des jeweiligen Rechtsgebiets systematisch darbieten und sind daher gut geeignet für den Einstieg in eine Hausarbeit[84]. Zwar decken die durchschnittlichen Lehrbücher nicht jedes spezielle Problem ab, doch enthalten sie insoweit häufig wertvolle Literatur- und Rechtsprechungshinweise, die die weitere Arbeit an den spezielleren Problemen erleichtern. Dieser Effekt tritt allerdings nur voll ein, wenn Sie mit den neuesten Auflagen der Lehrbücher arbeiten.

Zitierweise im Literaturverzeichnis: *Erbguth, Wilfried/Schlacke, Sabine, Umweltrecht, 3. Aufl. 2010.*

Zitierweise in der Fußnote: *Erbguth/Schlacke, S. 41 oder § 2, Rn. 9.*

---

82 *Tettinger/Mann*, S. 233; *Putzke*, S. 46.
83 http://www.redenschreiben.de/redenschreiben/pinnwand/zitate-zur-rede.html, abgerufen am 8.2.2011.
84 *Hartmann*, in: Pieroth, S. 4.

c) Kommentare

Hier finden Sie die Paragraphen eines Gesetzes in ihrer numerischen Reihenfolge besprochen. Auch diese Werke taugen für eine erste Orientierung, vorausgesetzt Sie wissen schon, welche Vorschriften für ihr Problem relevant sind. Großkommentare sollte man jedoch erst zur Hand nehmen, wenn man ein wenig eingearbeitet ist. Sonst verlieren Sie sich in der Fülle der dort ausgebreiteten Informationen. **475**

Zitierweise im Literaturverzeichnis: *Jauernig, Ottmar, (Hrsg.), Bürgerliches Gesetzbuch, 13. Aufl. 2009, zitiert: Bearbeiter, in: Jauernig, § 741, Rn. 8; Dolzer, Rudolf/ Waldhoff, Christian/Graßhof, Karin (Hrsg.), Bonner Kommentar zum Grundgesetz, Loseblattsammlung, Stand Dezember 2009, zitiert: Bearbeiter, in: Dolzer u.a., BK-GG, Art., Rn.*

Zitierweise in der Fußnote: *Stürner, in: Jauernig, 741, Rn. 8; Lorenz, in: Dolzer u.a., BK-GG, Art. 2, Rn. 249.*

d) Handbücher

Diese stellen, ähnlich einem Lehrbuch, ein spezielles Rechtsgebiet dar. Handbücher sind jedoch viel umfangreicher und werden deshalb meist von mehreren Autorinnen und Autoren erstellt. **476**

Zitierweise im Literaturverzeichnis: *Hannemann, Thomas/Wiek, Karl Friedrich/ Emmert, Thomas, (Hrsg.), Handbuch des Mietrechts, 4. Aufl. 2009, zitiert: Bearbeiter, in: Hannemann u.a., §, Rn.*

Zitierweise in der Fußnote: *Zahn, in: Hannemann u.a., § 26, Rn. 60.*

e) Juristische Zeitschriften

Sie existieren in großer Zahl, sowohl als Online-Produkt, als auch in gedruckter Form. Grob lassen sie sich einteilen in Publikationen, die jedem Juristen etwas bieten wollen, wie etwa die Neue Juristische Wochenschrift (NJW) oder die Neue Justiz (NJ) und in solche, die sich einem speziellen Rechtsgebiet widmen, wie etwa Das Deutsche Autorecht (DAR) oder Die Zeitschrift für das gesamte Familienrecht (FamRZ). Sie haben (fast) alle gemeinsam, dass sie aktuelle Rechtsfragen erörtern und aktuelle Entscheidungen der Gerichte veröffentlichen. In einer Reihe von Zeitschriften erscheinen regelmäßig Beiträge, die die wichtigsten Judikate eines Rechtsgebiets gebündelt besprechen, sogenannte Rechtsprechungsübersichten. Die Lektüre eines solchen Beitrags, der meist zwei oder drei Jahre Rechtsprechung erfasst, ist für die Bearbeiter von Hausarbeiten nützlich, weil er ihnen einen Überblick über die praktischen Probleme gibt. **477**

Ganz aktuelle Zeitschriftenaufsätze sind oft noch nicht in die elektronischen Datenbanken eingearbeitet. Es lohnt sich also, ca. eine Woche vor dem Ende der Hausarbeit noch einmal in die juristische Fachbibliothek zu gehen und die neuesten Ausgaben der einschlägigen Zeitschriften durchzusehen. Einen Zugriff auf die Inhaltsverzeichnisse der aktuellen Ausgaben ermöglichen meist auch die Web-Seiten der jeweiligen Zeitschrift. **478**

479 Sollten Sie eine Haus- oder Themenarbeit auf einem Gebiet schreiben, von dem Sie noch sehr wenig wissen, empfehlen wir, als erste Orientierung einen Aufsatz oder eine verwandte Falllösung aus einer Ausbildungszeitschrift herauszusuchen. Diese stellen das Gebiet oder das Problem studierendenzentriert und meist in knapper Form vor, so dass Grundlagen für das Verständnis der meist schwierigeren weiteren Texte aus Kommentaren oder Fachzeitschriften gelegt werden. Die bekanntesten Ausbildungszeitschriften sind: Deutsche Verwaltungspraxis (DVP), Juristische Arbeitsblätter (JA), Juristische Ausbildung (Jura), Juristische Schulung (JuS), Zeitschrift für das juristische Studium (ZJS nur online).

Zitierweise im Literaturverzeichnis: *Beaucamp, Guy, Grundfälle zum Allgemeinen Polizeirecht, JA 2009, 279-286 oder 279 ff*[85].

Zitierweise in der Fußnote: *Beaucamp, JA 2009, 279 (Anfangsseite), 284 (Seite, von der das Zitat genau stammt).*

480 **Urteile** aus Zeitschriften werden nur in den Fußnoten und nicht im Literaturverzeichnis zitiert.

Zitierweise in der Fußnote: *BGH, NJW 2008, 53 (Anfangsseite), 54 (Seite, von der das Zitat genau stammt).*

f) Entscheidungssammlungen

481 Der Gerichtshof der Europäischen Gemeinschaften und alle hohen Bundesgerichte geben Sammlungen ihrer wichtigsten Entscheidungen heraus. Die Entscheidungssammlungen erscheinen ebenfalls im Netz. Im Gegensatz zu den juristischen Fachzeitschriften werden die Urteile und Beschlüsse dort ungekürzt veröffentlicht. Es ist zu empfehlen, nach den amtlichen Sammlungen zu zitieren, wenn eine Entscheidung dort publiziert ist[86]. Denn diese sind im Vergleich zu den Fachzeitschriften zuverlässiger und meist auch besser zugänglich.

482 Die **wichtigsten amtlichen Entscheidungssammlungen** sind:

EuGH, Slg.	Sammlung der Rechtsprechung des Gerichtshofs und des Gerichts erster Instanz (www.curia.europa.eu)
BVerfGE	Entscheidungen des Bundesverfassungsgerichts (www.bundesverfassungsgericht.de)
BGHSt	Entscheidungen des Bundesgerichtshofs in Strafsachen
BGHZ	Entscheidungen des Bundesgerichtshofs in Zivilsachen (beide www.bundesgerichtshof.de)

85 Sich selbst zu zitieren wirkt ein wenig pfauenhaft. Weil der Beitrag aber zu den gerade vorgestellten Einstiegstexten für wenig Informierte zählt, sei Radschlagen ausnahmsweise gestattet. Gleichzeitig liefern wir ein Beispiel dafür, was in Fußnoten **nicht** passieren sollte: Nämlich eine inhaltliche – quasi maulwurfsähnliche – Fortsetzung des Textes. Stellen Sie sich jetzt einen radschlagenden Maulwurf vor und Sie können ermessen, wie sehr ein solcher Fußnotentext vom Eigentlichen ablenkt.

86 *Putzke*, S. 52; *Schwerdtfeger*, Rn. 845.

BVerwGE	Entscheidungen des Bundesverwaltungsgerichts (www.bundesverwaltungsgericht.de)
BAG	Entscheidungen des Bundesarbeitsgerichts (www.bundesarbeitsgericht.de)
BSGE	Entscheidungen des Bundessozialgerichts (www.bundessozialgerichts.de)
BFHE	Entscheidungen des Bundesfinanzhofs (www.bundesfinanzhof.de)

Urteile aus Entscheidungssammlungen werden nur in den Fußnoten und nicht im Literaturverzeichnis zitiert. **483**

Zitierweise in der Fußnote: *BVerfGE 69 (Bandzahl), 315 (Anfangsseite), 344 (Seite, von der die zitierte Aussage genau stammt)* oder *EuGH, Slg. Teil I 2006, 9373, 9455* oder *Rn. 27*

g) Monographien

Diese hochwissenschaftlichen Werke beschäftigen sich aus juristischer Perspektive mit einem bestimmten Spezialthema, etwa der Präimplantationsdiagnostik oder den Grenzen der Satire. Dissertations- und Habilitationsschriften zählen zu den Monographien. Für erste Hausarbeiten dürfte es nur im Ausnahmefall nötig sein, in die Lektüre solcher, häufig nicht leicht zu verstehender Bücher einzusteigen. Schreibt man dagegen eine Schwerpunkthausarbeit oder eine Bachelor-Arbeit, kann es sich lohnen, Monographien auszuwerten. **484**

Zitierweise im Literaturverzeichnis: *Diedrich, Frank, Präjudizien im Zivilrecht, 2004.*

Zitierweise in der Fußnote: *Diedrich, S. 166.*

h) Aufsatzsammlungen

Diese fassen z.B. die Vorträge einer rechtswissenschaftlichen Tagung zusammen oder sammeln verstreute Beiträge eines Wissenschaftlers oder einer Wissenschaftlerin in einem Band. Zu runden Geburtstagen berühmter Juristinnen oder Juristen erscheinen ebenfalls Sammlungen mit papierenen Aufsatzgeschenken der Kollegen, die sogenannten Festschriften. **485**

Zitierweise im Literaturverzeichnis: *Erbguth, Wilfried/Oebecke, Jan-Bernd/Rengeling, Hans-Werner/Schulte, Martin, (Hrsg.), Planung, Festschrift für Werner Hoppe zum 70. Geburtstag, 2000.*

Zitierweise in der Fußnote: *Sendler, in: Erbguth u.a., FS Hoppe, S. 1011 (Anfangsseite), 1015 (Seite, von der das Zitat genau stammt).*

i) Gesetzesmaterialien

Um die Beweggründe des Gesetzgebers zu erforschen, müssen Sie zu den Gesetzesbegründungen in den Bundestags-, Bundesrats- oder Landtagsdrucksachen greifen. Für jüngere Gesetze stehen diese auch online zur Verfügung. Hat die Bundesregierung **486** das Gesetz eingebracht, findet man eine Entwurfsbegründung manchmal auch auf den Internet-Seiten des zuständigen Ministeriums.

487 Wie Urteile werden die herangezogenen Gesetzesmaterialien nicht in das Literaturverzeichnis aufgenommen.

Zitierweise in der Fußnote: *BT-Drucks. oder Drs. 12 (Legislaturperiode)/6000 (Nr. der Drucksache), S. 33.*

j) Publikumszeitschriften

488 Selten werden Sie Beiträge aus Tages- oder Wochenzeitungen für das allgemeine Publikum in Ihrer rechtswissenschaftlichen Arbeit zitieren. Sollte dies dennoch der Fall sein, achten Sie darauf, nur seriöse Publikationen zu verwenden. Boulevardzeitungen gehören nicht dazu.

Zitierweise im Literaturverzeichnis: *Gammelin, Cerstin, Flämische Mauer, Süddeutsche Zeitung Nr. 196 v. 26.8.2010, S. 7.*

Zitierweise in der Fußnote: *Gammelin, SZ v. 26.8.2010, S. 7.*

k) Internetquellen

489 Wenn in der Internetquelle ein Verfasser genannt wird, müssen Sie diesen in Ihr Literaturverzeichnis aufnehmen. Fehlt eine Zuordnung zu einem Autor oder einer Autorin, wie etwa bei den Web-Auftritten von Behörden und Organisationen, können Sie Ihrem Literaturverzeichnis ein Verzeichnis der Internetquellen anfügen und diese dann dort alphabetisch ordnen. Damit die Leser Ihrer wissenschaftlichen Arbeit nicht zu lange suchen müssen, ist die genaue Fundstelle auf der jeweiligen Internetseite anzugeben. Die Homepage reicht hier nicht aus. Zudem sollten Sie hinzufügen, wann Sie die genaue Internet-Seite zuletzt aufgerufen haben[87].

Zitierweise im Literaturverzeichnis: Deutsches Referenzzentrum für Ethik in den Biowissenschaften (DRZE): http://www.drze.de/im-blickpunkt/pid, abgerufen am 20.8.2010.

490 Für Juris und andere Datenbanken hat sich eingebürgert, bei Entscheidungszitaten das Aktenzeichen, das Datum sowie die Randzahl zu nennen und nicht die genaue Internet-Fundstelle im Juris-System.

Zitierweise in der Fußnote *(und nur dort!): VGH München, Beschl. v. 30.4.2009, 7 CE 09.661, Rn. 20, juris.*

87 *Putzke*, S. 75.

2. Quellensuche und Vollständigkeit

Im Zeitalter der Datenbanken stellt das Ermitteln der für eine Hausarbeit relevanten Texte keine große Schwierigkeit mehr dar. Mit Hilfe von juris, beck-online, lexis-nexis oder ähnlichen Hilfsmitteln im Netz[88], werden Sie zu jedem juristischen Problem einen soliden Grundstock von Urteilen und Literaturstimmen zusammentragen können. Ihnen sollte allerdings klar sein, dass manche etwas abgelegenen Zeitschriften von den Datenbanken nicht erfasst werden. Auch die eine oder andere Monographie oder Festschrift ist eventuell elektronisch nicht oder noch nicht registriert. Deshalb ist es sinnvoll, zusätzlich den Literatur- und Rechtsprechungsverweisen in Lehrbüchern und Kommentaren nachzugehen[89]. Die Recherche wird so Schritt für Schritt umfassender und an einem gewissen Punkt sind Ihnen die meisten Quellen bekannt, die etwas Fundiertes zu Ihrem Problem ausführen[90]. Sich in diesem Stadium Mühe zu geben, lohnt sich. Denn von der Qualität der genutzten Informationen hängt es ab, ob Sie etwas herausfinden oder nicht[91]. **491**

Muss jetzt noch weiter gesucht werden? Ihre Aufgabe in einer Hausarbeit ist es nicht, jede Autorin und jeden Autor ausfindig zu machen, die bzw. der etwas zu einer bestimmten juristischen Frage geäußert hat. Vollständigkeit der Quellen ist also nicht gefordert[92]. Andererseits wird erwartet, dass Sie die wesentlichen Ansichten, Argumente und Autoritäten heranziehen[93]. Fatal ist es z.B. fast immer, wenn höchstrichterliche Entscheidungen nicht oder nicht ausreichend genau berücksichtigt wurden. Viele Bearbeiter wollen sich auch die Mühe ersparen, die Gesetzesmaterialien ausfindig zu machen und auszuwerten. So übersehen sie indes häufig wichtige Auslegungsargumente. Ein weiterer typischer Fehler einer unzureichenden Quellenauswertung besteht darin, einfach zu behaupten, eine bestimmte Auffassung zu einem Rechtsproblem sei die herrschende Meinung, ohne dafür ausreichende Belege anzugeben[94]. Merken Sie sich insoweit als Daumenregeln: Mindestens zwei oder drei Rechtsprechungsbelege und mindestens zwei oder drei Stimmen aus dem Schrifttum, die alle in die gleiche Richtung weisen, sonst kann nicht ernsthaft von einer herrschenden Meinung gesprochen werden! Gegen eine höchstrichterliche Rechtsprechung gibt es nur selten eine h.M.! **492**

3. Streitstände

Fünf Juristen, sechs Meinungen. In der Rechtswissenschaft ist vieles umstritten[95]. Welche der vielen Streitigkeiten um die genaue Aussage von Rechtsnormen sollte in die Hausarbeit aufgenommen werden? Hier kann an das zu Klausuren Gesagte angeknüpft **493**

88 Zur Entwicklung und aktuellem Stand *Knauer*, Rechtstheorie 2009, 379, 387 ff.
89 *Knauer*, Rechtstheorie 2009, 379, 396.
90 *Tettinger/Mann*, S. 184.
91 *Narr*, in: Franck/Stary, S. 17.
92 *Knauer*, Rechtstheorie 2009, 379, 396.
93 *Pilniok*, JuS 2009, 394, 396.
94 *Schwerdtfeger*, Rn. 845; *Tettinger/Mann*, S. 237.
95 *Pilniok*, JuS 2009, 394.

werden[96]. Allein die fallrelevanten Meinungsstreitigkeiten gehören in ihre Hausarbeit. Erneut müssen Sie nachweisen, dass die unterschiedlichen Auffassungen zu einem Rechtsproblem in der Ihnen als Aufgabe gestellten Konstellation zu unterschiedlichen Ergebnissen führen[97]. Jedenfalls dann müssen Sie die Streitfrage erörtern und entscheiden.

494 Zwingende Regeln für die schriftliche Darstellung von Auslegungskonflikten gibt es nicht. Sinnvoll ist es, sich und dem Leser klarzumachen, um welches gesetzliche Tatbestandsmerkmal bzw. um welchen juristischen Zusammenhang der Streit genau geht[98].

495 Wenn für ein Auslegungsproblem nur zwei konkurrierende Auffassungen existieren, können Sie diese mit ihren jeweiligen Pro und Contra-Argumenten nacheinander darstellen[99]. Es hat sich eingebürgert, die Meinung als letzte zu bringen, der gefolgt wird[100].

496 Um kompliziertere Auslegungszwistigkeiten darzustellen, kann man alle in Betracht kommenden Ansichten geordnet nach ihren jeweiligen Vertretern niederschreiben und anschließend die für die jeweiligen Ansichten sprechenden Gründe zusammenfassend diskutieren.

497 Ein Gliederungsausschnitt sähe dann etwa so aus:

- Die Ansicht des Bundesgerichtshofs
- Die überwiegende Ansicht in der Literatur
- Die Mindermeinung in der Literatur
- Der neue Vorschlag von X
- Die wesentlichen Argumente
- Stellungnahme und Ergebnis

498 Eine andere etwas elegantere Lösung besteht darin, den Streitstand ausgehend von den zugrundeliegenden unterschiedlichen Positionen aufzuarbeiten[101].

499 Eine **Beispielsgliederung**:

- Argumente für eine enge Auslegung des § 28 Abs. 1 VwVfG
- Argumente für eine weite Auslegung des § 28 Abs. 1 VwVfG
- Vermittelnde Lösungen und ihre Begründungen
- Stellungnahme und Ergebnis

500 Die beiden Kurzgliederungen machen bereits deutlich, dass zumindest in Hausarbeiten und Klausuren von Studentinnen und Studenten nicht erwartet wird, dass sie eine eigene neue Meinung zu einem Rechtsproblem entwickeln[102]. Es reicht aus, die Kontroverse mit ihren wesentlichen Argumenten sorgfältig aufzuarbeiten und sich dann

96 S.o. I. 2. e).
97 *Tettinger/Mann*, S. 189.
98 *Schwerdtfeger*, Rn. 838.
99 *Pilniok*, JuS 2009, 394, 397.
100 *Tettinger/Mann*, S. 194.
101 *Pilniok*, JuS 2009, 394, 397; *Tettinger/Mann*, S. 194 u. 226; ähnlich *Schmalz*, Rn. 682.
102 *Pilniok*, JuS 2009, 394; *Schwacke*, S. 148; *Schmalz*, Rn. 324; *Adomeit/Hähnchen*, S. 53.

der Auffassung anzuschließen, die den Bearbeiter überzeugt hat[103]. Andererseits kann es für die Bewertung einer Hausarbeit nur positiv sein, wenn die Bearbeiterin oder der Bearbeiter einen neuen Blickwinkel, eine neue Lösungsidee oder ein neues Argument in die Debatte einbringt. Wichtiger ist ein gewisser Grad an Originalität jedoch bei Themenarbeiten[104].

4. Was ist eigentlich das „Wissenschaftliche" an Ihrer Tätigkeit?

Diese Frage soll in zwei Abschnitten beantwortet werden. Zunächst gilt es zu überprüfen, inwieweit die Beschäftigung mit Rechtsfragen überhaupt als wissenschaftlich gelten kann (a). Unabhängig davon wird von Ihnen erwartet, dass Sie bei der Erstellung einer Haus- oder Themenarbeit gewissen Grundregeln folgen (b). **501**

a) Ist Recht eine Wissenschaft?

Historisch-formal betrachtet ließe sich diese Frage bejahen, denn Jura wurde und wird immer an Universitäten, der Heimat der Wissenschaft, gelehrt[105]. Mit diesem Argument akzeptiert man allerdings auch die Theologie als Wissenschaft. **502**

Das deutsche Richtergesetz und viele juristische Ausbildungsgesetze sprechen von einem rechts**wissenschaftlichen** Studium[106]. Hier hätte man ein Wortlautargument. Soll aber der Wortlaut einer Rechtsvorschrift darüber entscheiden, was Wissenschaft ist? **503**

Das Bundesverfassungsgericht hat für Art. 5 Abs. 3 GG als wissenschaftliche Tätigkeit jeden nach Inhalt und Form ernsthaften und planmäßigen Versuch zur Ermittlung der Wahrheit definiert[107]. Juristen arbeiten jedoch hauptsächlich mit den Unterscheidungen gültig/ungültig sowie rechtmäßig/rechtswidrig[108] und nicht mit der Unterscheidung wahr/unwahr[109]. Die oben vorgestellte Fiktion[110] ignoriert die Tatsachenlage sogar bewusst. **504**

Es gibt gute Gründe dafür, die Beschäftigung mit Recht als Kunst(handwerks)lehre und nicht als Wissenschaft anzusehen[111]. **505**

Erstens sind die Beobachtungsgegenstände der Rechtswissenschaft, die Normen, nicht fixiert, sie werden vielmehr ständig durch den Gesetzgeber, die Rechtsprechung und **506**

103 *Tettinger/Mann*, S. 190.
104 S. dazu unten III. 5.
105 *Dedek*, JZ 2009, 540; *Rüthers/Fischer*, Rn. 283 a; *Röhl/Röhl*, S. 83 u. 176.
106 § 5 u. § 5a Abs. 2 DRiG; s. z.B. die Juristenausbildungsgesetze Mecklenburg-Vorpommerns (§ 1), Schleswig-Holsteins (§ 1 Abs. 2) oder Niedersachsens (§ 1 Abs. 1).
107 BVerfGE 35, 79, 113; ähnlich BVerfGE 111, 33, 354.
108 *Pilniok*, JuS 2009, 394.
109 *Rüthers/Fischer*, Rn. 290a; *Röhl/Röhl*, S. 83; *Mastronardi*, S. 78.
110 S.o. B. II. 5. c).
111 *Kiesow*, JZ 2010, 585, 589 u. 591; *Mastronardi*, S. 181; *Heinrichs*, in: Palandt, Einleitung, Rn. 46; *Mastronardi*, Rechtstheorie, S. 6; *Kaufmann*, S. 64 ff. vertritt salomonisch den Standpunkt Rechtswissenschaft sei sowohl Wissenschaft als auch Kunst.

die Rechtslehre verändert bzw. uminterpretiert. Es gilt der klassische Ausspruch *Julius von Kirchmanns*, dass drei berichtigende Worte des Gesetzgebers ganze Bibliotheken zu Makulatur (Altpapier) werden lasse[112]. *Rainer Maria Kiesow* formuliert ähnlich plastisch: Recht ist auf Sand gebaut[113]. Nur aufgrund einer sowohl durch Interpretationsspielräume quasi eingebauten als auch durch Ergänzungen immer wieder hergestellten Flexibilität war es möglich, dass das BGB im Kaiserreich, in der Weimarer Republik, in der NS-Zeit, der Bundesrepublik und eine Zeit lang in der DDR gelten konnte[114].

507 Zweitens setzen die meisten Rechtswissenschaftler, anders als Naturwissenschaftler und empirische Sozialwissenschaftler, in aller Regel weder Experimente noch Erhebungen ein, um ihre Annahmen zu überprüfen[115]. Die Leistung des Rechtswissenschaftlers besteht nur in plausibel begründeter Textinterpretation[116]. Zwingend beweisen kann er nichts[117]. Die einzig richtige Bedeutung eines Textes lässt sich nämlich nicht feststellen[118], wie ein Blick in andere textexegetische Disziplin, wie etwa die Theologie oder die Literaturwissenschaften belegt[119]. In den Worten des Bundesverfassungsgerichts[120]: *Die Auslegung, insbesondere des Verfassungsrechts, hat den Charakter eines Diskurses, in dem auch bei methodisch einwandfreier Arbeit nicht absolut richtige, unter Fachkundigen nicht mehr bezweifelbare Aussagen dargeboten werden, sondern Gründe geltend gemacht werden, andere Gründe dagegengestellt werden und schließlich die besseren Gründe den Ausschlag geben sollen.*

508 Weil dem Recht die Aufgabe der Konfliktlösung zukommt, kann eine Rechtswissenschaftlerin das Resultat ihrer Überlegungen nur selten mit dem Hinweis offen lassen, hier müsse noch weiter geforscht werden. Ebenso wenig hilft sie ihrem Publikum mit der Antwort, dass eine Rechtsfrage – weil mit zu vielen (subjektiven) Wertungen verbunden – wissenschaftlich unentscheidbar sei. Entscheidungen zwischen gegensätzlichen Werten und Interessen gehören zum Recht[121]. Der Weg zu solchen Wertentscheidungen lässt sich zwar rational erläutern und verbessern, die Entscheidung selbst enthält aber irrationale Anteile[122]. Wie bereits zu Beginn des Buches betont[123], geht es

112 *von Kirchmann*, S. 22, 37.
113 JZ 2010, 585, 586.
114 *Rüthers/Fischer*, Rn. 36; ähnlich *Röhl/Röhl*, S. 81.
115 *Rüthers/Fischer*, Rn. 288; *Mastronardi*, Rechtstheorie, S. 6.
116 *Pilniok*, JuS 2009, 394; *Christensen/Pötters*, JA 2010, 566, 567; *Rüthers/Fischer*, Rn. 818; *Hesse*, § 2, Rn. 76; *Schlehofer*, JuS 1992, 572, 576; *Mastronardi*, Rechtstheorie, S. 6; ähnlich *Schmalz*, Rn. 176 und 316, der Rechtswissenschaft als Begründungswissenschaft bezeichnet; s.a. *Diederichsen/Wagner*, S. 166.
117 *Hesse*, § 2, Rn. 76.
118 *Rüthers/Fischer*, Rn. 806 f.; *Schmalz*, Rn. 309 ff. u. 316; *Säcker*, in: Münchner Kommentar, Band 1, Einleitung, Rn. 87; *Zippelius*, S. 48; *Schwintowski*, S. 137 u. 143.
119 *Möllers*, JZ 2009, 668; *Rüthers/Fischer*, Rn. 731 u. 156 ff.
120 BVerfGE 82, 30, 38 f.
121 *Kiesow*, JZ 2010, 585, 588; *Schmalz*, Rn. 315; *Mastronardi*, S. 63; *Röhl/Röhl*, S. 176; *Heinrichs*, in: Palandt, Einleitung, Rn. 36 u. 39.
122 *Kramer*, S. 47 f.; *Rüthers/Fischer*, Rn. 290 d u. 302 a; *Röhl/Röhl*, S. 176 ff.; *Schmalz*, Rn. 311; *Heinrichs*, in: Palandt, Einleitung, Rn. 39; *Mastronardi*, S. 175; *Hesse*, § 2, Rn. 75; *Zippelius*, S. 63.
123 S.o. A. I.

darum ein möglichst hohes Maß an Rationalität und Kontrollierbarkeit juristischer Entscheidungen zu erreichen[124].

Dass es hierbei Grenzen gibt, zeigen die folgenden Überlegungen: Selbst wenn ein Gutachten mit gründlicher und plausibler Argumentation zu einer bestimmten Einschätzung der Rechtslage kommt, kann es sein, dass diese brillante rechtswissenschaftliche Arbeit selbst einräumen muss, dass sie ohne großen Wert ist, weil die Rechtsprechung ständig anders entscheidet und sich als wissenschaftsresistent erweist. Ähnliches gilt bei der Beratung des Gesetzgebers. Sogar in dem Fall, dass alle befragten Rechtsexperten unisono ein bestimmtes Gesetzgebungsprojekt ablehnen, heißt dies nicht immer, dass das Parlament die Idee verwirft. Hier gilt der Satz von *Thomas Hobbes*: Auctoritas non veritas facit legem[125]. **509**

Das dritte Argument gegen Recht als Wissenschaft ist die fehlende Übertragbarkeit einer einmal gefundenen Rechtserkenntnis in Raum und Zeit. Während ein Biologe oder ein Philosoph sich mit den Experten aus anderen Ländern meist gut verständigen kann, wenn sie ebenfalls auf seinem Fachgebiet forschen, gelingt dies einem Rechtswissenschaftler eher selten. Zum einen ist Recht stark an die jeweilige Nationalsprache gebunden. Zum anderen lassen sich gerade die Details einer Rechtsordnung häufig nicht auf ein anderes Land übertragen, weil es dort entsprechende Regeln vielleicht überhaupt nicht gibt, andere Regeln gelten oder zwar ähnliche Regeln gelten, diese jedoch von der Rechtsprechung ganz anders interpretiert werden. Eine rechtliche Aussage, selbst eine ganz banale wie „Sie können nicht zum Tode verurteilt werden", gilt nicht universal, sondern ist abhängig von dem Rechtssystem, für das sie getroffen wurde. **510**

Was für den Raum gilt, gilt auch für die Zeit. Viele Entdeckungen Darwins oder Mendels werden heute noch gelehrt. Die philosophischen Überlegungen Platons oder Aristoteles geben auch modernen Philosophen Diskussionsstoff. Im Gegensatz dazu ist das Familienrecht oder das Arbeitsrecht, welches vor 50 oder 100 Jahren galt für das heutige Familien- und Arbeitsrecht in aller Regel irrelevant. **511**

Andererseits gibt es Teildisziplinen der Rechtswissenschaft, wie etwa die Rechtsgeschichte, die Rechtsphilosophie, die Rechtssoziologie, die Kriminologie oder die Verwaltungslehre, die in Anlehnung an andere Wissenschaften mit historischen Quellen, Erhebungen oder Datenmaterial arbeiten[126]. Auffällig ist jedoch, dass sich gerade diese Teildisziplinen nicht mehr mit der eigentlichen Rechtsanwendung beschäftigen. Andere Geisteswissenschaften, wie etwa die Geschichts- oder Literaturwissenschaft teilen das Problem der Textauslegung und -bewertung[127], stehen aber anders als der Rechtswissenschaftler nicht unter Entscheidungszwang. **512**

124 *Hesse*, § 2, Rn. 76; *Sauer*, in: Krüper, S. 172; *Rüthers/Fischer*, Rn. 650 ff.
125 Die Autorität (Macht) nicht die Wahrheit schafft die Gesetze.
126 *Rüthers/Fischer*, Rn. 303 ff.
127 *Rüthers/Fischer*, Rn. 308 m.w.N.

513 Unabhängig davon, ob man daran festhält, die Beschäftigung mit Rechtsfragen als Wissenschaft zu begreifen oder eine andere Bezeichnung vorzieht, gelten für die schriftliche Niederlegung rechtlicher Erkenntnisse bestimmte Rationalitätsanforderungen, die im folgenden Abschnitt erläutert werden.

b) Grundregeln wissenschaftlichen Arbeitens

514 In Abgrenzung zu literarischen oder journalistischen Texten verfolgen wissenschaftliche Texte andere Ziele und wenden sich an ein anderes Publikum. Ziel eines wissenschaftlichen Beitrags ist die Gewinnung neuer Erkenntnisse. Adressaten dieses Textes sind Fachleute auf einem speziellen Gebiet. Um andere Experten zu erreichen und eventuell von der eigenen Sicht der Dinge zu überzeugen[128], müssen Wissenschaftlerinnen und Wissenschaftler

- präzise,
- kontrollierbar,
- ehrlich
- und kritisch vorgehen.

515 Die Genauigkeit des rechtswissenschaftlichen Arbeitens zeigt sich an einem präzisen Themenzuschnitt[129], an der Literatur- und Rechtsprechungsauswertung, der Dokumentation dieser Suche, der Begriffsklärung und -verwendung[130] sowie der gründlichen Argumentation. Ungenau ist z.B. ein Sekundärzitat, etwa die Zitierung eines Urteils aus einem Lehrbuch, ohne die Originalstelle überprüft zu haben[131]. Eventuell übernehmen Sie damit die Fehler des Erstautors. Ungenau ist die kritiklose Bezeichnung einer Rechtsauffassung als herrschende Meinung, nur weil ein Kommentar diese Ansicht als herrschend vorstellt[132]. Ungenau ist ferner die Missachtung eines etablierten Fachausdrucks oder der Verzicht auf die Begründung eines gewählten Auslegungsergebnisses.

516 Die von Wissenschaftlern und Wissenschaftlerinnen geforderte Präzision dient dazu, eine Nachprüfung durch andere zu ermöglichen[133]. Deshalb sind sowohl die eingesetzten Methoden als auch die genutzten Quellen so mitzuteilen, dass sie leicht kontrollierbar sind.

517 Die Ehrlichkeit einer wissenschaftlichen Arbeit lässt sich daran erkennen, dass man sich um Objektivität bemüht, d.h. Gegenargumente nicht verschweigt[134] und die Risiken und Nebenwirkungen der favorisierten Lösung ebenfalls darstellt. Zur Ehrlichkeit gehört auch, dass Sie nichts als Eigengewächs ausgeben, was Sie aus eines anderen Autors Garten entführt haben[135]. Wird einem Bearbeiter oder einer Bearbeiterin ein

128 *Pilniok*, JuS 2009, 394.
129 *Eco*, S. 40.
130 *Mastronardi*, S. 188 f.
131 *Tettinger/Mann*, S. 184.
132 *Tettinger/Mann*, S. 196 u. 237.
133 *Eco*, S. 44; *Tettinger/Mann*, S. 232.
134 *Tettinger/Mann*, S. 195; *Pilniok*, JuS 2009, 394, 396.
135 *Pilniok*, JuS 2009, 394, 395; *Putzke*, S. 45; *Schwacke*, S. 159.

solches Plagiat in größerem Umfang nachgewiesen, was mit neueren Programmen nicht sehr schwierig ist, führt dies zu einer Bewertung mit der Note mangelhaft. Ein Journalist dagegen kann einfach eine Pressemitteilung abschreiben, ohne dass dies negative Konsequenzen für ihn hat.

Eine redliche Quellenauswertung sucht außerdem nicht nur die Stellen aus einem Werk heraus, die in das eigene Konzept passen, sondern wertet alle themenrelevanten Aussagen einer Quelle aus. Schließlich ist sich jeder ehrliche Wissenschaftler dessen bewusst, dass er sich auch irren kann. Entdeckt er einen vermeintlichen Irrtum eines Kollegen oder einer Kollegin, so enthält es sich insoweit jeder polemischen Äußerung[136]. **518**

Wolf-Dieter Narr hält kritisches Nachfragen für die erste Bedingung allen Wissenschaftstreibens[137]. Ähnlich sehen es *Axel Bänsch* und *Dorothea Alewell* als wichtige Aufgabe der Wissenschaft an, eigene und fremde Hypothesen kritisch zu überprüfen[138]. Keine These, keine Vorstellung, kein Werturteil darf unbefragt als gegeben hingenommen werden[139]. In der Rechtswissenschaft geht es z.B. darum, ein Urteil kritisch zu analysieren[140] oder die Auffassung eines Lehrbuchs auf ihre Plausibilität hin zu untersuchen. Zur notwendigen kritischen Einstellung gehört es auch, die möglichen Interessen einzubeziehen, die manche Autoren bewegen, bestimmte Auffassungen zu vertreten. So sollte man etwa in einer Arbeit über die Abschaffung der Wehrpflicht Stellungnahmen der Bundeswehr oder bundeswehrnaher Einrichtungen nicht als einzige Quelle heranziehen. Auch Justiziare von Versicherungen neigen nicht dazu, versicherungsfeindliche Thesen aufzustellen. **519**

Unkritisch ist dagegen die Übernahme der herrschenden Meinung nicht aufgrund der Überzeugungskraft ihrer Argumente, sondern einfach deshalb, weil sie von der Mehrheit vertreten wird[141]. Unkritisch wäre auch ein reines Zählen der Argumente ohne die erforderliche Gewichtung[142]. **520**

Übt man sich in kritischem Lesen und Nachfragen, gelingt es auch leichter, originelle Ideen, Verknüpfungen und Argumente zu finden, die vor allem für Themenarbeiten wichtig sind[143]. **521**

136 *Tettinger/Mann*, S. 226; *Pilniok*, JuS 2009, 394, 396.
137 *Narr*, in: Franck/Stary, S. 22; ebenso *Franck*, in: Franck/Stary, S. 151.
138 *Bänsch/Alewell*, S. 35.
139 *Rüthers/Fischer*, Rn. 286 m.w.N.
140 *Tettinger/Mann*, S. 187.
141 *Pilniok*, JuS 2009, 394, 395; *Schlehofer*, JuS 1992, 572, 577; *Tettinger/Mann*, S. 196.
142 Hierzu *Pilniok*, JuS 2009, 394, 396.
143 S. hierzu u. III. 5.

III. Themenarbeiten

522

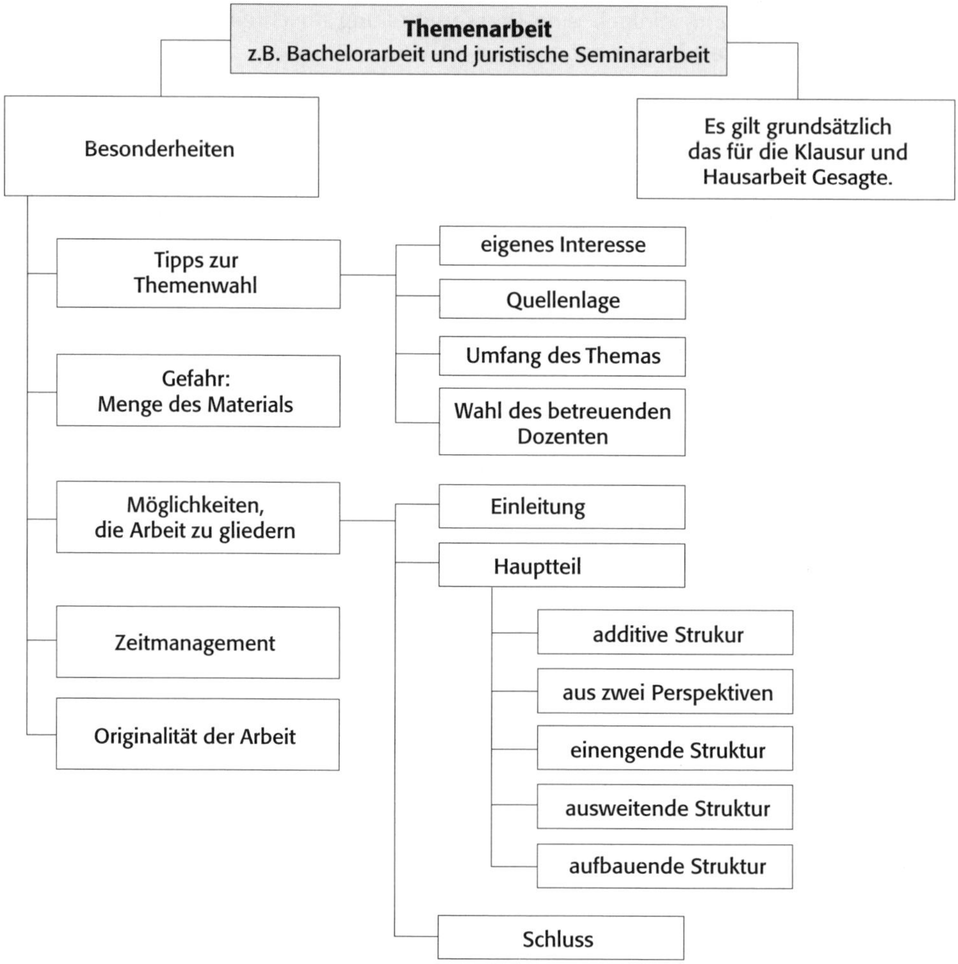

523 Erneut kann in großem Umfang auf das bereits zu Klausuren und Hausarbeiten Ausgeführte verwiesen werden. Auch für eine juristische Seminar- , Bachelor- oder Masterarbeit müssen Sie Literatur und Rechtsprechung auswerten, Ihr Material sinnvoll gliedern, eventuell über Auslegungskonflikte entscheiden und alles verständlich und überzeugend aufschreiben. Insbesondere in Hinsicht auf die Dokumentation Ihrer Quellen im Literaturverzeichnis und in den Fußnoten gelten die Ausführungen für Hausarbeitsfälle weiterhin[144].

524 Eine Themenarbeit weist jedoch auch einige Besonderheiten auf, die in den folgenden Abschnitten erläutert werden. Die Themenwahl (1.), die größere Gefahr des Sich-Ver-

144 S.o. II. 1.

lierens im Material (2.), typische Anforderungen an den Aufbau (3.), das Zeitmanagement (4.) sowie die Frage des notwendigen Grades an Originalität (5.).

1. Themenwahl

Zunächst werden einige generelle Ratschläge für die Wahl eines geeigneten Themas gegeben (a), anschließend – als eine Art Ideenbörse – einige typische juristische Fragestellungen vorgestellt (b). **525**

a) Allgemeines

Nicht immer, aber häufig können Studierende ihr Seminar- oder Bachelorarbeitsthema selbst aussuchen oder zumindest eine Auswahl unter verschiedenen Themen treffen. Diesbezüglich wird einhellig geraten, einen Bearbeitungsgegenstand zu wählen, der die Kandidatin bzw. den Kandidaten interessiert. Das Anfangsinteresse führt zu eigenständigem Fragen, weckt Energie und kann die ganze Arbeit auf ein gutes Niveau befördern[145]. **526**

Wen an seinem Studienfach wenig interessiert, der sei mit einem Zitat von *Umberto Eco* getröstet[146], der ausführt, dass es kein schlechtes Thema gebe, wenn man gut arbeite. **527**

Ein weiterer vernünftiger Rat besteht darin, ein Gebiet zur Bearbeitung zu wählen, auf dem man schon gewisse Vorkenntnisse erworben hat, um die Einarbeitungszeit zu verkürzen[147]. **528**

Eine gewisse Rolle kann bei der Themenwahl auch die Frage spielen, ob die erforderlichen Quellen gut zugänglich sind. Untersuchungsfragen aus dem geltenden nationalen Recht werfen insoweit allerdings nur selten Probleme auf. Im Gegenteil ist es häufig schwieriger, der Materialfülle Herr zu werden. Sucht man sich indes ein rechtshistorisches oder ein rechtsvergleichendes Thema aus, kann es bisweilen Schwierigkeiten machen, die notwendigen Quellen zu erschließen und – insbesondere bei fremdsprachlichen Texten – zu verarbeiten. Materialprobleme können auch dann auftauchen, wenn man sich ein **zu** aktuelles Thema wählt, wie z.B. Leistungsstörungen im Weltraumreiserecht. Nicht zu empfehlen sind außerdem Themen, deren gesetzliche Regelung aktuell ansteht oder deren Rechtsgrundlagen aktuell reformiert werden. In diesen Fällen besteht die Gefahr, dass man seine Arbeit kurz vor Abgabe noch einer neuen Rechtslage anpassen muss. **529**

Als Anfänger unterliegt man manchmal der Versuchung, sein Thema zu groß anzulegen und etwa über die Gerechtigkeit an sich oder die Geschichte des Familienrechts von 1949 bis heute schreiben zu wollen. Bedenken Sie, wie viel Material Sie für solche **530**

145 *Franck*, in: Franck/Stary, S. 158; *Eco*, S. 14 f.; *Tettinger/Mann*, S. 207; *Bänsch/Alewell*, S. 39.
146 *Eco*, S. 13.
147 *Tettinger/Mann*, S. 208.

Großthemen in der knappen Bearbeitungszeit sichten und auswerten müssen[148]. Zudem riskieren Sie, dass Sie trotz aufopferungsvoller Quellenauswertung nur eine oberflächliche Übersichtsarbeit abgeben[149], die nichts Neues bringt. Zu groß geschnittene Themen sind schließlich fehleranfällig. Entweder Sie übersehen wichtige Aspekte oder Sie stellen Details falsch oder missverständlich dar. Für Seminar- und Bachelorarbeiten lässt sich die Faustregel aufstellen: Je begrenzter das Gebiet, um so besser kann man arbeiten und auf umso sicherem Grund steht man[150]. Stellt man nach zwei Wochen Einarbeitung fest, dass das ausgesuchte Thema so nicht zu bewältigen sein wird, kann man sein Thema meist noch enger fassen. Voraussetzung ist allerdings eine Rücksprache mit dem Betreuer und eventuell dem Prüfungsausschuss.

531 Schließlich sollte einem die Professorin bzw. der Professor liegen, der das Seminar oder die Bachelorarbeit betreut[151]. D.h. nicht unbedingt – und ist angesichts hoher Studierendenzahlen auch gar nicht immer möglich – dass Sie die Betreuerin oder den Betreuer persönlich gut kennen müssen. Sie sollten aber zumindest mit seinem bzw. ihrem Unterrichts-, Schreib- und Denkstil zu Recht kommen. Testen können Sie das, indem Sie einige aktuelle Veröffentlichungen des Dozenten lesen. Vorteilhaft ist es ebenfalls, wenn ihr gewähltes Thema zu den Interessengebieten des Betreuers zählt. Solche Themen werden eher akzeptiert und mehr gefördert[152], weil der Betreuer sich dort besser auskennt.

b) Typische juristische Fragestellungen

532 In allen Rechtsgebieten kann die Verfassungskonformität bzw. die Europarechtskonformität einer neuen oder geplanten Rechtsvorschrift Gegenstand einer Themenarbeit sein.

Beispiele: Ist das neue Gendiagnostikgesetz mit den Grundrechten der Betroffenen vereinbar? *oder* Entspricht die Lehre von den Garantenstellungen dem strafrechtlichen Bestimmtheitsgebot des Art. 103 Abs. 2 GG?

533 Ausgehend von einem neuen, noch nicht geregelten Sachproblem kann man sich – ebenfalls in allen Rechtsgebieten – der Aufgabe widmen, eine adäquate rechtliche Lösung zu entwerfen.

Beispiele: Empfiehlt sich eine spezielle gesetzliche Regelung des Kaufvertrages per Internet? *oder* Wie könnte man das sogenannte Bürgergeld rechtlich regeln?

534 Hat vor nicht allzu langer Zeit eine Gesetzesreform stattgefunden oder ist ein neues Gesetz ergangen, kann man die Ziele des Gesetzes mit dem bislang Erreichten vergleichen.

Beispiele: Inwieweit war die Reform des Versorgungsausgleich erfolgreich? *oder* Haben die Reformen der Sicherungsverwahrung mehr Sicherheit gebracht?

---

148 *Bänsch/Alewell*, S. 41.
149 *Tettinger/Mann*, S. 209.
150 *Eco*, S. 22.
151 *Eco*, S. 15, Fn. 1.
152 *Bänsch/Alewell*, S. 40.

Für alle Rechtsgebiete kommt ferner der Ansatz in Betracht, eine tradierte Definition oder einen tradierten Ableitungszusammenhang auf seine Plausibilität hin zu überprüfen, zu kritisieren und eventuell zu verbessern. **535**

> **Beispiele:** Lässt sich mit Art. 7 Abs. 1 GG die Schulpflicht begründen? *oder* Wo beginnt und wo endet das Recht am eingerichteten und ausgeübten Gewerbebetrieb?

Schließlich kann man sich ein bestimmtes Rechtsinstitut vornehmen und dessen besondere Probleme analysieren. **536**

> **Beispiele:** Rechtsprobleme des Verfalls im Straf- und Ordnungswidrigkeitenrecht *oder* Könnte man auf die Garantenstellung aus Ingerenz verzichten? *oder* Aktuelle Rechtsfragen der Lebenspartnerschaft.

In eine ähnliche Richtung gehen Arbeiten, die zwei Rechtsinstitute bzw. Rechtsprinzipien voneinander abgrenzen[153]. **537**

> **Beispiel:** Der Konflikt zwischen Meinungsfreiheit und Allgemeinem Persönlichkeitsrecht bei Lehrerbewertungsplattformen im Internet.

Interessant ist es auch, einem Widerspruch innerhalb der Rechtslehre oder zwischen Rechtslehre und Rechtsprechung auf den Grund zu gehen und Lösungsvorschläge für das zugrundeliegende Auslegungsproblem zu machen[154]. **538**

> **Beispiele:** Welche Frist gilt für die Anfechtung von Verkehrszeichen? *oder* Der Rechtsbegriff des Erschleichens in § 265a StGB.

Gibt es in einem Rechtsgebiet wichtige neue Urteile oder eine Rechtsprechungsänderung, kann man auch diese als Thema wählen, in den Gesamtzusammenhang einordnen und kritisieren. **539**

> **Beispiele:** Die aktuelle Entwicklung der strafgerichtlichen Rechtsprechung zur Sterbehilfe *oder* Die Verschärfung des Bestimmtheitsbegriffs in neueren Entscheidungen des Bundesverfassungsgerichts.

Im Zivilrecht kann ferner der Entwurf eines Vertrages oder eines neuen Vertragstyps mit entsprechender Begründung als Themenarbeit gestellt werden[155]. Denkbar ist es auch, dass dem Studierenden aufgegeben wird, Allgemeine Geschäftsbedingungen zu entwerfen oder zu verbessern. **540**

> **Beispiele:** Entwurf eines Vertrages über die Lieferung und Wartung einer Computeranlage *oder* Optimierung der vorgelegten Allgemeinen Geschäftsbedingungen eines (fiktiven) sozialen Netzwerks.

---

153 *Tettinger/Mann*, S. 211.
154 *Tettinger/Mann*, S. 210.
155 *Schmalz*, Rn. 706 ff.

2. Gefahr des Sich-Verlaufens im Materialwald

541 Ist ein Fall zu lösen, ergibt sich die inhaltliche Begrenzung des zu bearbeitenden Stoffes aus dem Aufgabentext. Was nicht fallrelevant ist, brauchen Sie nicht zu behandeln.

542 Themenarbeiten, etwa zum Plangewährleistungsanspruch, zur Einwilligung als Rechtfertigungsgrund oder zur Reform des Versorgungsausgleichs, bergen die Gefahr, dass man sich in der Materialfülle verliert[156]. Mancher liest so viel, dass er sich kaum noch zu schreiben traut. Andere wenig gelungene Arbeiten bleiben in einer zu ausführlichen Darstellung der Grundlagen und Begriffe stecken und kommen nicht mehr zu den interessanten Rechtsproblemen. Gern werden auch viele einleitende Seiten historischen Entwicklungen gewidmet. Auf diese Weise einen Schwerpunkt zu setzen, ist jedoch nur bei rechtshistorischen Arbeiten akzeptabel. Geht es dagegen um die aktuelle Rechtslage, darf deren Geschichte nicht um ihrer selbst willen allzu breit geschildert werden, sondern nur, wenn diese bei der historischen Auslegung oder anderweitig als Argument Verwendung findet.

543 Was ist zu tun, um ein „sich festlesen" bzw. eine misslungene Schwerpunktsetzung zu verhindern?

544 Hat man sich für einen Bearbeitungsgegenstand entschieden, so sollte man sich ein bis zwei Stunden Zeit nehmen und eine persönliche Erstanalyse vornehmen, etwa anhand der folgenden Fragen[157]: Was weiß ich schon? Was möchte ich wissen? Was genau finde ich daran spannend oder interessant? Welche Rechtsfragen und Rechtsprobleme sehe ich und möchte ich beantworten? Was gehört nicht mehr zu meinem Forschungsgegenstand?

545 In einem zweiten Schritt sollten Sie sich anhand einiger aktueller Kommentare, Lehrbücher und Aufsätze einen Überblick über die wissenschaftliche Diskussion zu ihrem Thema verschaffen. Hierfür kann man zwei bis drei Tage ansetzen, an deren Ende Sie eine erste Arbeitsgliederung erstellen sollten[158]. Diese steuert als Arbeitshypothese ihre weitere Materialsuche und hilft Ihnen zu erkennen, was für Ihre Arbeit wichtig, und was weniger wichtig ist. Hält man sich die Arbeitsgliederung ständig vor Augen, verfeinert und verbessert sie, so gelingt es am ehesten,

- nichts Wesentliches zu übersehen, was später nur noch schwer eingebaut werden kann;
- zu erkennen, für welche Abschnitte man bereits genug Material gefunden hat und für welche Abschnitte noch nachgebessert werden muss;
- eine Vorstellung von den Schwerpunkte der Arbeit zu entwickeln;
- eine Vorstellung vom zeitlichen Fortschritt Ihrer Arbeit zu gewinnen;
- das Thema eventuell weiter einzugrenzen oder abzuwandeln.

156 *Putzke*, S. 15.
157 *Franck*, in: Franck/Stary, S. 158; ähnlich *Tettinger/Mann*, S. 214; *Putzke*, S. 14.
158 *Schmalz*, Rn. 711; ähnlich *Tettinger/Mann*, S. 220.

Zusammengefasst geht es darum, dass nicht die Literatur Sie lenkt, sondern dass Sie selbst auf der Basis Ihrer Fragen und Ihrer Arbeitsgliederung die Lektüre steuern. Im Idealfall können Sie sich dann bei jedem Urteil und jedem Aufsatz, den Sie lesen, selbst sagen, wofür Sie die dort niedergelegten Informationen brauchen. **546**

3. Die Gliederung der Themenarbeit

Der Aufbau eines Hausarbeitsfalles ist stark von den Fallfragen und dem zugrundeliegenden materiellen Recht gesteuert. Bei einer Themenarbeit besteht dagegen viel mehr Spielraum. **547**

Als Minimalstandard hat sich ein Aufbau in drei Schritten, nämlich Einleitung, Hauptteil und Schluss etabliert[159]. Hier soll auch nur zu diesen drei Elementen eine Reihe von Tipps gegeben werden. Eine Gliederung ist nämlich stark themenabhängig und lässt sich nicht abstrakt beschreiben[160]. Ist man sich über den vernünftigen Aufbau der eigenen Arbeit unsicher, hilft eventuell eine Diskussion über verschiedene Aufbauvarianten mit dem Betreuer oder Kommilitonen weiter. **548**

a) Einleitung

Sie sollte die Leserinnen und Leser für das Thema gewinnen und Ihnen einen Überblick über das geben, was sie erwartet[161]. Die Einleitung nennt die Schwerpunkte der Arbeit und erklärt ferner, was warum nicht behandelt wird. Man darf in der Einleitung auch etwas zu der Motivation zur Auswahl des Themas, zum methodischen Zugang, zu den verwandten Daten und Quellen, sowie zum größeren Zusammenhang sagen, in dem die behandelte Fragestellung steht[162]. Die Einleitung stellt ebenfalls den weiteren Aufbau der Arbeit in seinen wesentlichen Schritten vor[163]. Diesen Abschnitt kann man allerdings auch selbständig als „Gang der Darstellung" nach der Einleitung bringen[164]. **549**

Wenn man im Laufe seiner Materialsuche ein besonders aussagekräftiges Zitat, eine beeindruckende Zahl, einen spektakulären Fall oder ein treffendes Bild zu seinem Thema gefunden hat, lässt sich dieser Fund gut für die Einleitung verwenden, um die Leserinnen und Leser schon zu Beginn auf interessante oder kritische Aspekte hinzuweisen. **550**

Obwohl die Einleitung am Anfang der Arbeit steht, wird sie meistens erst zum Schluss geschrieben[165]. Erst jetzt haben die Bearbeiterinnen und Bearbeiter den dafür erforderlichen Überblick. Der einleitende Text sollte in angemessener Relation zum Gesamttext stehen. So genügen für eine 10-15 seitige Seminararbeit einige wenige Sätze. **551**

---

159 *Schwacke*, S. 161.
160 *Tettinger/Mann*, S. 220.
161 *Franck*, in: Franck/Stary, S. 142; *Putzke*, S. 16 f.
162 *Franck*, in: Franck/Stary, S. 143; *Bänsch/Alewell*, S. 70.
163 *Putzke*, S. 17.
164 So *Bänsch/Alewell*, S. 73.
165 *Bänsch/Alewell*, S. 70.

b) Hauptteil

552 Der Hauptteil der Arbeit muss genau das einlösen, was Einleitung und Gliederung angekündigt haben[166]. Dies gilt besonders für die Überschriften und Seitenzahlen in der Gliederung. Beim Zusammenfügen verschiedener Textabschnitte kommt es hier bisweilen zu Ungenauigkeiten.

553 Die Diskussion oder die Definition der Begriffe, die für die Arbeit wichtig sind, kann am Anfang des Hauptteils der Themenarbeit stehen[167]. Voraussetzung ist aber, dass über den Begriff keine Einigkeit besteht. Wenn man meint, mit Begriffsklärungen und/oder historischen Betrachtungen anfangen zu müssen, sollten diese so kurz wie möglich und so ausführlich wie nötig gehalten werden[168]. Nötig ist nur das, was im späteren Text noch einmal gebraucht wird.

554 Jeder Abschnitt des Hauptteils sollte eine sinnvolle Struktur haben und sinnvoll auf die anderen Abschnitte bezogen sein. Widersprüche und Argumentationsbrüche in Aufbau und Text sind unbedingt zu vermeiden[169]. Schreibt man eine längere Arbeit, kann man jedes neue Kapitel mit einer Mini-Einleitung beginnen und mit einem Mini-Schluss beenden[170]. So stellen Sie Wegweiser für Ihre Leserinnen und Leser auf, die das Verständnis der Arbeit erleichtern[171].

555 Wie Sie Ihre Arbeit im Einzelnen im Hauptteil strukturieren, hängt von Ihrem Thema, Ihren Schwerpunkten und Ihrem Gestaltungswillen ab. Generell sollte nicht nur eine äußere Gliederung, sondern auch eine interne Logik existieren, welche die einzelnen Abschnitte des Textes plausibel miteinander verknüpft („innerer roter Faden"). Einige mögliche Strukturen seien als Anregung vorgestellt. Die überzeugende innere Struktur des eigenen Textes muss jedoch jeder selbst erarbeiten.

556 Eine additive Struktur ist durch ein Aneinanderreihen gleichrangiger Elemente gekennzeichnet, denen ein bestimmtes Ordnungsprinzip, etwa eine vom Verfasser entwickelte Klassifikation, zugrunde liegt. Sie empfiehlt sich dann, wenn verschiedene Arten von Objekten, Ereignissen, Meinungen, Möglichkeiten oder Methoden dargestellt und untersucht werden sollten (z.B. die strafrechtliche Verantwortlichkeit von Kindern in Deutschland, den USA und Frankreich).

557 Eine Struktur aus zwei Perspektiven hebt die unterschiedlichen Standpunkte bzw. Blickrichtungen hervor, unter denen das Thema oder eines seiner Teilprobleme gesehen werden kann. Sie bietet sich dort an, wo stark kontroverse Meinungen bestehen bzw. wo deutlich unterschiedliche Interessenstandpunkte zu erfassen sind (z.B. die Videobeobachtung am Arbeitsplatz aus der Sicht des Arbeitnehmers sowie des Arbeitgebers).

166 *Bänsch/Alewell*, S. 75.
167 *Tettinger/Mann*, S. 225.
168 *Franck*, in: Franck/Stary, S. 148; ähnlich *Tettinger/Mann*, S. 225.
169 *Tettinger/Mann*, S. 222.
170 *Tettinger/Mann*, S. 238; zum Schlussteil sogleich unter c).
171 *Franck*, in: Franck/Stary, S. 149.

Eine einengende Struktur stellt den Untersuchungsgegenstand zunächst in einen umfassenderen Zusammenhang und kommt dann Schritt um Schritt zu immer spezielleren Aussagen. Die einengende Struktur ist dann angebracht, wenn der spezielle Untersuchungsgegenstand aufgrund von Systemzusammenhängen nicht isoliert werden kann oder die Ausführungen deduktiven Charakter haben, d.h. aus allgemeinen Voraussetzungen spezielle Ergebnisse abgeleitet werden (z.B. Irrtum im Recht – im BGB – im § 119 BGB – Erklärungsirrtum). **558**

Die ausweitende Struktur arbeitet genau umgekehrt. Ausgehend von einem speziellen Untersuchungsgegenstand werden immer größere Kreise gezogen. Z.B. : Die Rechtmäßigkeit der Exklusion behinderter Schüler I. Schulrechtliche Fragen II. Verfassungsrechtliche Fragen III. Die UN-Kinderrechtskonvention. **559**

Bei der aufbauenden Struktur schließlich werden zunächst die Einzelelemente eines Problems analysiert, dann zusammengefügt und in ihrer Wirkungsweise als Ganzes erläutert. Die aufbauende Struktur ist dann naheliegend, wenn die Ausführungen induktiven Charakter haben, d.h. wenn aus speziellen Feststellungen, Beobachtungen oder Annahmen allgemeinere Schlussfolgerungen gezogen werden. Eine Rechtsprechungsanalyse kann eine solche Struktur aufweisen, indem zunächst verschiedenen Entscheidungen vorgestellt und analysiert werden, um abschließend die Gemeinsamkeiten herauszuarbeiten. **560**

Hüten Sie sich vor Exkursen und dem Ausbreiten von Nebensächlichkeiten[172]. Selbst wenn es schwer fällt: Jede Autorin und jeder Autor eines wissenschaftlichen Textes muss den Mut haben, geschriebenen Text wieder zu verwerfen, wenn sie bzw. er feststellt, dass der Abschnitt nicht ganz zum Thema passt. Anderenfalls trifft sie der Vorwurf, sich nicht auf das Wesentliche konzentriert zu haben. Manche versuchen das schmerzhafte „Wegschmeißen" zu umgehen, indem sie den – nicht ganz so wichtigen Text – in die Fußnoten verlagern. Hiervon ist abzuraten. Sie zwingen den Leser dadurch nämlich zwei Gedankensträngen parallel zu folgen, dem des Haupttextes und dem des Fußnotentextes. Das kann zu Verwirrung und Missstimmung führen. Entscheiden Sie sich stattdessen entweder dafür, die Passage zu streichen, oder sie doch in den Haupttext aufzunehmen. Beschränken Sie Ihre Fußnoten auf die Nachweisfunktion[173]! **561**

c) Schluss

Im letzten Teil meiner Arbeit sollte auf jeden Fall eine Zusammenfassung der wesentlichen Ergebnisse zu finden sein[174]. An diese kann sich eine Bewertung, eine persönliche Stellungnahme, ein Ausblick auf die zu erwartende Entwicklung oder auf noch ungeklärte Probleme anschließen[175]. Die beiden letztgenannten Elemente fügen die Arbeit in einen größeren Forschungszusammenhang ein[176]. Wenn in der Einleitung Fragen ausgeworfen wurden, sollten Sie diese im Schlussteil beantworten. **562**

172 *Bänsch/Alewell*, S. 76; etwas großzügiger *Tettinger/Mann*, S. 225.
173 *Schmalz*, Rn. 692; großzügiger insoweit *Tettinger/Mann*, S. 229.
174 *Franck*, in: Franck/Stary, S. 153 f.; *Putzke*, S. 17; *Schwacke*, S. 161; *Tettinger/Mann*, S. 238.
175 *Putzke*, S. 19; *Bänsch/Alewell*, S. 77.
176 *Narr*, in: Franck/Stary, S. 29.

563 Es wird zu Recht empfohlen, diesen letzten Abschnitt sorgfältig abzufassen[177]. Denn manche Leser beginnen mit der Zusammenfassung und für fast alle liefert der Schlussteil den letzten Eindruck, der im Gedächtnis bleibt. Der Schluss sollte also durchdacht und überzeugend sein.

4. Zeitmanagement

564 Mit einem begrenzten Zeitbudget fertig zu werden, ist ein Teil Ihrer Leistung. Die Zeitnot als typisches Problem bei der Erstellung von Haus-, Seminar-, Schwerpunktbereichs- oder Bachelor-Arbeiten kann verschiedene Ursachen haben:

- Ich verliere den täglichen Kampf mit dem inneren Schweinehund und widme mich zu häufig anderen schöneren Dingen.
- Ich finde entscheidende Informationen zu spät und muss alles noch einmal umarbeiten.
- Ich lese Berge von Seiten, fasse meine Lektüre aber weder zusammen, noch beginne ich mit dem Schreiben und habe dadurch nach vielen Tagen des Lesens das Gefühl, keinen Schritt weitergekommen zu sein.
- Technische Probleme – Computerabsturz, -diebstahl, abgebrochene Bleistifte o.Ä. – werfen mich zurück.
- Ich will eine wirklich perfekte Arbeit abliefern und feile so lange an Einzelheiten, dass ich am Ende nur Stückwerk abgeben kann.
- Ich glaube, dass ich die letzten Tage vor Abgabe der Arbeit magisch ausdehnen kann, indem ich z.B. geheimnisvolle Zeitjoker einsetze und es doch noch mit einigen Nachtschichten schaffe. Diese letzte, nicht ganz ernstzunehmende Entschuldigung ist im Grunde eine Variante der ersten.

565 Sie müssen sich klarmachen, dass Ihre Prüferinnen und Prüfer Zeitprobleme nicht als die Bewertung verbessernden Faktor akzeptieren dürfen. Denn für alle Studierenden gilt die gleiche Bearbeitungsfrist.

566 Viele der oben genannten Schwierigkeiten lassen sich mit einer vernünftigen Zeitplanung mildern oder beheben[178]. *Eco* verwendet das Bild von einer längeren Reise[179]. Auch diese muss vernünftig geplant und vorbereitet werden.

567 Wenn Sie von der Ausgabe des Themas bis zur Abgabe der Arbeit z.B. acht Wochen (= 56 Tage) Zeit haben, könnte eine Planung z.B. so aussehen:

- Planen Sie vorweg fünf bis sechs freie Tage und einen Tag für Unvorhergesehenes ein;
- ca. ein Tag eigene Erstanalyse und Entwicklung von Fragen;

177 *Franck*, in: Franck/Stary, S. 154.
178 *Tettinger/Mann*, S. 219 f.
179 *Eco*, S. 140 f.

- zwei bis drei Tage: Orientierung anhand aktueller Lehrbücher, Kommentare, Urteile und Aufsätze zur Erstellung einer Arbeitsgliederung;
- fünf bis zehn Tage: Sammeln weiterer Quellen mit Hilfe von Datenbanken und Verweisen aus den bereits gelesenen Texten; dabei stetige Verfeinerung und Verbesserung der Arbeitsgliederung sowie sinnvolle Ordnung des Materials;
- spätestens nach 14 Tagen: Beginn des Schreibens einzelner Abschnitte für die Erstfassung, dabei nach Bedarf weiteres Material beschaffen, parallel dazu Literatur- und Abkürzungsverzeichnis erstellen;
- in den nächsten drei bis vier Wochen: Weitere Erarbeitung der Erstfassung bei paralleler Materialergänzung bis der Hauptteil inklusive Gliederung, Literatur- und Abkürzungsverzeichnis komplett erstellt ist;
- in der siebten Woche: Gewinnen von Testlesern[180] und parallel dazu Erarbeitung der abgabefähigen Fassung einschließlich Einleitung und Schluss; letzte Materialsuche, um eventuell noch ganz aktuelle Urteile oder Aufsätze einarbeiten zu können.
- ein bis zwei Tage in der achten Woche: Feinkorrekturen, wie Überprüfung der Fußnotenverweise, Abgleich von Seitenzahlen in Gliederung und Text, letztes Korrekturlesen u.Ä.

Der Tipp spätestens nach 14 Tagen mit dem Schreiben zu beginnen, hat den Vorteil, **568** dass man sich häufig erst schreibend darüber klar wird, wo noch Lücken in der Argumentation und im Material bestehen. Zudem bekämpft man mit der Erstellung von Teiltexten das Gefühl, überhaupt nicht weiter zu kommen[181] und mindert das Gefühl der Zeitnot, dass sich mit dem heranrückenden Abgabetermin erfahrungsgemäß einstellt[182]. Dabei muss man nicht bei dem Abschnitt beginnen, der in der Arbeitsgliederung als erster vorgesehen ist. Zum einen kann sich die Arbeitsgliederung noch ändern, zum anderen mag es sein, dass man ein kompliziertes Teilproblem gerade gut verstanden hat. Es lohnt sich dann, dieses Teilproblem niederzuschreiben[183] und später – vielleicht mit kleineren Anpassungen – als Baustein einzusetzen.

Wenn Sie, wie im obigen Arbeitsplan vorgeschlagen, parallel zu Ihrer Recherche das **569** Literaturverzeichnis anfertigen und fortentwickeln, sei es auf Karteikarten, sei es durch Eingabe in den Rechner bzw. ein spezielles Literaturverwaltungsprogramm, so sparen Sie sich hektisches Suchen am Ende der Bearbeitungszeit[184].

Es ist ebenfalls zu empfehlen, die Überarbeitungszeit für die Erstellung der Endfassung **570** nicht zu unterschätzen[185]. Weil man die verschiedenen Textteile zu unterschiedlichen Zeiten abgefasst hat, können kleinere Widersprüche oder Wiederholungen auftreten, die man erst bei der Lektüre des gesamten Textes bemerkt. Eventuell fällt es auch jetzt erst auf, dass einzelne Passagen nicht eng genug mit dem Untersuchungsthema ver-

180 *Schmalz*, Rn. 663 empfiehlt sogar den Text diesen Testlesern laut vorzulesen!
181 *Tettinger/Mann*, S. 222.
182 *Bänsch/Alewell*, S. 44.
183 *Tettinger/Mann*, S. 222.
184 *Tettinger/Mann*, S. 218.
185 *Bänsch/Alewell*, S. 77 ff.; *Tettinger/Mann*, S. 223.

knüpft sind und daher umformuliert oder gestrichen werden müssen. Schließlich kommt es immer wieder vor, dass man vergessen hat, für einzelne Textaussagen die notwendigen Fußnoten zu erstellen.

5. Wie originell müssen Sie sein?

571 Anders als bei Hausarbeiten und Klausuren wird von den Bearbeiterinnen und Bearbeitern eines juristischen Themas – vor allem wenn es um eine Abschlussarbeit am Ende des Studiums oder gar um eine Dissertation geht[186] – ein gewisser Grad von Originalität erwartet. *Umberto Eco* formuliert dies so[187]: *„Die Untersuchung muss über diesen Gegenstand Dinge sagen, die noch nicht gesagt worden sind oder sie muss Dinge, die schon gesagt worden sind, aus einem neuen Blickwinkel sehen."* Bei Themenarbeiten haben Sie insoweit auch viel mehr Spielraum, weil Sie nicht an einen zu lösenden Fall gebunden sind. Hier ist – auch zur Förderung des wissenschaftlichen Fortschritts[188] – die Erarbeitung eines eigenen Standpunktes oder zumindest eigener Argumente oder eigener Schlussfolgerungen sowie die begründete Kritik an Argumenten und Schlussfolgerungen anderer erwünscht[189]. Sie müssen sich vorstellen, dass Ihre Leser mit den Grundlagen, den Begriffen und den Entwicklungen des jeweiligen Rechtsgebietes vertraut sind und in Ihrer Arbeit nicht das lesen wollen, was sie in jedem Lehrbuch oder Kommentar finden. Sie sollen vielmehr zeigen, dass Sie nicht nur reproduzieren, sondern auch eigenständig wissenschaftlich arbeiten können. Nur: Wie?

572 Ein gewisser Grad an Einfallsreichtum zeigt sich schon an der Themenwahl und dem Themenzuschnitt[190]. Manche wagen sich kühn an neue Rechtsfragen oder die neue rechtliche Gestaltung von Sachproblemen, die bislang kaum bearbeitet wurden. In solchen Arbeiten ergeben sich neue Lösungsvorschläge und neue Argumentationsmuster fast von selbst.

573 Originelle Ideen können aber auch bei einer weniger mutigen Themenwahl entwickelt werden. Sie können versuchen, ein neues ergänzendes Kriterium für die sinnvolle Abgrenzung zweier etablierter Rechtsinstitute aufzuzeigen. Möglich ist es ebenfalls, aus verschiedenen Lösungsvorschlägen zu einem Auslegungsproblem einen interessanten neuen Ansatz zu kombinieren. Gut vorstellbar ist es auch, dass ein Argument oder ein Lösungsvorschlag aus einem verwandten Rechtsgebiet auf seine Übertragbarkeit hin geprüft wird. Noch weitergehend ließe sich untersuchen, ob ein Lösungsmodell aus einem anderen Bundesland oder aus einer anderen Rechtsordnung überzeugende Antworten liefert[191]. So werden z.B. Legastheniker im bayerischen Schulrecht anders behandelt als im Hamburger Recht. So versucht z.B. die Schweiz die Wehrgerechtigkeit

186 *Tettinger/Mann*, S. 207; *Putzke*, S. 22; *Adomeit/Hähnchen*, S. 53.
187 *Eco*, S. 41.
188 S.o. II. 4. b).
189 *Franck*, in: Franck/Stary, S. 151 f.; *Adomeit/Hähnchen*, S. 53.
190 S. hierzu oben III. 1. b).
191 *Tettinger/Mann*, S. 212.

dadurch zu verbessern, dass alle, die keinen Dienst leisten, zu einer Wehrersatzabgabe herangezogen werden.

Auch die Vorgehensweise einer Untersuchung, die sich in der Gliederung niederschlägt, kann mehr oder weniger kreativ sein[192]. So bringt bisweilen eine erneute rechtsmethodische Überprüfung einer generell akzeptierten Lösung neue Erkenntnisse. Spannend kann überdies die Konfrontation verschiedener rechtlicher Lösungsmodelle mit Zahlen oder Fakten aus der Praxis sein. **574**

In zivilrechtlichen Themenarbeiten lässt sich Ideenreichtum durch das Finden einer gelungenen vertraglichen Kompromisslösung oder eines intelligenten Verteilungsschlüssels demonstrieren. **575**

Schließlich kann auch die Darstellungsweise mehr oder weniger einfallsreich sein[193]. Dies zeigt sich z.B. an der Entwicklung oder Einfügung von Grafiken oder Tabellen sowie an der sprachlichen Gestalt des Textes. **576**

Es gibt Themen oder Abschnitte eines Themas, die nur wenig bzw. keine Eigenleistungen zulassen. Dies gilt etwa für eine Zusammenfassung der aktuellen Rechtsprechung zu einem bestimmten Problem. Hier liegt ein Erkenntnisfortschritt aber immerhin in der Erstellung eines für weitere Arbeiten nützlichen Überblicks. **577**

Zusammenfassend lässt sich sagen, dass es viele kleine Stellschrauben gibt, die einer Arbeit einen mehr oder weniger originellen Charakter verleihen. Sie müssen nicht immer alles einsetzen, sollten sich aber über den wissenschaftlichen Gehalt Ihres Textes Sorgen machen, wenn Sie auf halber Strecke feststellen, dass alles, was Sie bislang niedergelegt haben genau so – oder vielleicht sogar besser? – anderswo nachzulesen ist. **578**

IV. Wann lohnt sich ein Antrag auf Neubewertung?

Zunächst gehen wir davon aus, dass Sie – gewappnet mit den methodischen Kenntnissen und den Ratschlägen zur juristischen Arbeitstechnik dieses Buches und zudem ausgestattet mit soliden Rechtskenntnissen – ganz überwiegend zufriedenstellende Arbeiten abliefern, deren Bewertung Ihren Erwartungen entspricht, ja diese noch übertrifft. Wenn Sie allerdings von einer Benotung enttäuscht oder gar durchgefallen sind, soll dieser abschließende Abschnitt Trost und erste Hilfe bieten. **579**

Zum Trost: Juristische Arbeiten werden – ebenso wie das spätere Staatsexamen – sehr streng bewertet[194]. Studierende der Rechtswissenschaft erhalten generell die schlechtesten Abschlussnoten aller Studiengänge. Zudem ist die Zahl der nichtbestandenden ersten Staatsexamen mit rund 25 % sehr hoch. Wenn Sie aus der Schule nur „gut" und **580**

192 *Bänsch/Alewell*, S. 34.
193 *Bänsch/Alewell*, S. 34.
194 Aktuelle Zahlen und Verbesserungsvorschläge bei *Hauser/Wendenburg*, ZRP 2011, 18 ff.

„sehr gut" kannten, besteht kein Grund zur Beunruhigung wenn Sie jetzt bei „befriedigend" oder „vollbefriedigend" landen. Im Vergleich sind Ihre Leistungen immer noch überdurchschnittlich.

581 Zur ersten Hilfe: Es gibt die Möglichkeit, eine Neubewertung Ihrer Klausur oder Ihrer Hausarbeit zu beantragen. Diese sogenannte Remonstration wird in vielen Hochschulen davon abhängig gemacht, dass Sie an der Besprechung der Arbeit teilgenommen haben und dies durch eine Unterschrift der Dozentin bzw. des Dozenten auf Ihrer Arbeit beweisen können. Ist diese Hürde genommen, wird ferner von Ihnen erwartet, dass Sie eine plausible Begründung schreiben, die deutlich macht, warum Sie meinen, eine bessere Note verdient zu haben.

582 Es reicht insoweit jedoch nicht aus, dass Sie Ihre eigene Bewertung an die Stelle der Bewertung der Prüferin bzw. des Prüfers setzen. Denn diesen steht ein – selbst von den Verwaltungsgerichten nur eingeschränkt kontrollierbarer – Beurteilungsspielraum zu. Begründet wird dieser prüfungsspezifische Entscheidungsspielraum damit, dass die Prüfer den zu erwartenden Ausbildungsstand der Kandidaten sicher einschätzen können und dass sie ferner Erfahrungen aus früheren und parallelen Prüfungen mitbringen[195]. Sie können mit Ihrer Remonstration also nur Erfolg haben, wenn Sie Beurteilungsfehler nachweisen[196]. Beurteilungsfehler können darin bestehen, dass Teile Ihrer Arbeit übersehen oder dass bei der Addition von Punkten Fehler gemacht wurden[197]. Aus Art. 12 Abs. 1 GG hat das Bundesverfassungsgericht zudem folgenden allgemeinen Bewertungsgrundsatz abgeleitet[198]: *„Eine vertretbare und mit gewichtigen Argumenten folgerichtig begründete Lösung darf nicht als falsch gewertet werden."* Wenn also Ihr Lösungsweg gut begründet und auf Literaturstimmen gestützt war, darf Ihre Arbeit nicht mit null Punkten bewertet werden, nur weil die Musterlösung einen anderen Lösungsweg vorzieht.

Gelingt Ihnen eine überzeugende Begründung Ihrer Remonstration besteht die Möglichkeit, dass die Erstbewertung verbessert wird. Viel Glück!

---

195 BVerfGE 84, 34, 51 f.; BVerwG, NVwZ 2004, 1375, 1376; BFH, NVwZ-RR 2000, 292, 294; OVG Koblenz, NJW 2003, 3073, 3075.

196 BVerfGE 84, 34, 52; BVerwGE 92, 132, 137; BVerfG, NVwZ 1995, 469, 470; BVerwG, NVwZ 2004, 1375, 1376; OVG Magdeburg, ThürVBl 2006, 65, 66.

197 Vertiefend zu möglichen Beurteilungsfehlern, *Beaucamp/Seifert*, NVwZ 2008, 261, 264 ff.

198 BVerfGE 84, 34, 55; zustimmend BVerwGE 91, 262, 266; BVerwG, DVBl 1994, 644, 645; BVerwG, NVvZ 1998, 738; BVerwG, NVwZ 2004, 1375, 1377; VGH München, BayVBl 2001, 51; OVG Greifswald, LKV 2003, 565 f.

Stichwortverzeichnis

Die Zahlen beziehen sich auf die Randnummern des Textes.